21 世纪高职高专地下与隧道工程系列教材

隧道工程施工

瞿万波　王　毅　主　编

西南交通大学出版社

·成　都·

图书在版编目（CIP）数据

隧道工程施工 / 瞿万波，王毅主编. —成都：西
南交通大学出版社，2019.8（2024.8 重印）
21 世纪高职高专地下与隧道工程系列教材
ISBN 978-7-5643-7045-9

Ⅰ. ①隧… Ⅱ. ①瞿… ②王… Ⅲ. ①隧道施工 – 高
等职业教育 – 教材 Ⅳ. ①U455

中国版本图书馆 CIP 数据核字（2019）第 178113 号

21 世纪高职高专地下与隧道工程系列教材

Suidao Gongcheng Shigong
隧道工程施工

瞿万波　王　毅 / 主　编　　　责任编辑 / 姜锡伟
　　　　　　　　　　　　　　封面设计 / 吴　兵

西南交通大学出版社出版发行
（四川省成都市二环路北一段 111 号西南交通大学创新大厦 21 楼　610031）
发行部电话：028-87600564　028-87600533
网址：http://www.xnjdcbs.com
印刷：成都蓉军广告印务有限责任公司

成品尺寸　185 mm × 260 mm
印张　17.25　字数　429 千
版次　2019 年 8 月第 1 版
印次　2024 年 8 月第 5 次

书号　ISBN 978-7-5643-7045-9
定价　42.00 元

前　言

随着近年地下与隧道工程建设的高速发展，我国已经成为世界上隧道数量最多、建设规模最大、技术难度最高的国家。本教材根据近年隧道与地下工程技术的发展和高职高专对人才培养的需要编写。编写过程中，我们遵循如下原则：

1. 充分考虑高职高专地下与隧道工程技术及相关专业对隧道工程施工这门课程的要求，既注重系统性，又彰显实用性。

2. 以培养现场施工技术人员为导向，既考虑隧道工程的理论基础，又注重技术岗位对应用能力尤其是施工组织能力的要求；既有常规隧道施工方法的讲解，又有特殊条件下隧道施工技术的拓展。

3. 每个单元有明确的知识目标和技能目标，内容组织循序渐进，逐步完成专业知识学习和实践技能培养。

本教材可作为高职高专、成人教育教学参考用书，也可作为地下和隧道工程施工技术管理岗位培训教材，以及隧道工程技术人员的参考用书。

本教材以山岭隧道及其施工技术为主，共分 10 章，主要包括：隧道基本知识、隧道工程勘测设计、隧道结构构造、隧道围岩分级及围岩压力、隧道施工组织与施工准备、山岭隧道施工、特殊地质地段隧道施工、复杂条件隧道施工、隧道施工辅助工法与辅助作业、隧道施工监测与超前地质预报。各章节均采用新标准和新规范，全书突出职业教育特点，充分考虑了高职院校学生的认知规律，力争做到内容简明扼要、深入浅出、通俗易懂。

本教材由重庆工程职业技术学院瞿万波和王毅统稿并任主编，重庆工程职业技术学院王琳、陆春昌、冯廷灿、田卫东担任副主编。具体编写分工为：瞿万波编写第 1、2、3、8 章；王琳编写第 4 章；陆春昌编写第 5 章；冯廷灿编写第 6 章；田卫东编写第 7 章；王毅编写第 9、10 章。

本教材在编写过程中，参考了大量的国内外有关资料，许多生产、科研单位给予了大力支持，西南交通大学出版社的领导和编辑们付出了辛勤的劳动，在此表示衷心的感谢！

由于编者水平所限，教材中疏漏和不足之处在所难免，敬请读者批评指正，编者将根据读者意见认真修订。

编　者

2019 年 4 月

目　录

第1章 隧道基本知识

【知识目标】

1. 掌握隧道结构的组成；
2. 掌握隧道工程与地面工程的差异；
3. 掌握隧道的分类方法。

【技能目标】

能够正确对隧道进行分类。

1.1 隧道的概念

1.1.1 隧道概述

1970 年，国际经济合作与发展组织在召开的隧道会议上将隧道定义为："以某种用途，在地面下采用任何方法，按规定的形状和尺寸修筑的断面积大于 2 m² 的洞室。"根据这个定义，隧道是一种修建在地下的工程结构。我国山地和丘陵在国土面积中占有很大的比重，公路、铁路穿越山岭，修建城市地铁，都需要通过开挖隧道来实现。此外，在水力发电、农田灌溉、西气东输、南水北调、国防工程等工程建设中，隧道也得到了广泛的应用。本教材以交通隧道为主。

施工时，按照设计的形状和尺寸，开挖地层，为防止隧道变形、坍塌和水的涌入，沿隧道的周边修建的支护结构，称为"衬砌"；隧道端部外露，为保护洞口和排水而修筑的结构物，称为"洞门"。此外，为保证隧道能正常使用，还需设置一些附属建筑物，如：为工作人员在进行维修和检查时能及时避让列车而在隧道两侧开辟的"避车洞"，为保证车辆正常运行而设置的照明设施，为排除渗入隧道的地下水而设置的防排水设施，为排除隧道内车辆排放的有害气体和烟尘而设置的通风系统，等。这些附属建筑与设施是保障车辆安全运行，改善洞内工作条件必需的。

1.1.2 隧道的作用

交通隧道的作用主要体现在以下几个方面：

（1）通过隧道工程可以避免远距离绕行，缩短线路里程、提高路线技术等级和行车交通效率。

（2）修建隧道可以保护原有的自然原貌，保护环境，避免地面公路铁路建设引起的许多地质灾害。

（3）修建隧道可以充分利用地下空间，节省工程建设用地。

（4）修建城市地下快速道路、地铁、过街地下通道等更有利于城市地面环境美化。

在我国近年实施西部大开发战略、加快基础设施建设的大背景下，隧道修建数量越来越多，在交通建设事业中发挥着越来越重要的作用。

1.1.3　隧道的结构组成

隧道结构由主体建筑物和附属建筑物两部分组成，主体建筑物又包括衬砌和洞门两部分。实际上，我们在讨论隧道时，还应该将围岩考虑进来。

（1）围岩：隧道周围一定范围内，对隧道稳定有较大影响的那部分岩土体。围岩是隧道结构的天然组成部分，现代隧道理论认为，围岩既是荷载来源，又是隧道承载结构的一部分。

（2）支护：为维护围岩稳定而施作的人工结构物，又叫衬砌，包括初期支护和二次支护。隧道开挖后，为了有效控制和约束围岩的变形，充分调动和发挥围岩的自承能力，及时施作的锚杆、钢拱架、钢筋网、喷射混凝土等，称为初期支护。初期支护有良好的柔性，能与围岩体共同变形、有效调整围岩应力、控制围岩变形。二次衬砌可以用喷射混凝土，也可以采用模筑混凝土施作，起到增加安全度、保护防水层、防止喷射混凝土层或围岩风化并作为安全储备的作用，确保隧道主体结构的长期稳定和安全。

（3）洞门：隧道工程明暗交界处的结构物，是联系洞内衬砌与洞口外路堑的支护结构，起保证洞口边坡安全和仰坡稳定的作用，同时也是隧道出入口的标志。

（4）附属设施：为保证隧道正常使用而设置的所有设施，如照明、通风、排水、消防、电力、通信设施，以及隧道的内装、顶棚、路面、紧急停车带等，铁路隧道还有大、小避车洞、电缆槽、无人增音洞、绝缘梯车洞等设施。

1.1.4　隧道与地面结构的不同

隧道作为一种地下结构，与地面的建筑结构有着明显的差异。

地面结构体系一般都是由结构和地基所组成，地基在结构底部起约束作用，除了自重外，荷载都是来自外部，如人群、货物、设备、水力等，受力、约束和自由度是明确的。而地下结构体系则是由周边围岩和支护结构所共同组成并相互作用的结构体系，其中以围岩（地层）为主。

围岩在很大程度上是地下结构承载的主体，支护仅用来约束地层，不使它产生过大的变形而破坏、坍塌。在地层稳固的情况下，体系中甚至可以不设支护结构而只留下地层，如我国陕北的黄土窑洞。地下结构所承受的荷载主要是结构体系的本身——地层，称之为地层压力或围岩压力。由此可知，在地下结构体系中，地层既是承载结构的基本组成部分，又是造成荷载的主要来源，这种合二为一的作用机理与地面结构是完全不同的，即地下结构 = 支护 + 围岩，其受力、约束和自由度在结构体系不同的作用状态下是不同的。可见在隧道工程这样的地下结构中，围岩（地层）起着主要作用。

隧道工程的建设，包括开挖方法、支护形式、衬砌结构类型、隧道位置、施工管理及能否顺利地建成、工期长短、投资多少、使用中是否会出现问题等，都与隧道所在区域的围岩（地层）条件，也就是围岩的工程性质息息相关，因此我们要打好工程地质知识的基础。

1.2 隧道的分类

隧道类型很多，依据标准不同，隧道的分类就不同。

1.2.1 按隧道长度分类

《公路工程技术标准》（JTG B01—2014）依据长度不同，将公路隧道分为短隧道（$L \leq 500$ m）、中隧道（500 m $< L \leq 1\ 000$ m）、长隧道（$1\ 000$ m $< L \leq 3\ 000$ m）、特长隧道（$L > 3\ 000$ m）。

《铁路隧道设计规范》（TB 10003—2016）将铁路隧道分为短隧道（$L \leq 500$ m）、中长隧道（500 m $< L \leq 3\ 000$ m）、长隧道（$3\ 000$ m $< L \leq 10\ 000$ m）、特长隧道（$L > 10\ 000$ m）。

1.2.2 按隧道断面大小分类

国际隧道协会（ITA）根据隧道的横断面积的大小，将隧道分为极小断面隧道（$2 \sim 3$ m^2）、小断面隧道（$3 \sim 10$ m^2）、中等断面隧道（$10 \sim 50$ m^2）、大断面隧道（$50 \sim 100$ m^2）和特大断面隧道（> 100 m^2）。

1.2.3 其他分类方法

按所在地址，隧道可分为山岭隧道、城市隧道、水底隧道。
按施工方法，隧道可分为矿山法、明挖法、盾构法、沉埋法、掘进机法隧道等。
按埋置深度，隧道分为浅埋隧道和深埋隧道。
按洞身结构形式，隧道分为单拱隧道、联拱隧道、小净距隧道等。
按用途，隧道分为交通隧道、水工隧洞、市政隧道、矿山巷道。
对隧道进行分类，是为了针对不同类型隧道的特点和技术要求，在勘测、设计、施工和管理工作中采取有针对性的方法和措施。例如：相对山岭隧道而言，水底隧道施工时，水患处理是工程的重中之重；而城市隧道工程地处城市，用地范围较小，周边建构筑物较多，减小对环境影响是该类隧道的难点。

1.3 国内外隧道建设情况

1.3.1 隧道的发展历史

人类修筑隧道的记录在遥远的古代就已经有了。公元前，古巴比伦人在幼发拉底河下修筑的行人隧道，长 190 m，是迄今发现的最早的交通隧道。建于东汉明帝永平九年（公元 66 年）的石门隧道，位于今陕西省汉中市褒谷口内，是我国最早采用"火烧水浇"开凿的穿山通车隧道。

现代意义上的隧道，则开始于英国工业革命之后。

1825 年，英格兰的斯托克顿与达灵顿铁路建成第一条蒸汽火车铁路，很快铁路便在英国和世界各地通行起来。随着铁路的出现，大量的隧道得以修筑，隧道施工技术得到快速发展。

1886 年，德国工程师卡尔·本茨的三轮机动车获得德意志专利权，这是公认的世界上第一辆现代汽车。随着汽车的普及，20 世纪 30 年代西方一些国家开始修建高速公路，60 年代以后，世界各国高速公路发展迅速，长大公路隧道相继涌现。

地铁属于城市快速轨道交通的一部分，运量大、速度快、污染少、能耗低。自 1863 年英国伦敦第一条地下铁道起，截至 2018 年年底，全球有 72 个国家和地区的 493 座城市开通了城市轨道交通系统，里程超过 26 100 km，其中地铁占 54%。

1.3.2 国外著名隧道

1. 青函隧道

青函隧道（图 1-1）是日本本州青森地区和北海道函馆地区之间穿过津轻海峡的一条海底隧道，1964 年动工，1987 年建成，耗资约 27 亿美元。主隧道全长 53.9 km，海底部分 23.3 km。它由 3 条隧道组成，主隧道宽 11.9 m，高 9 m，断面积 80 m²。最大水深 140 m，最小覆盖层厚 100 m。该隧道工程地质条件复杂，施工难度大，施工期间共造成 33 人死亡，1300 余人伤残。由于海底复杂的地质断层和软岩构造，隧道曾出现多次严重渗水事故，1969 年和 1976 年两度被海水淹没，每次水害都耗时近 5 个月才整治完成。

2. 哥达隧道

哥达隧道（图 1-2）位于瑞士中部阿尔卑斯山区的一条高速铁路上，连接瑞士和意大利，设计速度 250 km/h，全长 57 km，是目前世界上最长的山岭隧道。该隧道于 1999 年动工，2010 年全隧贯通，大约有 2500 名工人参与该项工程，8 人不幸遇难。

3. 洛达尔隧道

洛达尔隧道（图 1-3）位于挪威西部地区的洛达尔和艾于兰之间，全长 24.51 km，是目前世界上最长的公路隧道。洛达尔隧道 1995 年 3 月动工，2000 年 11 月 27 日正式通车，整个工程项目共耗资约 1 亿美元。过去来往于奥斯陆和卑尔根的车辆不仅要在洛达尔乘 3 h 的轮渡穿越松恩峡湾，还要通过一段地势非常险峻的山路，并且在冬季冰冻时期禁止通行。洛达尔隧道通车后，奥斯陆与卑尔根之间的行车时间从以前的 14 h 缩短到 7 h，车辆在冬季照常通行无阻。

图 1-1　青函隧道

图 1-2　哥达隧道

4. 英吉利海峡隧道

英吉利海峡隧道（图 1-4）于 1986 年 2 月 12 日开工，1994 年 5 月 6 日开通，耗资约 100 亿英镑（约 150 亿美元），是世界上规模最大的利用私人资本建造的工程项目。隧道全长约 51 km，海底段 37.5 km，由 2 条直径 7.6 m 的铁路隧道和 1 条直径 4.8 m 的服务隧道组成。隧道采用盾构掘进机施工，相继解决了"盾构在深层高水压下的密封防水技术""钢筋混凝土管片衬砌的结构和防水""长距离掘进的运输"等技术难题。隧道的规划设计把施工和运行安全放在极重要的地位，运输、供电、照明、供水、冷却、排水、通风、通信、防火等系统都充分考虑了紧急备用的要求，提高了运行、维护的可靠性。例如 2008 年 9 月 11 日，英吉利海峡隧道发生火灾，2 天后即开始恢复客运服务。

图 1-3　洛达尔隧道

图 1-4　英吉利海峡隧道

1.3.3　我国隧道建设进展

1. 铁路隧道

截至 2018 年年底,中国铁路营业里程达 13.1 万千米。其中,投入运营的铁路隧道 15117 座,总长 16 331 km。2018 年新增开通运营线路铁路隧道 550 座，总长 1005 km。其中，长度在 10 km 以上的特长隧道 12 座，总长约 144 km。

2. 公路隧道

截至 2017 年年末，全国公路隧道 16229 处、1528.51 万米，比 2016 年年末增加 1048 处、124.54 万米，其中特长隧道 902 处、401.32 万米，长隧道 3841 处、659.93 万米。

3. 地铁隧道

截至 2018 年年底，我国（统计数据不包括港、澳、台）已有 38 个城市开通了地铁，拥有 181 条运营线路，总里程达 5 668.75 km；在建 227 条线路。

4. 水工隧洞

根据国家 172 项节水供水重大水利工程计划，近年来我国新建水工隧洞数量持续增加，兰州市水源地引水隧洞（31.570 km）、北疆供水工程喀双隧洞（283.270 km）、东北引松供水隧洞、引汉济渭秦岭隧洞、鄂北引水工程唐县—尚市隧洞等相继开工建设或已经建成。

1.3.4 我国近年典型隧道工程

1. 青藏铁路关角隧道

青藏铁路关角隧道（图 1-5）全长 32.645 km，是世界高海拔第一长隧，也是国内已运营的最长铁路隧道。该工程于 2007 年 11 月 6 日全面开工，采用钻爆法施工，于 2014 年 4 月 15 日实现全线贯通，同年 12 月 25 日正式通车。

图 1-5　青藏铁路关角隧道

2. 兰渝铁路木寨岭隧道

兰渝铁路木寨岭隧道（图 1-6）全长 19.1 km，为双洞单线分离式特长隧道。隧道地质条件极其复杂，共经过包括区域性大断层在内的 11 条断裂带，高地应力软岩地段占全隧长度的 84.5%，最大地应力为 27.16 MPa，处于高地应力区域，被称为"全国铁路高风险隧道之最"。隧道围岩不仅变形大，且变形快，流变性强，极易坍塌，被国内外专家称为"中国之最，世界罕见"，为全线唯一动态设计、动态施工的隧道项目，于 2016 年 7 月 18 日贯通。

图 1-6　兰渝铁路木寨岭隧道

3．港珠澳大桥沉管隧道

港珠澳大桥沉管隧道全长 5.664 km，最大水深 44 m，由 33 节沉管对接而成，包括 28 节直线段沉管和 5 节曲线段沉管。港珠澳大桥海底隧道是我国第一条外海沉管隧道，也是世界上最长的公路沉管隧道和唯一的深埋沉管隧道，被誉为交通工程中的"珠穆朗玛峰"。

4．武汉三阳路长江隧道

武汉三阳路长江隧道全长 4.6 km（江中段长约 2.59 km），是世界上首条公路、铁路合建的水下盾构法隧道。该隧道采用 2 台直径为 15.76 m 的泥水盾构施工，于 2016 年 4 月始发（图 1-7）。

图 1-7　武汉三阳路长江隧道盾构始发

5．八达岭地下车站

京张高铁八达岭隧道全长 12.01 km，八达岭地下车站最大埋深 102 m，地下建筑面积 3.6×10^4 m²，是世界最大、埋深最深的高铁地下车站。车站两端渡线段单洞开挖跨度 32.7 m，是国内单拱跨度最大的暗挖铁路隧道。工程于 2016 年 4 月开工建设，其效果图见图 1-8。

图 1-8　八达岭地下车站效果图

1.4 本课程学习建议

首先，应打好相关知识基础。隧道工程存在于复杂的地质环境中，具有很强的综合性，因此，学生应认真学习工程地质知识、力学知识和工程材料知识。

其次，要理论联系实际，也要重视学习基本理论与方法。隧道建设是实践性很强的工作，学习过程中必须同生产实践相结合，才能加深对本课程知识内容的理解。同时，我们也要重视理论学习，对隧道施工过程中围岩应力变化、支护体系的工作原理、围岩稳定性控制的基本原理和方法等问题做到心中有数，才能确保施工中采取的技术措施是合理的，才能有效地解决工程问题。

此外，应培养多渠道自主学习的习惯。现在获取学习资源的渠道很多，广泛阅读有关的技术刊物和专著，利用网络资源进行自主学习是非常方便的，也是非常必要的。

复习思考题

1. 隧道由哪些部分组成？它与地面建筑结构相比有何不同？
2. 隧道有哪些分类方法？各分类方法的目的是什么？
3. 查询资料，了解国内外著名隧道的特点与关键技术。

第 2 章　隧道工程勘测设计

【知识目标】

1. 熟悉隧道调查与勘察的内容和方法；
2. 掌握隧道位置选择和洞口位置选择的方法和原则；
3. 了解隧道线形设计的内容；
4. 了解隧道断面设计的内容；
5. 掌握隧道曲线加宽的计算；
6. 熟悉隧道勘察设计文件的内容和组成。

【技能目标】

1. 能够制定隧道工程地形地质调查的提纲，编写调查报告；
2. 能够合理确定隧道的位置和隧道洞口的位置；
3. 能够初步阅读勘察设计文件。

2.1　隧道工程调查与勘察

隧道总是处在一定的环境和地质条件中的，环境与地质条件对隧道工程的影响必须重视。隧道工程勘察的目的，就是查明隧道所处位置的工程地质条件和水文地质条件以及隧道施工和运营对环境保护的影响，为规划、设计、施工提供所需的勘察资料，并对存在的岩土工程问题、环境问题进行分析评价，提出合理的设计方案和施工措施，从而使隧道工程经济合理、安全可靠。

2.1.1　既有文献资料的收集

为了做好线路规划和后期调查，应对隧道所在区域的既有文献资料进行收集和分析，收集资料应以拟建隧道为中轴，取较大范围调查。

需要收集的既有文献资料主要包括：

地形地貌：地形图、航空照片、遥感和遥测资料等；

地质资料：地质资料文件及地质图；

工程资料：邻近隧道、其他已有工程及其所记录的工程地质和水文地质资料；

气象资料：当地的气温、气压、风速、风向、降雨、降雪等；

用地及环境资料：施工临时用地、文物古迹、自然保护区、居民环境、其他受影响的设施等；

灾害资料：地震、滑坡、泥石流、洪水等。

2.1.2 地形、地质调查与勘察

隧道地形、地质调查分施工前和施工中两阶段调查。

1. 施工前的地形与地质调查内容

（1）地层、岩性及地质构造变动的性质、类型和规模。

（2）断层、节理、软弱结构面特征及其与隧道的组合关系，围岩的基本物理力学性质。

（3）地下水类型及地下水位、含水层的分布范围及相应的渗透系数、水量和补给关系、水质及其对混凝土的侵蚀性，有无异常涌水、突水。

（4）崩塌、错落、岩堆、滑坡、岩溶、自然或人工坑洞、采空区、泥石流、湿陷性黄土、流沙、盐渍土、盐岩、多年冻土、雪崩、冰川等不良地质和特殊地质现象。

（5）隧道通过含有害气体或有害矿体的地层时，应查明其分布范围、有害成分和含量，并预测和评价其对施工、运营的影响，提出防治措施。

（6）按《中国地震动参数区划图》（GB 18306—2015）规定或经地震部门鉴定，确定隧道所处地区的地震动参数。

2. 施工前的分阶段勘察

公路隧道工程地质勘察是分阶段进行的。《公路工程地质勘察规范》（JTG C20—2011）将公路工程勘察分为三个阶段：可行性研究阶段勘察、初步勘察，详细勘察。可行性研究阶段勘察又分为预可行性研究勘察（预可勘察）和工程可行性研究勘察（工可勘察）。

（1）可行性研究阶段勘察。

预可行性研究着重收集和研究既有的文献资料；而在工程可行性研究中，要分析隧道中轴一定范围的地形地貌、邻近工程、气象、水文及区域性地质、用地及环境、灾害等既有资料及沿路线进行地面踏勘，为隧道路线走向比选提供区域地形、地质和环境等基本资料。

（2）初步勘察。

初步勘察的目的是选择隧道位置和初步确定围岩类别，因此初勘应在踏勘获取资料的基础上进行，初步查明地形、地质条件及其他环境状况对线路线形、隧道走向、洞口位置、隧道长度以及隧道其他附属工程的影响。勘察应由有相应资质的地质部门中有经验的地质工程师以现场踏勘、测绘和必要的勘探工作等方式进行，主要查明地形、地貌、地质构造、地层岩性、特殊地质、不良地质、地下水以及其他地质特征。

调查完毕后，经过归纳整理和分析研究，提供下列资料：

① 地质条件简单的短隧道可列表说明其工程地质条件，特长隧道、长隧道、中隧道和地质条件复杂的短隧道应按工点编制文字说明和图表资料。

② 文字说明：水文地质及工程地质条件说明，分段评价围岩等级，进出口边坡稳定性，滑坡等地质灾害的可能性，岩爆和围岩大变形的可能性，偏压的可能性，突水、突泥、塌方的可能性，有害气体（物质）的影响，地下水涌水量分析计算，隧道建设对环境的不良影响及隧道工程建设场地的适宜性。

③ 图表资料：隧址区域水文地质平面图，工程地质平面图，工程地质纵断面图，钻孔柱状图，物探、原位测试、地应力测量资料，水文地质测试资料，岩、土、水测试资料，有害气体、放射性矿体、地温测试资料，附图、附表和照片。

（3）详细勘察。

详细勘察是在初勘基础上，进一步用钻探、物探和测试等手段进行勘察，详细调查地形、地质和环境等。其调查的内容有岩性、地质构造、地表水及地下水、地下资源等，以分析其对隧道设计与施工的影响。

岩性调查内容包括岩石的种类和特征，松散堆积物，岩石的物理、力学性质，风化及变质情况等。

地质构造调查内容包括地层、岩层产状、褶皱、断层与破碎带、节理、劈理及围岩结构完整状态。

地下水与地表水调查内容包括涌水及枯水状态、地层含水层与隔水层的分布、水的补给来源等。

地下资源调查内容包括矿物资源、天然气、温泉、地热等。

详细勘察的方法主要有地球物理勘探（简称物探）、化学勘探（简称化探）、简易钻探等。一些成熟的技术也应用到地质钻探中，如：将微型摄影仪放入钻孔内，将孔内的情况拍摄成连续照片或反映在显示屏幕上；利用遥感技术，在工程地质测绘中可以更客观更全面地看到在地面踏勘时看不到或看不清楚的现象，使勘察工作更宏观、全面。

详勘完毕需要提供的资料与初勘要求的内容相似，但深度要求更详细、准确。

3. 施工中的工程地质调查

（1）核实岩性、地质构造、地下水等情况，分析判定实际揭露的围岩级别。

（2）采用超前地震波反射、声波反射、地质雷达等物理手段，或采用超前钻孔、平行导坑、试验坑道等进行超前探查，及时预报解决施工中遇到的工程地质和水文地质问题。

若施工中的地质调查与施工前的调查不符，应及时反馈给设计方进行修改，并及时调整施工方案。

2.1.3 其他工程环境调查

（1）自然环境调查：地表水系、地下水露头、涌泉、温泉、沼泽、天然和人工湖泊、植被、矿产资源以及动植物生态等。

（2）社会环境调查：隧道场区内土地使用情况、农田、水利设施、建筑物、地下管线等。

（3）生活环境调查：生产生活用水、交通状况、施工和营运噪声、振动、污水及废气排放等对生态环境的影响，施工和运营可能造成的地表沉降、塌陷、地面建筑破坏、生产生活用水枯竭等。

（4）施工条件调查：施工便道、施工场地、弃渣场地、供水、供电、通信条件和建筑材料的来源、品质、数量等。

2.2　隧道选址

2.2.1　隧道选址原则

合理选择隧道位置，可以缩短线路长度，使线路平缓顺直、病害少、维修简单，减少通行时间，减少道路修建对自然植被的破坏。隧道位置选择与线路选择是相关的。一般情况下，隧道位置是由线路位置大体决定的，线路方案一旦确定，隧道位置只能进行很小幅度的调整。但是，如果隧道很长，工程规模很大，或者工程地质条件很复杂，属于本区段的重点控制工程，就得根据隧道的最优位置，调整线路。

隧道位置的选择应遵循下列原则：

① 隧道应选择在地质构造简单、地层单一、岩体完整等工程地质条件较好的地段，以隧道轴线垂直于岩层走向最为有利。

② 隧道应避开断层破碎带，当必须穿过时，宜与之垂直或以大角度穿过。

③ 隧道应避开岩溶强烈发育区、地下水富集区、有害气体及放射性地层、地层松软地带。

④ 地质构造复杂、岩体破碎、堆积层厚等工程地质条件较差的傍山隧道，宜向山脊线内移，加长隧道，避免短隧道群。

⑤ 隧道洞口应选择在山坡稳定、覆盖层薄、无不良地质之处，宜早进洞、晚出洞。

⑥ 隧道顺褶曲构造轴线布置时，宜避绕褶曲轴部破碎带，选择在地质条件较好的一侧翼部通过。

⑦ 隧道宜避开高地应力区，不能避开时，洞轴宜平行于最大主应力方向。

2.2.2　隧道位置选择

2.2.2.1　不同地形条件下隧道位置选择

1. 越岭隧道

线路跨越高程很大的分水岭时，这段线路称为越岭线。越岭隧道所经过的地区一般山峦起伏、地形陡峻、地质复杂，自然条件变化很大。选择越岭隧道的位置时，应在附近较大范围内比选，全面调查各个垭口，弄清其高程和工程地质与水文地质条件，并查清垭口两侧的地形地貌和地质情况，然后选择最合适的垭口作为隧道穿越的位置，并最终确定隧道的位置和高程。因此，选择越岭隧道的位置，主要就是选择垭口和确定隧道高程。

（1）垭口选择。

确定线路时，常常有若干个垭口可以通过，此时就要分析比较，选定最为理想的垭口。从平面上考虑，越靠近连接控制点的航空直线的线路，距离越短，但由于垭口两侧地形、地质条件限制，往往无法做到。因此，越岭隧道的路线，应进行较大面积方案的选择，对可能穿越的垭口，拟订不同的越岭高程及其相应的展线方案，进行全面技术经济比较后确定。一般宜选择地质条件较好的垭口一侧穿越。

例如，成昆线乃托至泸沽段，当中有明显的分水岭把两地隔开。分水岭与乌斯河一侧的高差达 1 600 m，分水岭与泸沽一侧高差也有 620 m。线路要跨越，必须以隧道通过。由于工程量较大，需要慎重比选，于是在小相岭纵横几十千米范围内进行了大面积的测绘及调查，得知这一地区是个横断山脉，小相岭的脊线是明显的分水岭。所有可跨越的垭口都在 2500 m 高程以上，其中以沙木拉达垭口最低，而其两侧沟谷较长，地势开阔，线路沿沟谷台地有展线的条件。经过技术和经济的比较，最后选定了沙木拉达隧道方案，如图 2-1 所示。

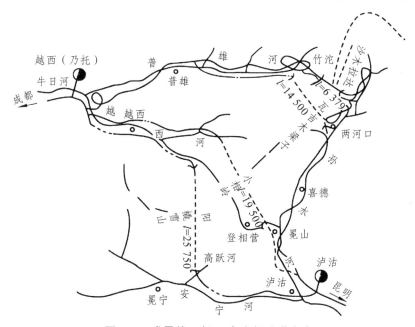

图 2-1 成昆线乃托—泸沽段隧道方案

（2）高程选定。

隧道位置定得越高，山体越薄，隧道越短，但两端的引线高程也相应增加，需要引线工程迂回盘绕而出现坡陡弯多的情况；若隧道位置定得越低，隧道就越长，但引线会更顺直平缓，有利于今后的长期运行。因此，隧道高程位置的选定，可以根据越岭地段的地质条件，以临界高程作为隧道穿越方案的比选基础（临界高程是隧道造价、引线造价及营运费用总和为最小的越岭高程）。在选定隧道高程时，务必全面衡量，从技术和经济两方面，尤其在今后

13

长远运营条件上，做出综合的比较，决定取舍。

2. 傍山隧道

线路行走在河谷地段时，修建的隧道即为傍山隧道。傍山隧道的特点是：

① 依山傍水修建时，施工中容易破坏山体平衡，造成各种病害。

② 在山体表层范围内修建隧道，常常遇到崩塌、滑坡、错落、松散堆积及泥石流等不良地质现象，地质情况较为复杂。

③ 一般埋深较浅，属浅埋隧道和短隧道群，洞身覆盖薄、易产生不对称的偏压情况。

④ 河道狭窄，水流湍急，冲刷力强，对山坡稳定和隧道安全威胁较大。

傍山隧道的位置选择要点：

① 保证最小覆盖层厚度。

傍山隧道在浅埋地段，要注意洞身覆盖厚度问题。为保持山体稳定和避免坡面被冲刷，形成偏压，隧道位置宜往山体内侧靠。同时，河岸存在冲刷现象或河道窄、水流急、冲刷力强的地段，要考虑冲刷对山体和洞身稳定的影响，隧道位置也宜往山体内侧靠一些，有可能时，最好设在稳定的岩层中（图 2-2）。

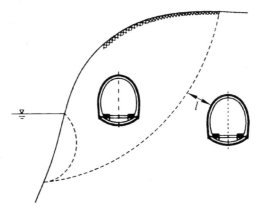

图 2-2　河道冲刷下的隧道位置选择

② "裁弯取直"。

线路沿山嘴绕行应与直穿山嘴的隧道方案进行比较。如山嘴地段地形陡峻、地质复杂，河岸冲刷严重，以路堑或短隧道通过难以长期保证运营安全时，应尽可能用"裁弯取直"，以较长隧道方案通过。

例如：关村坝隧道位于金口河至道林子间，原设计沿大渡河绕行，线路迂回长达 16.6 km，其间有隧道 8 座总长 4.2 km（最长的隧道不足 2 km），大中桥 2 座共长 124 m，土石方 2.15×10^4 m³，还通过枕头坝至中坪溪长达 8 km 的不良地质地段，且要占用不少农田，因而研究了裁弯取直做长隧道的方案。经过比选，相关部门采用了 6 107 m 长的关村坝隧道方案。裁弯取直与绕行方案相比，缩短线路 10.1 km，减少了 25 个弯道和车站 1 处，避开了不良地质地段，占用农田显著减少，工程单一，还可节约大量运营费，为安全行车创造了良好条件，如图 2-3 所示。

14

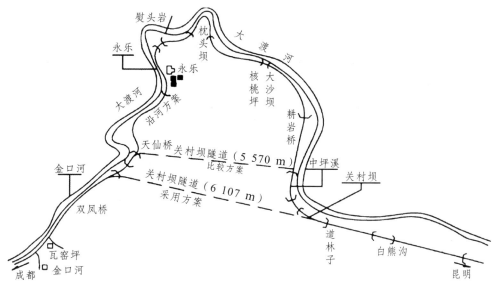

图 2-3　关村坝隧道平面图

2.2.2.2　不同地质构造下隧道位置选择

1. 单斜构造

单斜构造是指成层的岩层向一个方向倾斜的地质构造，常见的地质问题为不均匀地层压力或偏压，或者产生顺层滑动等现象。当隧道与倾斜的岩层走向一致时，如果隧道的位置恰在层间软弱面上，则岩层滑动将使隧道结构受到很大的剪力，以致把结构物损坏。如果隧道恰在层间软弱面处，则岩层滑动会使隧道的某一段发生横向推移，而导致断开错位。因此，应避免将隧道置于两种岩性迥然不同的软弱构造面处，尽量不要把隧道中线设计成与软弱结构面的走向一致或平行，要正交或有一定的交角，如图 2-4 的 B 所示隧道位置就不太合理，而比较合理的应该是 A 位置，因为它已完全位于稳定围岩之中。

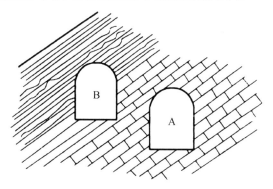

图 2-4　隧道与单斜构造岩层走向一致

2. 褶曲构造

在褶曲构造地区，岩层一部分向上弯曲成为背斜，另一部分向下弯曲成为向斜。背斜的岩层受弯而在上面出现节理、裂隙，切割岩体成为上大下小的楔块，楔块受到两侧邻块的挟制，使得楔块的重量由邻块分担，因而只产生小于原重的压力。与此相反，向斜地层受弯而在下面开裂，切割岩体成为上小下大的楔块，这种楔块在重力作用下，极易脱离母岩而坠落，于是产生较大的压力，也就是给结构物以较大的荷载；而且在施工时，这种楔块极易发生掉块或坍方，对工程产生不利影响。所以，隧道穿过褶曲构造时，选在背斜中要比在向斜中有利。如果恰在褶曲的两翼，则将受到偏侧压力，结构需加强，如图 2-5 所示。

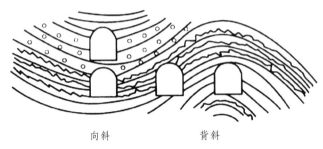

向斜   背斜

图 2-5　褶曲构造中隧道位置选择

3．断层构造

断层带中的岩体呈破碎状态，当严重揉挤时，可成为泥状。断层带的岩体强度很低，而且往往是地下水的通道。遇到这种地质条件时，施工十分困难。选择隧道位置时，应尽可能避开断层。不得已时，隧道走向与断层走向应隔开足够的安全距离，或隧道走向与断层走向正交与斜交跨过。在断层构造中施工时，还应做好各种支护及防水措施。如图 2-6 所示，某线路走向与一区域性大断裂带平行，隧道位置采用（甲）方案通过，避开了外线崩塌、坍方的威胁和中线长区段正穿或靠近断层带的不利条件。

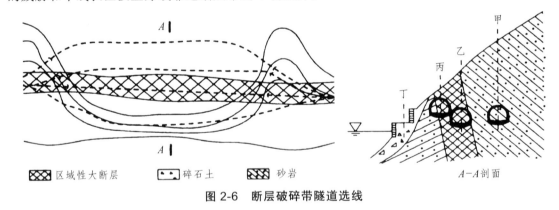

区域性大断层　　碎石土　　砂岩　　　　　　　　　　A—A 剖面

图 2-6　断层破碎带隧道选线

2.2.2.3　不良地质地段隧道位置选择

不良地质地段是指存在滑坡、崩塌、岩堆、泥石流、岩溶、危岩、落石、瓦斯等危害的地段。

1．滑坡地区

滑坡地区山坡土体在重力作用下，有沿某一软弱面整体下滑的趋势。隧道通过这种地段时，将会受到滑坡土体推力，有时会使结构物挤压破坏或是剪切断开。当隧道通过滑坡地区时，应充分考虑河岸冲刷、剥蚀、人为活动影响等引起的滑坡风险。隧道位置宜避开软弱面（夹层），将其置于可能滑动面以下一定深度处的稳定岩体中（图 2-7）。

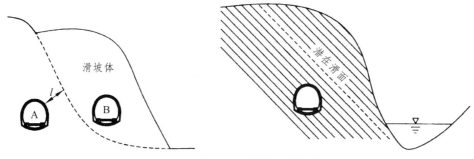

图 2-7　滑坡地区隧道位置选择

如果明确滑坡已停止滑动，也可以把隧道置于滑坡体之内，但要采取有效措施（如上部减载或下部支挡、排水、加固等）加以处理，不致因施工而造成滑坡体复活，影响施工、运营安全。

2. 崩塌地区

山坡陡峻的地段，岩体易因风化而崩塌。崩塌的出现是突然的，冲击力很大，不易防范。选择隧道位置时，最好不要沿这类山坡通过。不得已时，应当尽可能地把隧道置于山体之中，穿过稳定的岩层（图 2-8，A）。对于崩塌危害不甚严重的区段，若采用内侧隧道方案（A 方案）工程量大，而采取处理措施后，采用外侧明洞方案（图 2-8，B）安全可靠时，可以采用明洞方案。

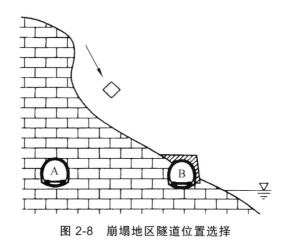

图 2-8　崩塌地区隧道位置选择

3. 岩堆地区

岩石经过风化作用，分解和剥离成为大小不一的块体，从山坡上方滚下，或冲刷夹持而堆积在山坡较平缓处或坡脚处，就形成了无黏结力的堆积体。隧道通过这类地区，开挖时极易发生坍方，给施工带来极大困难（图 2.9，B）。这时，宜把隧道位置放在岩堆以下的稳定岩体之中（图 2-9，A）。

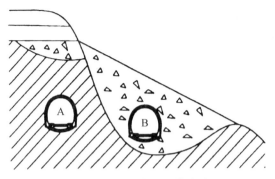

图 2-9　岩堆地区隧道选线

4. 泥石流

坡面堆积的土壤和岩块受到洪水作用形成泥石流，可能摧毁路基，堵塞隧道。因此，在选择隧道位置时，务必躲开泥石流泛滥区，如躲避不开，需使隧道洞身置于泥石流下切深度以下的基岩中或稳定的地层内，并保持拱顶以上有一定的安全覆盖厚度（图 2-10）。隧道顶板厚度要满足河床下切、安全施工和泥石流改道等因素要求。应避免把隧道放在冲积扇范围内，以免堵塞隧道洞口。

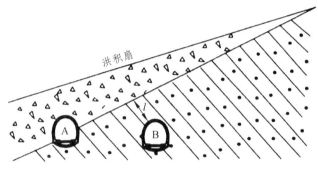

图 2-10　泥石流地区隧道选线

5. 岩溶地区

碳酸盐类岩石（如灰岩、白云岩）易受水溶蚀而形成各种岩溶现象。选择隧道位置时，应尽可能避开这类地区。当不能避开时，应探明溶洞的规模、性质和与隧道的位置关系，择其较狭窄、影响范围最小处，垂直或以大角度穿越。宜选择岩溶水不发育的地带通过。施工及运营时均需防范岩溶突水风险。隧道洞身周围有溶洞存在而不能避开时，宜使隧道与溶洞间壁（特别是顶底板）保持一定的岩壁厚度，否则应有合理的处理措施。

6. 瓦斯地区

煤系地层蕴藏着如甲烷（CH_4）和二氧化碳（CO_2）等有害气体。隧道开挖时，有害气体逸出，轻则致人窒息，重则引起爆炸，危害甚大。选择隧道位置时应尽量避开瓦斯地区，无法避开时，施工中应高度重视瓦斯的排放与检验，可参考煤矿行业的安全措施。

7. 地下水

地下水多是由地表水的渗透或地下水源补给的。例如岩层裂隙中的裂隙水或溶洞中储藏的岩溶水，它们有时是流动的，有时是静止的，有时还有压力水头。它们的存在，使岩石软化、强度降低、层间夹层软化或稀释，促成了层间的滑动。裂隙中的水在开挖时涌入坑道，给施工带来困难，也给以后养护带来了无休止的危害。选择隧道位置时，最好不从富水区中经过。

2.2.3 隧道洞口位置的选择

洞口是隧道进出的咽喉，又是隧道施工中的主要通道。洞口位置选择是否合理，直接关系到隧道的施工和运营安全与否、造价高低、工期长短。所以在隧道线路设计中，洞口位置的选择是一项很重要的工作。隧道洞口位置选择时，要结合洞口的地形、地质、施工、运营条件以及洞口的相关工程（桥涵、通风设施等），本着"早进晚出"的指导思想综合分析确定。

1. 不同地形条件下隧道洞口位置选择

（1）洞口线路宜与等高线正交，使隧道正面进入山体[图 2-11（a）]，洞口结构物不致受到偏侧压力。对于傍山隧道，因限于地形，有时无法与等高线正交，只能斜交进洞时，尽量使交角不小于 45°[图 2-11（b）]，应避免隧道中线与地形等高线平行。

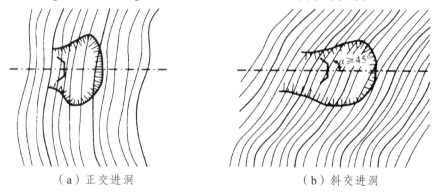

（a）正交进洞　　　　　　　　　　　（b）斜交进洞

图 2-11　洞门平面示意图

（2）洞口不宜设在垭口沟谷的中心或沟底低洼处，不要与水争路（图 2-12，A）。垭口沟谷常会遇到断层带或褶曲带、坍方、冲积土等不良地质，同时地表流水都汇集于此，再加上洞口路堑开挖，破坏了山体原有的平衡，更易引起坍方，甚至不能进洞。所以，洞口最好选在沟谷一侧，留出泄水的通路（图 2-12，B）。

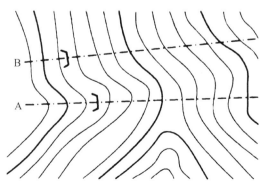

图 2-12　沟底附近洞口位置示意图

（3）傍山隧道洞口，靠山一侧边坡较高时，如有塌方、落石等风险，应早进洞或接长明洞，必要时采取适当的防护措施。特别注意洞口段的地层情况及覆盖层厚度，如果形成偏压，须防止坍顶和破坏山体的稳定。

（4）悬崖陡壁下的洞口，不宜切削原坡面。若崖壁稳定，则可贴壁进洞，如图 2-13（a）所示；如可能发生掉块，则可采用接长明洞、棚洞或其他防落石措施，如图 2-13（b）所示。

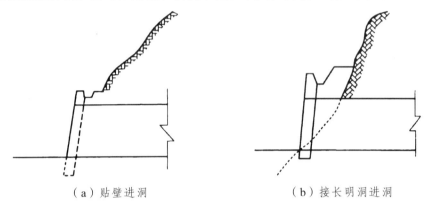

（a）贴壁进洞   （b）接长明洞进洞

图 2-13　陡壁进洞纵断面示意图

（5）在缓坡地形选择洞口时，应综合考虑洞外线路土方工程量、排水、施工等多因素，尽量少占农田。隧道位于城镇、风景区附近时，尽量少做长挖堑进洞，可适当延长明洞，如图 2-14 所示。

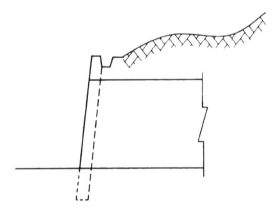

图 2-14　缓坡洞口纵断面示意图

（6）当隧道附近有河流、湖泊、溪水等水源时，洞口标高应在洪水位安全线以上，其路肩高程应高出设计水位加波浪侵袭高度和壅水高度至少 0.5 m。设计水位的洪水频率标准在Ⅰ、Ⅱ级铁路应为 1/100（百年一遇），Ⅲ级铁路为 1/50；当观测洪水（包括调查可靠的有重现可能的历史洪水）高于上述设计洪水频率标准时，应按观测洪水设计；但当观测洪水的频率在Ⅰ、Ⅱ级铁路超过 1/300，Ⅲ级铁路超过 1/100 时，应分别按 1/300 和 1/100 设计。

2. 不同地质条件下隧道洞口位置的选择

（1）洞口应尽可能地设在山体稳定、地质较好、地下水不太丰富的地方，尽量避开崩塌、滑坡、岩堆、岩溶、流砂、泥石流、盐岩、多年冻土、雪崩、冰川等对结构物会造成危害的地方。

（2）当岩层倾斜，层理、片理结合很差或存在软弱结构面时，不宜大挖，避免斩断岩脚，防止顺层滑动或塌方。宜尽量早进洞或设明洞引进，不能避开堆积层进洞时，不宜采用清方的办法缩短洞口，若有必要应接长明洞。

（3）干燥无水、密实、稳定的老黄土可按一定的挖深进洞，有水或新黄土则不宜大挖。洞口应避开冲沟，防止坡面冲蚀产生泥石流。

（4）洞口为软岩或软硬岩互层时，应适当降低边、仰坡高度，以减少风化暴露面，同时对软岩坡面可作适当的防护。

3. 洞口位置选择需考虑的其他因素

除地形、地质因素外，隧道洞口位置选择尚应考虑施工、环境等因素。

确定洞口位置时，需考虑施工场地的布置。隧道洞口多在山地沟谷之中，地势狭窄，而施工有许多工序是在洞外进行的，需要一定的场地，如运输便利的位置、弃渣的地点、材料堆放的位置、机械设备的保养、生产管理及生活用房等。

环境保护是隧道洞口选择时应着重考虑的因素，过去有所忽视。随着对环境保护的要求越来越高，在确定洞口位置时，必须尽量减少破坏天然植被，最大限度地保护自然景观。当洞口附近有居民点时，还应考虑施工爆破、噪声、水质污染对环境的影响，切实做好相应的工程措施。

2.3 隧道线形设计

隧道是整条线路中的一个区段，设计时，首先要满足整条线路规定的各种技术指标，其次尚需满足为适应隧道特点的附加技术要求。

2.3.1 铁路隧道线路平面设计

直线隧道线路顺直，距离短，行车速度快。因此，隧道内的线路最好采用直线，但是，受到地形或地质条件的限制，往往不得不采用曲线。与直线隧道相比，曲线隧道有下列缺点：

① 曲线隧道的建筑限界需要加宽，开挖尺寸相应地加大，开挖的土石方量和衬砌的圬工量都有所增加。

② 曲线隧道的断面是变化的，不同断面上的支护尺寸不一致，增加了施工难度。

③ 洞身弯曲，洞壁对气流的阻力加大，通风条件变差，行车阻力增大，抵消了一部分机车牵引力。

④ 在曲线隧道洞内进行施工测量时，操作复杂，精度也有所降低。

⑤ 列车在曲线隧道内运行时，由于列车产生离心力，再加上洞内空气潮湿，使得钢轨磨损加速，从而使洞内的养护工作量增大。

⑥ 运营中为了保证隧道建筑限界的要求和正常的行车条件，需要经常检查线路平面和水平，曲线隧道也较直线隧道增加了维护作业量和难度。

当地形、地质等条件限制，隧道必须采用曲线时，应注意以下问题：

① 应尽可能采用较大的曲线半径和较短的曲线长度，且将曲线设置在隧道洞口附近为宜，以减小其不利影响。

② 在曲线两端设缓和曲线时，最好不使洞口恰恰落在缓和曲线上。因为缓和曲线在平面上半径总在改变，外轨超高值也在变化，在双重变化下，列车行驶不平稳，所以，应尽可能将缓和曲线设在洞外适当距离以外。

③ 隧道内若设置圆曲线，其长度不应短于一节车厢的长度。

④ 一座隧道内最好不设一条以上的曲线，尤其是不宜设置反向曲线或复合曲线，因其维修养护比同向曲线复杂，列车运行比同向曲线更不平稳。

⑤ 当必须设置两条曲线时，两曲线间应有足够长的夹直线，一般要求超过3倍车辆长度。

2.3.2　铁路隧道线路纵断面设计

铁路隧道纵断面的设计，必须满足行车安全和平稳的要求，并应考虑施工和养护的方便。设计主要考虑的因素是排水、施工、通风、越岭高程等，主要内容包括坡道形式、坡度大小、坡段长度和坡段连接。

1. 坡道形式

单坡，如图 2-15（a）所示，多用于线路的紧坡地段（需要在较短的距离内拔高较大的高程）或是展线的地区，因为单坡可以争取高程。单坡隧道两洞口的高差较大，由此产生的气压差和热位差能促进洞内的自然通风。在施工过程中，低位洞口有利，因它是往上坡方向掘进，重车下坡，空车上坡，运输动力消耗低，产生的废气少，水也自然顺着坡道排出；而高位洞口不利，因其是往下坡方向掘进，出渣、排水不便，车辆排放废气多。

（a）单坡　　　　　　　　　　　　　（b）人字坡

图 2-15　坡道形式示意图

人字坡，如图 2-15（b）所示，多用于长大隧道，尤其是越岭隧道。在满足排水的同时，人字坡不必抬高洞口高程，它与山坡的自然坡形正好一致，这对于不需要争取高程的越岭隧道是十分合适的。由于隧道两端都是往上坡施工，因而掘进、排水都有利，但施工废气将自然集聚于工作面，不利于通风。运营时，废气也会聚集在坡顶，即使用较强的机械通风，有时也排除不干净，长期积累，浓度渐渐增大，影响司机和洞内维修人员健康，因而对于长大隧道，往往在坡顶设置通风竖井，以利运营通风。

两种不同的坡形适用于不同的隧道。对于紧坡地段，线路要争取高程，应考虑采用单坡隧道。对于可以单口掘进的短隧道，也可以采用单坡。而对于长大隧道，特别是越岭隧道，宜采用人字坡。此外，在设计时，还需考虑施工条件，如地下水的发育程度、出渣量的大小等，在允许的前提下，尽量照顾施工的方便。

铁路隧道在人字坡的顶部，允许设置不长于200 m的平坡。当列车通过这种地段时，车钩为拉紧状态，附加力及附加加速度的变化较小，可以用较短的坡段长度。

2. 坡度大小

对于行车来说，以平坡为最好。但是，为了适应地形起伏变化以减少工程量，最好随地形的变化设置相应的线路坡度，但坡度应不超过限制坡度，也就是说，坡度不能过大。

不同等级的铁路线路有不同的限坡（最大坡度）。由于隧道内的行车条件比明线差，因此需要对限坡进一步折减，原因如下：

① 洞内湿度影响。隧道内空气的相对湿度大，因而在钢轨踏面上凝成一层水分子薄膜，使轮轨之间的黏着系数降低，导致机车的牵引力降低。

② 洞内空气阻力影响。列车在隧道内行驶，其作用犹如一个活塞，洞内的空气阻力会削弱列车的牵引力。

隧道长度小于400 m时，上述影响不太显著，坡度可以不予折减。位于长大坡道上且长度大于400 m的隧道，其坡度应予以折减。曲线地段的隧道，应先进行隧道内线路最大坡度折减，再进行曲线折减。折减的方法按下式进行：

$$i_允 = m \times i_限 - i_曲 \qquad (2\text{-}1)$$

其中：m为隧道内线路的坡度折减系数，与隧道的长度有关，规范中列出了经验数值，如表2-1所示；$i_允$为设计中允许采用的最大坡度（‰）；$i_限$为按照线路等级规定的限制最大坡度（‰）；$i_曲$为曲线阻力折算的坡度当量（‰）。

表 2-1　隧道内线路的坡度折减系数

隧道长度/m	电力牵引	内燃牵引
401～1 000	0.95	0.90
1 001～4 000	0.90	0.80
＞4 000	0.85	0.75

注：最大坡度不分单、双机牵引，也不分单、双线隧道。

列车的机车一旦进入隧道，空气阻力就增加，黏着系数也开始减少，所以在上坡进洞前半个远期货物列车长度范围内，也要按洞内一样予以折减。至于列车出洞，机车已达明线，则不存在折减的问题，如图2-16所示。

除了最大坡度的限制以外，还要限制最小坡度，以便隧道内的水向外流出。《铁路隧道设计规范》（TB 10003—2016）规定，隧道内线路不得设置平坡，最小的允许坡度应不小于3‰。

内燃机牵引的列车开始上坡时，一般都有足够的前进能力，行至中途时机车的效能就会有所降低，逐渐衰减以致趋近于不能前进而出现打滑、停车甚至倒退等危险情况。即便能勉强爬上，缓缓而过，洞内行车时间过长，产生的污浊空气也会使机车工作人员以及旅客感到不适，其至酿成窒息、晕倒等事故。因此要求：1 000 m 及以下的隧道检算车速不应小于计算速度，1 000 m 以上的隧道检算车速不应小于 25 km/h。当检算车速小于上述值时，应在洞外设置加速缓坡。电力机车一般不会产生如内燃机车那样的有害气体，动力也有保障，故不须作最低速度检算。

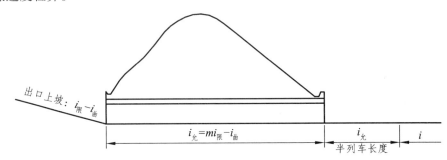

图 2-16　坡度折减区段示意图

3. 坡段长度

铁路隧道内坡段不宜把坡段长度定得太长，尤其是单坡隧道，坡度已用到了最大限度。长上坡路段，即使坡度未超限制，也会使机车疲劳或超负荷，以致有停车或出现车轮打滑的情况，容易发生事故。长下坡路段，制动时间过久，机车闸瓦摩擦发热，将使燃油失效，以致刹不住车，发生溜车事故。长大隧道可以设缓坡段，以缓解机车负荷。此外，顺坡设排水沟时，若坡段太长，则水沟难以布置，给今后的运营和维修增加了工作量。

与此相反，线路坡段也不宜太短。坡段太短就意味着变坡点多而密集，列车行驶就不平稳，司机要随时调整操作。列车过变坡点时，受力情况也随之变化，车辆间会发生相互的冲撞，车钩会产生附加应力。如果坡段过短，则一列车在行驶中，会同时跨越两个变坡点，车体、车钩同时受到不利的影响，有时会因此发生事故。实践证明，坡段长度最好不小于列车的长度。考虑到长远的发展，坡段长度最好不小于远期到发线的长度。

4. 坡段连接

为了行车平顺，两个相邻坡段坡度的代数差值不宜太大，否则会引起车辆之间仰俯不一，车钩受到扭力，容易发生断钩。因此，在设计坡度时，坡间的代数差值 Δi 不应大于重车方向的限坡值 i。

采用人字坡的越岭隧道，坡顶两侧坡面相反，坡差很容易超过限值，一般在坡顶处设置一段长度不超过 200 m 的分坡平道。

当坡差小于 3‰时，行车不平顺的情况还不太严重；当坡差大于 3‰时，列车行驶就有不平顺的感觉。设计行车速度不超过 160 km/h，Ⅰ、Ⅱ级铁路相邻坡段的坡差大于 3‰，Ⅲ级铁路相邻坡段的坡差大于 4‰时，坡段间应用圆曲线形竖曲线连接；Ⅰ、Ⅱ级铁路的竖曲线半径应为 10 000 m，Ⅲ级铁路应为 5 000 m。

隧道内的缓和曲线不应与竖向曲线相重叠。缓和曲线范围内，外轨轨面高程一般以不大于 2‰的超高递减坡度逐渐升高。竖曲线范围内的轨顶将以一定的变化率圆顺变化。若两者重叠，变化率不能协调，则在一定程度上外轨顶改变了竖曲线、缓和曲线在立面上的形状，对养护工作要求较高。

2.3.3 公路隧道线路平面设计

在公路隧道中，设置小半径曲线会使司机的通视不好，容易出交通事故。隧道内如必须设置曲线时，则最好采用不设超高且能满足视距要求的平曲线半径，如表 2-2 所示。当受条件限制，不得不采用小半径曲线时，需考虑加宽隧道断面，并设置超高，超高值不宜大于 4%。

隧道内一般禁止超车，设计时应采用停车视距和会车视距，如表 2-3 所示。

表 2-2　公路隧道不设超高最小平曲线半径（单位：m）

路拱	设计速度/(km·h⁻¹)						
	120	100	80	60	40	30	20
≤2.0%	5 500	4 000	2 500	1 500	600	350	250
>2.0%	7 500	5 250	3 350	1 900	800	450	250

表 2-3　公路停车视距和会车视距

公路等级	高速公路、一级公路				二、三、四级公路				
设计速度/(km·h⁻¹)	120	100	80	60	80	60	40	30	20
停车视距/m	210	160	110	75	110	75	40	30	20
会车视距/m	—	—	—	—	220	150	80	60	40

单向行驶的长隧道，如果在出口一侧设置大半径曲线，面向司机的出口段衬砌边墙的亮度是逐渐增加的，有利于驾驶者眼睛对洞外亮度的适应，尤其是当出口处阳光可以直接射入时，隧道出口段曲线的优势就更明显。因此在曲线设计时，可以适当考虑这一因素。

洞外连接线应与隧道线形相协调，隧道洞口内外各 3 s 设计速度行程长度范围的平面线形应一致，即处于同一个直线或圆曲线内。由于缓和曲线内曲率不断变化，连接线一般不采用，但当处于下列两种情况时，连接线可采用缓和曲线或缓和曲线与圆曲线组合线形，并设置诱导和光过渡等方面的措施：

① 路线平纵面线形指标较高，平曲线半径大于规范规定的一般平曲线半径最小值的 2 倍，最大纵坡坡度小于 2%，行车视距大于停车视距规定值 2 倍以上，且调整后工程规模增加较大时。

② 隧道群之间每个洞口线形均采用理想线形有困难，在平面指标较高、处于上坡进洞，且行车视距满足要求时。

2.3.4 公路隧道线路纵断面设计

公路隧道一般宜采用单向坡，特别是单向通行的隧道，宜设计为通行下坡。考虑行车安全性、营运通风规模、施工作业效率和排水要求，隧道纵坡坡度不应小于 0.3%，一般情况不应大于 3%。地形等条件受限制时，高速公路、一级公路的中、短隧道纵坡坡度可适当加大，但不宜大于 4%。短于 100 m 的隧道纵坡坡度可与隧道外路线的指标相同。

当采用较大纵坡坡度时，必须对行车安全性、通风设备和营运费用、施工效率的影响等做充分的技术经济综合论证。

隧道变坡处应设置竖曲线，凸形竖曲线和凹形竖曲线的最小半径和最小长度应符合表 2-4 的规定。纵坡的变换不宜过大、过频，以保证行车安全视距和舒适性。

表 2-4　竖曲线最小半径和最小长度（单位：m）

设计速度/(km·h⁻¹)		120	100	80	60	40	30	20
凸形竖曲线半径	一般值	17 000	10 000	4 500	2 000	700	400	200
	极限值	11 000	6 500	3 000	1 400	450	250	100
凹形竖曲线半径	一般值	6 000	4 500	3 000	1 500	700	400	200
	极限值	4 000	3 000	2 000	1 000	450	250	100
竖曲线长度		100	85	70	50	35	25	20

隧道洞口内外各 3 s 设计速度行程长度范围的纵断面线形应一致，有条件时宜取 5 s 设计速度行程。隧道洞口的纵坡，宜设置一定长度的直坡段，使驾乘人员有较好的行车视距。当条件困难不能满足时，应采用较大的竖曲线半径，特别是当隧道设计速度大于等于 60 km/h 时，洞口竖曲线半径应符合表 2-5 的规定。

表 2-5　洞口最小竖曲线半径（单位：m）

设计速度/(km·h⁻¹)		120	100	80	60
竖曲线半径	凸形	20 000	16 000	12 000	9 000
	凹形	12 000	10 000	8 000	6 000

2.4　隧道横断面设计

2.4.1　铁路隧道横断面设计

2.4.1.1　直线隧道净空

隧道净空是指隧道衬砌的内轮廓线所包围的空间，根据隧道建筑限界确定。隧道建筑限界是为了保证隧道内各种交通的正常运行与安全，而规定在一定宽度和高度范围内不得有任何障碍物的空间范围。

1. 机车车辆限界

机车车辆限界指机车车辆最外轮廓的限界尺寸。该限界要求所有在线路上行驶的机车车辆停在平坡直线上时，车体所有部分都必须容纳在此限界范围内而不得超越。"机车车辆限界"

能满足各种型号的机车和车辆在横断面尺寸上的最大需要。

2. 基本建筑限界

基本建筑限界指线路上各种建筑物和设备均不得侵入的轮廓线，用以保证机车车辆的安全运行以及建筑物和设备不受损害。

3. 隧道建筑限界

（1）常速铁路隧道建筑限界。它是指包围"基本建筑限界"外部的轮廓线，即在"基本建筑限界"的基础上，留出少许空间，用于安装通信信号、照明、电力等设备。

对于速度 120 km/h 的新建和改建的内燃机车牵引的单线和双线铁路隧道，采用"隧限-1A"和"隧限-1B"，如图 2-17 所示。新建和改建的电力机车牵引的单线和双线铁路隧道，采用"隧限-2A"和"隧限-2B"，如图 2-18 所示。

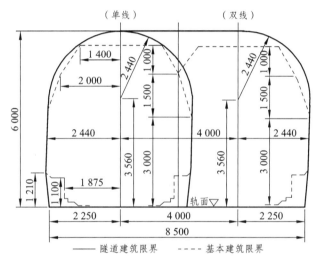

图 2-17　蒸汽及内燃牵引的单线、双线隧道限界（单位：mm）

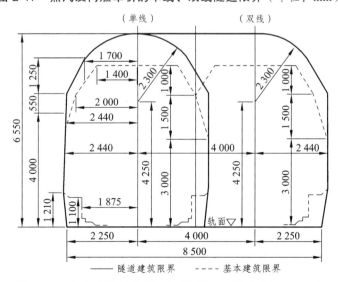

图 2-18　电力牵引的单线、双线隧道限界（单位：mm）

（2）高速铁路隧道建筑限界。

我国高速铁路隧道建筑限界分为 200 km/h 客货共线、200 km/h 及以上客运专线、200 km/h 客货共线双层集装箱运输三种，如图 2-19 ~ 图 2-21 所示。

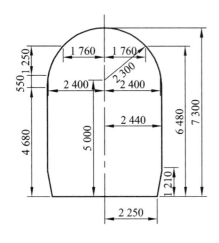

图 2-19　200 km/h 客货共线电力牵引铁路 KH-200 桥隧建筑限界（单位：mm）

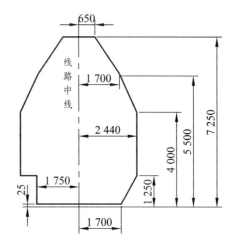

图 2-20　200 km/h 及以上客运专线铁路建筑接近限界（单位：mm）

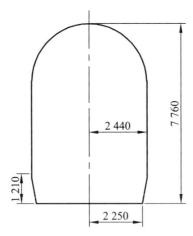

图 2-21　200 km/h 客货共线电力牵引铁路双层集装箱运输隧道建筑限界（单位：mm）

4. 直线隧道净空

（1）常速铁路隧道净空。

"直线隧道净空"要比"隧道建筑限界"稍大一些，它除了满足限界要求外，还考虑避让等安全空间、救援通道及技术作业空间，还考虑了在不同的围岩压力作用下，衬砌结构的合理受力形状（拱部采用三心圆，边墙采用直墙式或曲墙式）以及施工方便等因素。图 2-22 及图 2-23 为时速 120 km 单线及双线电力牵引铁路隧道衬砌内轮廓。

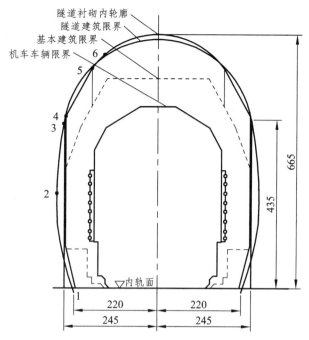

图 2-22 单线电力牵引铁路隧道衬砌内轮廓（单位：cm）

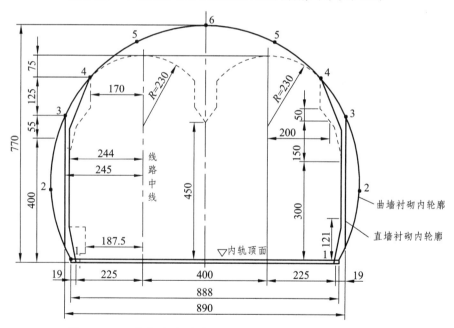

图 2-23 双线电力牵引铁路隧道衬砌内轮廓（单位：cm）

（2）高速铁路隧道净空。

高铁列车以高速通过隧道时，产生的空气动力学效应对行车、旅客舒适度、列车相关性能和洞口环境的不利影响十分明显。因此，高速铁路隧道断面的确定必须考虑如何缓解和消减旅客列车进入隧道时诱发的空气动力学效应的影响。我国统一制定了 200 km/h、250 km/h、350 km/h 不同行车速度条件下的隧道衬砌内轮廓，如图 2-24 ～图 2-30 所示。

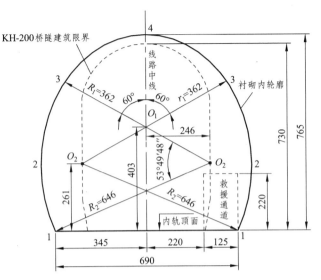

图 2-24　200 km/h 客货共线铁路单线隧道内轮廓（单位：cm）

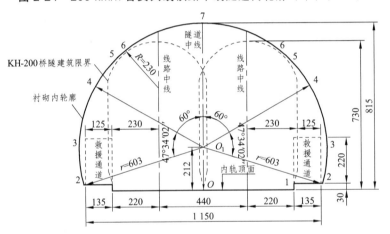

图 2-25　200 km/h 客货共线铁路双线隧道内轮廓（单位：cm）

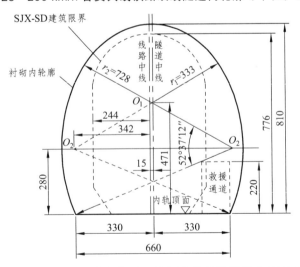

图 2-26　200 km/h 客货共线铁路兼顾双箱运输的单线隧道内轮廓（单位：cm）

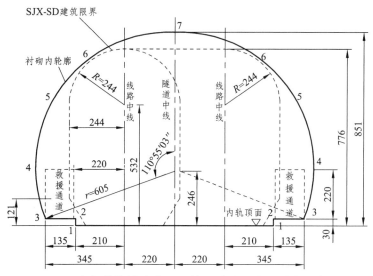

图 2-27　200 km/h 客货共线铁路兼顾双箱运输的双线隧道内轮廓（单位：cm）

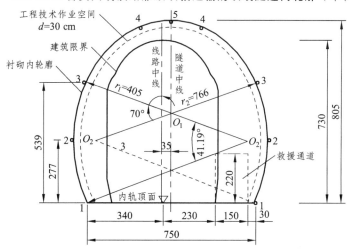

图 2-28　250 km/h 客运专线铁路单线隧道建筑限界及内轮廓（单位：cm）

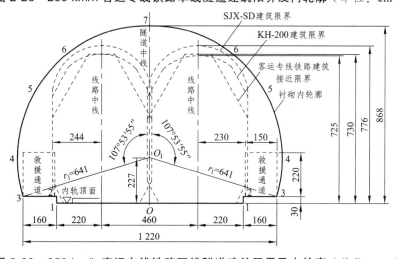

图 2-29　250 km/h 客运专线铁路双线隧道建筑限界及内轮廓（单位：cm）

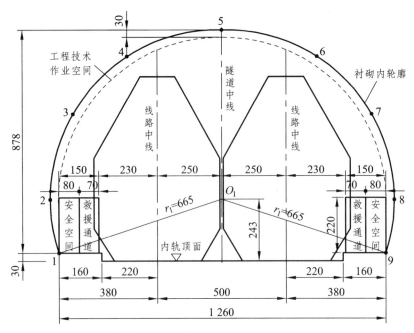

图 2-30　350 km/h 客运专线铁路双线隧道建筑限界及内轮廓（单位：cm）

2.4.1.2　曲线隧道的净空加宽

1. 加宽原因

（1）车辆通过曲线时，转向架中心点沿线路中线运行，而车辆本身却不能随线路弯曲，仍保持矩形状，故其两端向曲线外侧偏移（$d_{外}$），中间向曲线内侧偏移（$d_{内1}$），如图 2-31 所示。

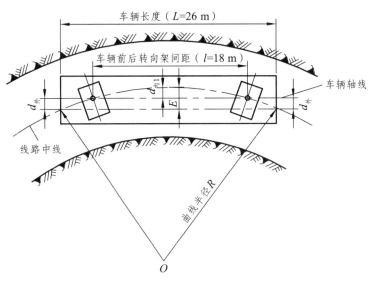

图 2-31　曲线隧道净空加宽平面示意

（2）由于曲线外轨超高，车辆向曲线内侧倾斜，使车辆限界上的控制点在水平方向上向内移动了一个距离（$d_{内2}$），如图 2-32 所示。据此可知，曲线隧道净空的加宽值包括内侧加宽和外侧加宽。

高速铁路的曲线半径均较大，故曲线段原则上不考虑曲线加宽。

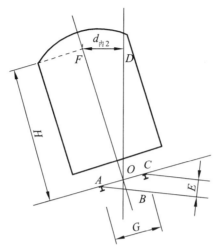

图 2-32　曲线隧道净空加宽断面示意

2. 加宽值的计算

（1）单线曲线隧道加宽值：

① 车辆中间部分向曲线内侧的偏移 $d_{内1}$：

$$d_{内1} = \frac{l^2}{8R} \qquad (2\text{-}2)$$

式中　l——车辆转向架中心距，取 18 m；

　　　　R——曲线半径，m。

$$d_{内1} = \frac{l^2}{8R} = \frac{18^2}{8R} \times 100 = \frac{4\,050}{R} (\text{cm}) \qquad (2\text{-}3)$$

② 外轨超高使车体向曲线内侧倾移 $d_{内2}$：

$$d_{内2} = \frac{H}{150} E (\text{cm}) \qquad (2\text{-}4)$$

式中　H——隧道限界控制点自轨面起的高度，cm；

　　　　E——曲线外轨超高值，其最大值不超过 15 cm，并按 0.5 cm 取整，且

$$E = 0.76 \frac{v^2}{R} (\text{cm}) \qquad (2\text{-}5)$$

其中　v——铁路远期行车速度，km/h。

在我国铁路隧道标准设计中，$d_{内2}$ 系将相应的隧道建筑限界绕内侧轨顶中心转动 $\arctan \frac{E}{150}$ 角求得，可分别近似取 $d_{内2} = 2.7E(\text{cm})$。

33

隧道内侧加宽值为

$$d_\text{内} = d_{\text{内}1} + d_{\text{内}2} = \frac{4\,050}{R} + 2.7E\,(\text{cm})\qquad(2\text{-}6)$$

③ 车辆两端向曲线外侧的偏移 $d_\text{外}$：

$$d_\text{外} = \frac{L^2 - l^2}{8R}\qquad(2\text{-}7)$$

式中　L——标准车辆长度，我国为 26 m。

故隧道外侧加宽值为：

$$d_\text{外} = \frac{L^2 - l^2}{8R} = \frac{26^2 - 18^2}{8R} \times 100 = \frac{4\,400}{R}\,(\text{cm})\qquad(2\text{-}8)$$

隧道总加宽值为：

$$W = d_\text{内} + d_\text{外} = \frac{4\,050}{R} + 2.7E + \frac{4\,400}{R} = \frac{8\,450}{R} + 2.7E\,(\text{cm})\qquad(2\text{-}9)$$

（2）双线曲线隧道加宽值的计算。

双线曲线隧道的内侧加宽值 $d_\text{内}$ 及外侧加宽值 $d_\text{外}$ 与单线曲线隧道加宽值的计算相同。

双线曲线隧道列车交会时，外线车辆中部向内偏移而内线车辆两端向外偏移，两线间的间距也必须加大，才能保证行车安全。内外侧线路中线间的加宽值 $d_\text{中}$ 按下面情况计算：

① 当外侧线路的外轨超高大于内侧线路的外轨超高时：

$$d_\text{中} = \frac{8450}{R} + \frac{H}{150} \times \frac{E}{2}\,(\text{cm})\qquad(2\text{-}10)$$

式中　H——车辆外侧顶角距内轨顶面的高度，取 360 cm；

　　　E——外侧线路的外轨超高值；

　　　R——曲线半径，m。

故

$$d_\text{中} = \frac{8\,450}{R} + \frac{360}{150} \times \frac{E}{2}\,(\text{cm}) = \frac{8\,450}{R} + 1.2E\,(\text{cm})\qquad(2\text{-}11)$$

② 其他情况（内侧线路超高大于外侧线路超高和内外侧线路超高一致）时：

$$d_\text{中} = \frac{8\,450}{R}\,(\text{cm})\qquad(2\text{-}12)$$

3. 曲线隧道中线与线路中线偏移距离

从以上计算可知，曲线隧道内外侧加宽值不同（内侧加宽大于外侧加宽），断面加宽后，隧道中线应向曲线内侧偏移。

单线隧道偏移如图 2-33 所示，偏移值为：

$$d_\text{偏} = \frac{1}{2}(d_\text{内} - d_\text{外})\,(\text{cm})\qquad(2\text{-}13)$$

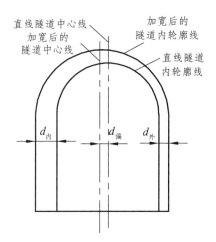

图 2-33 单线隧道加宽示意图

双线隧道如图 2-34 所示，内侧线路中线至隧道中线的距离：

$$d_{偏内} = 200 - \frac{1}{2}(d_{内} - d_{外} - d_{中}) \quad (\text{cm}) \tag{2-14}$$

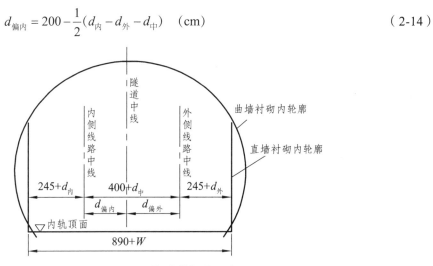

图 2-34 双线隧道加宽示意图

外侧线路中线至隧道中线的距离：

$$d_{偏外} = 200 + \frac{1}{2}(d_{内} - d_{外} + d_{中}) \quad (\text{cm}) \tag{2-15}$$

2.4.1.3 曲线隧道与直线隧道衬砌的衔接方法

当列车由直线段进入曲线段时，车辆前面的转向架进到缓和曲线起点后，由于缓和曲线段外轨设有超高，故车辆开始向内侧倾斜，车辆的后端点亦已偏离线路中心，所以从车辆的前转向架到车辆后端点的范围内应按圆曲线加宽值的一半加宽，此段长度为两转向架中心距离 18 m 加转向架中心到车辆后端点距离 4 m，共 22 m。当车辆的一半进入缓和曲线中点时，其车辆后端偏离中线值应根据前面的转向架所在曲线的半径及超高值确定。此时，前面转向架已接近圆曲线，故车辆后段应按圆曲线加宽值加宽，如图 2-35 所示。

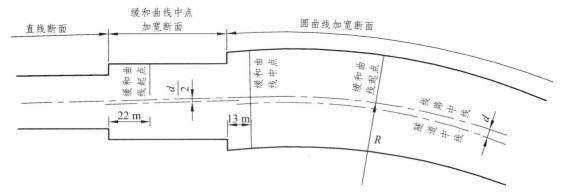

图 2-35　曲线隧道与直线隧道衔接方法

位于曲线地段车站上的隧道及区间曲线地段的双线隧道，断面加宽值应根据站场及线路具体情况计算确定。

当隧道位于反向曲线上且其间夹直线长度小于 44 m 时，重叠部分按两端不同的曲线半径分别计算内外侧加宽值，取其中较大者。

隧道衬砌施工中，对不同宽度衬砌断面的衔接，可采用在衬砌断面变化点错成直角台阶的错台法及自加宽断面终点向不加宽断面延伸 1 m 范围内逐渐过渡的顺坡法。

2.4.2　公路隧道横断面设计

公路隧道的建筑限界包括车道、路肩、路缘带、人行道等的宽度，以及车道、人行道的净高，见图 2-36。公路隧道的净空除包括公路建筑限界以外，还包括通风管道、照明设备、防灾设备、监控设备、运行管理设备等附属设备所需要的空间以及富余量和施工允许误差等。建筑限界高度：高速公路、一级公路、二级公路取 5.0 m，三、四级公路取 4.5 m。各级公路隧道建筑限界基本宽度见表 2-6。

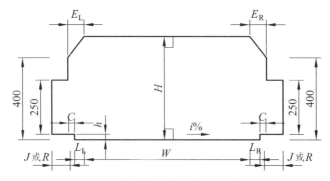

图 2-36　公路隧道建筑限界（单位：cm）

H—建筑限界高度；W—行车道宽度；L_L—左侧向宽度；L_R—右侧向宽度；C—余宽；J—检修道宽度；
R—人行道宽度；h—检修道或人行道的高度；E_L—建筑限界左顶角宽度，$E_L = L_L$；
E_R—建筑限界右顶角宽度，当 $L_R \leq 1$ m 时，$E_R = L_R$，当 $L_R > 1$ m 时，$E_R = 1$ m

表 2-6　两车道公路隧道建筑界限横断面组成最小宽度（单位：m）

公路等级	设计速度/（km/h）	车道宽度 W	侧向宽度		余宽 C	检修道宽度 J 或人行道宽度 R		建筑限界基本宽度
			左侧 L_L	右侧 L_R		左侧	右侧	
高速公路一级公路	120	3.75×2	0.75	1.25	0.50	1.00	1.00	11.50
	100	3.75×2	0.75	1.00	0.25	0.75	0.75	10.75
	80	3.75×2	0.50	0.75	0.25	0.75	0.75	10.25
	60	3.50×2	0.50	0.75	0.25	0.75	0.75	9.75
二级公路	80	3.75×2	0.75	0.75	0.25	1.00	1.00	11.00
	60	3.50×2	0.50	0.50	0.25	1.00	1.00	10.00
	40	3.50×2	0.25	0.25	0.25	0.75	0.75	9.00
三级公路	30	3.25×2	0.25	0.25	0.25	0.75	0.75	8.50
四级公路	20	3.00×2	0.50	0.50	0.25			7.50

注：三、四车道隧道除增加车道数外，其他宽度同本表，增加车道的宽度不应小于 3.5 m。

"隧道行车限界"指为了保证行车安全，在一定宽度、高度的空间范围内任何物件不得侵入的限界。隧道中的照明灯具、通风设备（如射流风机）、交通信号灯、运行管理专用设施如电视摄像机等都应安装在限界以外。公路隧道横断面见图 2-37。

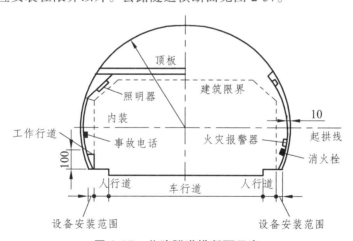

图 2-37　公路隧道横断面示意

高速公路和一级公路隧道内应设置检修道。其他等级公路隧道，应根据隧道所在地区的行人密度、隧道长度、交通量及交通安全等因素确定人行道的设置。检修道或人行道宜双侧设置，高度 h 宜为 25～40 cm，最大高度不应高于 80 cm。确定检修道标高，应综合考虑以下因素：

① 检修人员步行时的安全。

② 紧急情况时，司乘人员拿取消防设备方便。

③ 满足其下放置电缆、光缆、给水管等的空间尺寸要求。

④ 不会给驾驶员造成心理障碍。

单向行车隧道应在右侧设置紧急停车带，双向行车隧道应两侧交错设置停车带，其建筑限界如图 2-38 所示，紧急停车带为行车方向右侧加宽不小于 3 m，且与右侧侧向宽度（L_R）之和不小于 3.5 m，长度为 50 m，其中有效长度不得小于 40 m，设置间距不宜大于 750 m，且不应大于 1 000 m。停车带的路面横坡，可取 0 ~ 1.0%。

双向行车的隧道紧急停车带交错布置在两侧，间距宜为 800 ~ 1 200 m，不应大于 1 500 m。

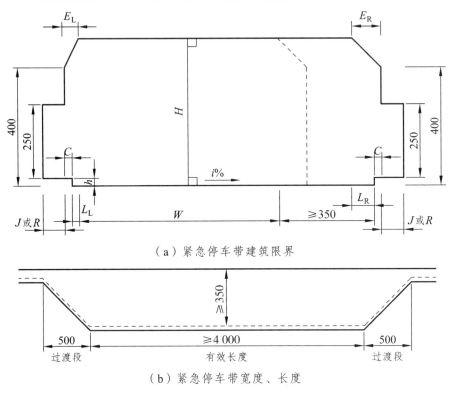

（a）紧急停车带建筑限界

（b）紧急停车带宽度、长度

图 2-38　紧急停车带的建筑限界、宽度和长度（单位：cm）

隧道墙壁往往给驾驶员以危险感，唯恐与之冲撞，行驶的车辆多向左侧偏离，无形中减少了车道的有效宽度，从而导致隧道中交通容量的降低，这种现象称为墙效应。因此，在公路隧道中，应在车道两侧留有足够的侧向净宽，以消除或减小墙效应的不良影响。

隧道洞口连接线应与隧道线形相配合，应当有足够的视距和行驶安全距离。尤其在进口一侧，需要在足够的距离外能够识别隧道洞口，使驾驶员能提前知道前方有隧道，顺利驶入隧道。当隧道建筑限界宽度大于所在公路的建筑限界宽度时，两端连接线应有不短于 50 m 的、同隧道等宽的路基加宽段；当隧道限界宽度小于所在公路建筑限界宽度时，两端连接线的路基宽度仍按公路标准设计，洞外相接路段应设置距离洞口不小于 3 s 设计速度行程长度且不小于 50 m 的过渡段与隧道洞口衔接，以保持隧道洞口内外横断面顺适过渡。

2.4.3　隧道衬砌内轮廓设计步骤

隧道的净空限界确定以后，就可以据此进行隧道衬砌断面设计。铁路隧道和公路隧道衬砌断面设计步骤类似，均为：线路等级→建筑限界→初步拟定尺寸→计算内力→检算强度→调整尺寸→重复上述计算，直到合适为止。

拟定结构形状和尺寸可采取经验类比的方法，以铁路隧道为例，考虑因素有：

（1）内轮廓——选定净空形状。

隧道内轮廓应紧贴限界，衬砌表面应平顺圆滑，并满足以下要求：

① 行车速度为 140 km/h 及以下铁路隧道的内轮廓，除应满足限界要求外，还需考虑相应的功能要求，例如为通风、照明、消防、监控、营运管理等设施提供安装空间，同时考虑围岩变形、施工方法影响的预留变形量，使确定的断面形式及尺寸达到安全、经济、合理的要求。同一线路上的隧道宜采用相同的内轮廓，如需改变，应使既有钢拱架能在工地采用较简便的方法改制后即能应用。

② 为便于拱架倒用和各类衬砌衔接，拱形明洞、偏压衬砌通常采用与一般地区隧道相同的衬砌内轮廓。因受地质、地形条件与施工因素等的影响，围岩压力分布有很大的不均匀性，拟定的内轮廓应对各种荷载有较好的适应性。

③ 内轮廓形状应力求简单、平顺，一般拱部内轮廓由三心圆组成。曲线隧道衬砌尺寸加宽的变化以采用 10 cm 为一级的加宽分级为宜。

④ 旅客列车最高行车速度 160 km/h 的新建铁路隧道需考虑空气动力学效应，轨面以上净空横断面面积，单线隧道不应小于 42 m²，双线隧道不应小于 76 m²。

（2）结构轴线——抽象出进行计算的几何形状。

隧道衬砌结构的轴线尽可能地符合荷载作用下的压力线。

当衬砌承受径向分布的静水压力时，结构轴线以圆形最合适。当衬砌主要承受竖向荷载和不大的水平荷载时，结构轴线上部宜采用圆弧形或尖拱形，下部可以做成直线形（即直墙式）。当衬砌承受竖向荷载的同时，又承受较大的水平荷载时，衬砌结构的轴线上部宜采用圆弧形或平拱形，下部可采用凸向外方的圆弧形（即曲墙式）。如果结构有底鼓或沉陷的风险，则底部宜设置凸向下方的仰拱。

（3）截面厚度——检算强度。

截面厚度应保证具有足够的强度并满足受力要求，最小厚度满足施工要求。对混凝土隧道和明洞衬砌，截面厚度不小于 20 cm；对洞门端墙、翼墙和洞口挡土墙，不小于 30 cm；对片石混凝土洞门端墙、翼墙和洞口挡土墙，不小于 50 cm。

衬砌结构的内力计算和强度检算，目前通常采用辅助设计软件完成，可参考有关资料学习。

2.5 隧道勘察设计文件的内容和组成

2.5.1 定测阶段有关资料

1. 定测说明书

说明书中要概述执行初步设计审批意见的情况，当初步设计有明显、重大的变更时，必须说明变更的理由、原因以及解决的措施。说明书还应根据地质勘察、测量和现场各种调查资料，对隧道工程设计、施工方案提出建议。

2. 分类说明书

分类说明书指测量、地质勘察和其他各种调查 3 项分别说明。

3. 隧道洞外控制测量、地质勘察成果说明书

（1）隧道平面控制网及路线示意图。

（2）平差及坐标计算。

（3）有关洞内控制测量的建议以及隧道测量说明书。

（4）地质平面及地质剖面图，重大地质问题的评价，钻探、坑探、电磁法探测和试验资料整编以及地质勘察说明书。

4. 需要完成和提交的图样

（1）隧道地形地质平面图。

（2）隧道纵断面图。

（3）隧道洞口放大纵断面图。

（4）隧道洞口及附近横断面图。

（5）隧道洞身横断面图。

（6）隧道明洞横断面图。

（7）隧道洞口地形图。

（8）其他辅助工程（如导坑等）的平面及纵、横断面图。

5. 其　他

其他需要提供的资料包括隧道周边环境条件、各种相关调查情况、施工组织及预算资料等。

2.5.2　隧道勘测说明书的主要内容

（1）沿线隧道概况及自然概况。

（2）地形、地貌、工程地质、水文地质情况。

（3）气象、环境和有关政策法令。

（4）隧道线路方案比较说明、采用方案的理由、隧道方案的比选情况和在设计中应注意的事项。

（5）详细介绍现有的施工条件，包括施工场地情况、工程动力设备、电力通信、给排水管道、施工便道、弃渣场、水源、建筑材料来源及对附近建筑物或环境的影响关系等。

（6）对隧道营运阶段通风、照明和防排水方式的选择建议。

（7）存在的问题及解决问题的办法的建议，以及有关协议和会议纪要等。

对于长大隧道（2 km 以上）和地质条件复杂的隧道，勘测说明书还应包括的内容有：隧道位置的选定情况和隧道洞口选定的意见,隧道洞身和洞口特殊工程问题的处理措施和意见,及辅助坑道的选定和设置意见。

2.5.3　隧道施工图设计文件内容

（1）隧道设计说明书。概括说明隧道概况（设计依据和标准及遵循规范、工程地质、水文地质、气象气候条件、地震和环境等）、设计意图及原则、施工方法、施工监测及注意事项等。

（2）隧道表及其工程数量表。隧道表包含隧道名称、起讫桩号、长度、净空、洞内路线线型（坡度与坡长、平曲线半径与平曲线长度）、工程地质概况、围岩级别及衬砌长度和厚度、洞口形式、照明方式和通风方式等。工程数量表有材料名称及型号、洞口工程（洞门、明洞、截水沟）、洞身工程（开挖、初期支护、二次衬砌）、紧急停车带洞身工程（开挖、初期支护、二次衬砌）、防排水工程（洞身防水、洞身排水、路面排水）、预留洞室、行车（人）横洞、路面工程、营运通风照明、内部装饰、监控设施、安全设施（电缆、报警装置、消防设施等）、洞外水箱及增压装置、变电站、控制中心及其他生活设施等附属工程的工程数量。

（3）隧道平面、纵断面图和隧道地质平面布置图。隧道平面图显示地质平面、隧道平面位置及路线里程和进出口位置等。纵断面图显示地质概况、支护结构类型、隧道埋深、路面中心设计标高、设计坡度、路肩标高、地面标高、里程等。隧道地质平面布置图显示地质构造、岩层产状、不同地质分界线、水文地质、地物和地貌等。图中应绘出推荐方案。

（4）隧道上下行线纵断面图。显示隧道的里程桩号、围岩类别、衬砌形式、设计标高、地面高程、坡度与坡长、水文地质特征、工程地质概况。

（5）公路隧道净空横断面（明洞）图，应符合《公路隧道设计规范》（JTG D70—2004）中有关隧道建筑限界的规定，限界内不得有任何部件侵入。

（6）隧道上下行线洞口、洞门出口一般构造。显示洞门的构造、类型、具体尺寸及洞门的立面、平面和截面图，采用的建筑材料、工程材料数量、施工注意事项等。

（7）隧道支护结构构造图。显示锚杆支护的类型、锚杆布置示意图、衬砌钢筋网示意图、超前支护大样图、衬砌类型与配筋、锚杆构造、格栅拱架和钢拱架结构、传力杆大样、拉杆大样和锚喷支护工程材料数量表等。

（8）隧道防排水构造图。显示复合式衬砌防、排水结构，施工缝变形缝防水结构，塑料板防水层，钢支撑处防水板，背贴式止水带纵向布置、止水带结构，背贴式止水带、附贴式盲沟与水沟连接结构，防水层工程材料数量表。

（9）隧道风机平面布置与进出口转向车道平面布置图。包括隧道通风形式、风机吊装位置、隧道进出口转向车道平面布置，隧道进出口转向车道设置地点前缘离上（下）行线洞口的距离等。

（10）隧道洞口、横洞及洞身照明平面布置图。

（11）隧道电气负荷及材料表、洞内消防设施平面布置图以及消防给水系统设计图。

（12）明洞纵、横断面设计图和辅助坑道结构设计图。

（13）隧道附属建筑物的结构设计图。

（14）交通监控与交通管理系统结构设计图。

（15）隧道工程设计概预算图表资料。

（16）有关协议和会议纪要等。

复习思考题

1. 隧道工程调查与勘察应调查哪些方面的内容？

2. 隧道平面位置和洞口位置选择的影响因素有哪些？如何选择隧道的平面位置和洞口位置？

3. 不良地质地段隧道选址时，主要应考虑哪些问题？

4. 简述隧道纵、横断面设计的原则和内容。

5. 什么是隧道的净空？什么是铁路隧道机车车辆限界、建筑基本限界、隧道建筑限界？

6. 曲线隧道为什么要进行加宽？怎样进行加宽？

7. 单行隧道与双行隧道如何设置？双行隧道的间距如何选取？

8. 公路隧道行车道两侧为什么要设置路缘带与余宽？其设置要求是什么？

9. 隧道工程勘测设计文件的内容和组成是什么？

第3章　隧道结构构造

【知识目标】

1. 掌握隧道建筑物的组成部分；
2. 熟悉隧道洞门形式和适用条件；
3. 了解明洞的类型；
4. 掌握隧道洞身衬砌的类型；
5. 熟悉锚喷衬砌和复合式衬砌；
6. 熟悉衬砌材料的品种；
7. 熟悉隧道附属建筑与设施的组成；
8. 掌握常见的防排水设施。

【技能目标】

1. 能够根据地形、地质条件选择选择洞门形式；
2. 能够合理确定衬砌结构类型。

山岭隧道结构由主体建筑物和附属建筑物两部分组成。

隧道的主体建筑物是为了保持隧道的稳定，保证车辆的安全运行而修建的，由洞身、衬砌和洞门组成。在洞口容易坍塌或有落石的危险时，还需要加筑明洞。

隧道的附属建筑物是为了养护、维修工作的需要以及满足排水、供电、通信和通风等方面的要求而修建的。隧道的附属建筑包括：临时停车带、防排水设施、大小避车洞（普铁）、综合洞室、电缆槽、长大隧道的通风设施等。隧道附属建筑物，应根据具体情况设置。

3.1　洞门类型及构造

3.1.1　隧道洞门作用

隧道两端都要修建洞门。洞门的作用是保持洞口仰坡和路堑边坡的稳定，汇集和排除地面水流，保护洞门附近岩土体的稳定，确保行车安全。洞门的作用有以下几方面：

43

（1）稳定边坡、仰坡。洞口开挖施工后，附近边坡、仰坡裸露的岩体不断风化，容易滚落甚至滑塌，导致堵塞路面和洞口，砸坏线路轨道，威胁行车安全。修建洞门就可以避免或减小这些危害。

（2）引排地表水。雨季洞口地表水如不引排，可能会淹溺线路，引起边、仰坡滑塌，危及行车安全，修建洞门及截排水沟，可以使隧道洞口免遭降雨影响。

（3）装饰作用。修建美观的洞门对隧道洞口可以起到装饰作用，城市、景区的隧道尤其需要结合所处环境美化洞门。

3.1.2 隧道洞门形式

隧道洞门形式的选择应在保障安全的同时考虑洞门美化和环境美化。不同地址的隧道洞门构造形式各有特点。山岭隧道洞门形式主要有：环框式洞门、翼墙式洞门、柱式洞门及台阶式洞门等。水底隧道的洞门通常与附属建筑物（如通风、供电、发电间、管理所、监控室等）结合在一起修建。城市道路隧道因其交通量比较大，对洞门建筑的安全要求和艺术要求都比较高。

1. 环框式洞门

当隧道洞口岩层坚硬、整体性好、节理不发育且不易风化（Ⅰ~Ⅱ级围岩），路堑开挖后仰坡极为稳定，又无较大的排水量要求时，可采用环框式洞门（图 3-1），以起到加固洞口、防止落石的作用。环框与洞口衬砌可用混凝土整体灌筑。

图 3-1 环框式洞门

2. 端墙式洞门

当地形开阔，岩土体基本稳定（Ⅱ~Ⅲ级围岩），边坡仰坡不高时，隧道轴线与坡面基本正交，常采用端墙式洞门（图 3-2）。其作用在于支护洞口仰坡，保持其稳定，并汇集仰坡水流，向两侧排出。洞顶水沟用圬工砌筑或砂浆抹平，洞门拱圈与洞身拱圈应连成整体，以加强洞门稳定。墙背空隙应用浆砌片石回填。

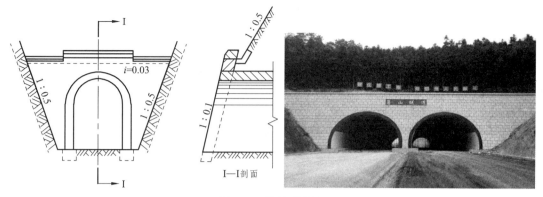

图 3-2　端墙式洞门

3．翼墙式洞门

翼墙式洞门（图 3-3）适用于地质较差（Ⅳ级及以下围岩），需要开挖路堑，仰坡稳定性不好的地段。翼墙式洞门由端墙与翼墙组成，即在端墙式洞门两侧或一侧加设挡墙即构成翼墙式洞门。翼墙起支撑端墙及路堑边坡的作用，保证洞口的稳定性。

图 3-3　翼墙式洞门

4．柱式洞门

当地形开阔，但地质条件较差，仰坡下滑可能性较大或端墙长度较长而又无条件设置翼墙时，通常在端墙中部设置尺寸较粗大的柱墩 2～4 个，以增加端墙的稳定性。这种洞门称为柱式洞门（图 3-4），适用于城市交通要道、风景区或长大隧道的洞口。

图 3-4　柱式洞门

5. 台阶式洞门

当洞口位于地形等高线与线路斜交、地形横坡较陡的傍山地段时，可将端墙式洞门顶部改为台阶式，即成为台阶式洞门（图 3-5）。这样可减少洞门圬工数量，其尺寸视地面横坡而定。

图 3-5　台阶式洞门

6. 削竹式洞门

削竹式洞门（图 3-6）将洞内衬砌延伸至洞外，一般凸出山体数米。它适用于各种地质条件，在构筑时可不破坏原有边坡的稳定性，减少土石方的开挖工作量，降低造价，而且能更好地与周边环境相协调。

图 3-6　削竹式洞门

7. 棚洞式洞门

棚洞式洞门（图 3-7）通常用于城市隧道中，起到调节洞口段光线的作用，同时也起到一定装饰作用。当洞外需要设置遮光棚时，其入口通常外伸很远。遮光构造物有开放式和封闭式之分，前者遮光板之间是透空的，后者则用透光材料将前者透空部分封闭。

事实上，隧道洞门形式有很多，只要能适应地形、地质条件，满足功能要求、美观要求、经济要求，洞门设计不必局限于固定的形式。

图 3-7　棚洞式洞门

3.1.3　洞门构造要求

洞门结构形式应实用、经济、美观、醒目；洞门墙应根据实际情况设置伸缩缝、沉降缝和汇水孔；洞门墙的厚度可按计算或结合其他已建成隧道洞门工程类比法确定；洞门墙基础必须埋置在稳固地基上，应视地形及地质条件，埋置足够的深度，保证洞门的稳定性。基底埋入土质地基的深度应不小于 1 m，嵌入岩石地基的深度应不小于 0.5 m，冻胀土层基底应设在冻结线以下不小于 0.25 m，墙基底埋设的深度应大于边墙各种沟、槽、管道基底埋设的深度。

3.2　明洞构造

明洞一般修筑在隧道的进出口处。当洞顶覆盖层较薄，用暗挖法难以进洞，或隧道洞口/路线通过不良地质地段，路堑边坡可能发生坍方、中小滑坡、落石、雪害、泥石流等危及行车安全时，或道路之间形成立体交叉，但又不宜做立交桥时，通常宜修建明洞。在露天修建而有回填土予以覆盖的衬砌结构，也称为明洞。明洞是隧道洞口或线路上起防护作用的重要建筑物。

3.2.1　修建明洞的原则

1. 核查地形、地貌和地质水文情况

在拟建明洞的地方，应详细调查地形、地貌、地质和水文地质情况。在有可能发生大滑坡和有大量坍方的地方不宜修明洞。

2. 地基与基础处理

明洞所在位置，通常地形、地质条件比较复杂，明洞基础条件差，所以修建明洞时，为确保结构的安全与稳定，应当慎重处理地基与基础。

（1）明洞边墙基础应放置在稳固的岩层上，在特殊困难的地质条件下，边墙基础可放在坚硬的土壤上，但其埋置深度应在距冻结线 25 cm 以下，并应在地基上或明洞建筑结构上加以特殊处理，还应进行边墙和拱圈的计算和验算。

（2）明洞边墙基础下地下水较多时，应将地下水妥善地引离边墙基础。

（3）明洞回填土的厚度必须足以缓和边坡上石块下坠的冲击力（考虑此项冲击力的影响，洞顶填土高度一般不宜小于 2 m）。

（4）明洞处边墙基础埋置深度超过路面以下 3 m 时，宜在路面以下设置钢筋混凝土横向水平拉杆，锚固于内边墙基础或岩体中，或采用锚杆锚固于稳定的岩体中。

3．明洞结构形式选定

明洞的结构形式通常应根据明洞的地形、地质条件、荷载分布情况、营运安全、施工方法以及经济分析比较确定。

3.2.2 隧道明洞类型

明洞的结构类型常因地形、地质和危害程度不同，有多种形式：拱式明洞、箱形明洞和棚式明洞。采用最多的为拱式明洞和棚式明洞。

1．拱式明洞

当边坡坍方数量较大、落石较多、基础条件较好时，宜采用拱形明洞。图 3-8 为路堑拱式明洞，其受力对称，因此结构也对称。图 3-9 为常用的半路堑式偏压（单压）明洞。它主要承受回填土石和坍方落石的单侧压力作用，为此，拱圈常采用钢筋混凝土结构，且外墙尺寸较厚，为 3～5 m，受力不对称，结构也不对称。为了节约圬工数量，这种明洞通常在浆砌片石外墙上每隔 3～4 m，开设一个洞孔。明洞采用外贴式防水层，确保防水质量。

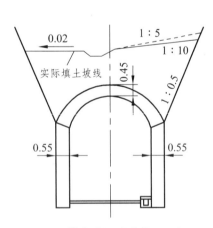

图 3-8　拱式明洞（单位：m）

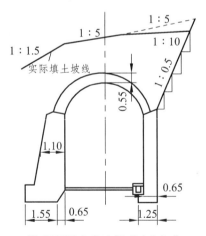

图 3-9　拱式明洞（半路堑式）（单位：m）

拱式明洞的内外墙身用混凝土结构、拱顶用钢筋混凝土结构，整体性较好，能承受较大的垂直压力和单向侧压力，必要时加设仰拱。通常，用作洞口接长衬砌的明洞，多选用拱式明洞。

2. 箱形明洞

在明洞净高、建筑高度受到限制，地基软弱的地方，可采用箱形明洞。图 3-10 所示为一方形刚构明洞，是全部用钢筋混凝土制成的方形整体明洞。若右侧岩层顺层滑动，则利用上部回填土石的压力及底层的弹性抗力，平衡侧向岩层滑动的推力，并传于左侧岩层上。回填土高度根据两侧岩层滑动力的大小决定。箱形明洞需要分段施工，两侧紧贴岩层，以保持原岩层不致因施工开挖而产生滑动。超挖回填片石的强度不低于该处岩石的抗压强度等。

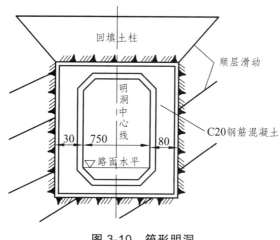

图 3-10 箱形明洞

3. 棚式明洞

当线路外侧地基承载力不足，且受地形条件限制，难以修建拱式明洞时，可采用棚式明洞，如图 3-11 所示。棚式明洞由顶盖和内外边墙组成。顶盖通常为钢筋混凝土梁式结构（板梁或 T 形横梁），内边墙一般采用重力式结构，并应置于基岩或稳固的地基与基础上。当岩层坚实完整、干燥无水或少水时，为减少开挖和节约圬工，可采用锚杆式内边墙。外边墙可以采用墙式、刚架式、柱式结构，但耗用钢筋较多。

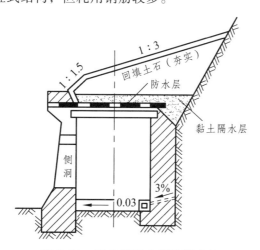

图 3-11 棚式明洞（半路堑式）

49

3.3 洞身衬砌

开挖后的隧道，为防止围岩变形或坍塌，沿隧道洞身周边用钢筋混凝土等材料修建的永久性支护结构，就是衬砌。常用的衬砌结构类型有整体式混凝土衬砌、装配式衬砌、锚喷支护衬砌和复合式衬砌等。

3.3.1 整体式混凝土衬砌

整体式混凝土衬砌采用模筑现浇而成，对地质条件的适应性较强，易于按需要成型，整体性好，抗渗性强，而且可以适合多种施工条件，如可用木模板、钢模板或模板台车等，因而在隧道工程中得到广泛采用。它采用混凝土现浇而成，在灌注以后不能立即承受荷载，必须经过一个养护的过程，因而施工进度受到一定的限制。整体式混凝土衬砌可采用多种形式，铁路和公路隧道中最为常用的是直墙拱形衬砌和曲墙拱形衬砌。

1. 直墙式衬砌

直墙式衬砌适用于地质条件比较好、以垂直围岩压力为主而水平围岩压力较小的情况，主要适用于Ⅰ～Ⅲ级围岩，局部稳定性好的Ⅳ级围岩区段也可采用。图 3-12 为我国单线非电化铁路隧道直墙式衬砌断面，由上部拱圈、两侧竖直边墙和下部铺底三部分组合而成。拱部内轮廓线系由三心圆曲线组成。拱圈是等厚的，内外弧圆心重合，两侧边墙是与拱圈等厚的竖直墙，与拱圈平齐衔接。

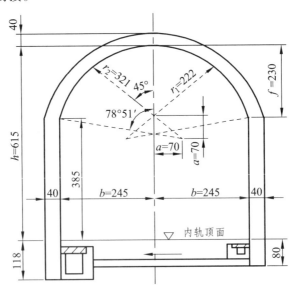

图 3-12 单线非电化铁路隧道直墙式衬砌（单位：cm）

2. 曲墙式衬砌

曲墙式衬砌适用于地质较差，岩体比较破碎，强度较低且水平围岩压力较大的情况。它由顶部拱圈、侧面曲边墙和仰拱（或铺底）组成。

顶部采用变厚度拱圈，拱顶稍薄，拱脚稍厚，外弧与内弧的半径不同，圆心位置也互不重合。侧墙采用变厚度曲墙，内弧外弧的圆心在同一水平面上。外弧在圆心水平面以下为直线形，稍稍向内偏斜。Ⅴ级或Ⅵ级围岩，压力很大，侧墙外轮廓圆心水平面下的部分，做成竖直直线形状，不再向内倾斜，使侧墙底宽度更大，以阻止受压下沉。图 3-13 为Ⅴ级围岩单线非电化铁路隧道曲墙式衬砌的标准图，由顶部拱圈、侧面曲边墙和底部仰拱所组成。

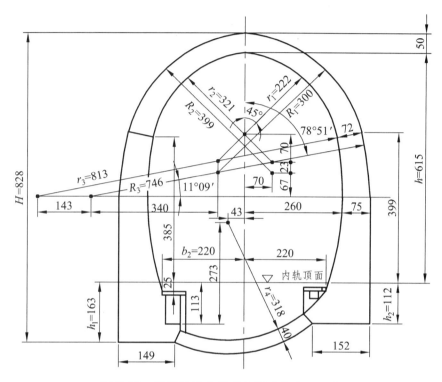

图 3-13　铁路隧道曲墙式衬砌（单位：cm）

单线Ⅳ～Ⅵ级围岩、双线Ⅲ～Ⅵ级围岩地段，岩层一般受地质构造影响严重，风化破碎，侧压力较大，基础易产生沉陷，开挖后易产生隆起变形，应采用曲墙有仰拱的衬砌。仰拱的矢跨比，单线隧道宜取 1/6～1/8，双线隧道宜取 1/10～1/12。仰拱虽然是圆弧形，但由于洞内一侧需设排水沟，因而仰拱对中轴线也不是对称的，而是偏向有水沟的一侧。

3.3.2　装配式衬砌

装配式衬砌又称拼装式衬砌，是将一环衬砌分成若干块构件，这些构件在现场或工厂预制，然后运到坑道内用机械将它们拼装成一环接着一环的衬砌（图 3-14）。这种衬砌的特点是：拼装成环后立即受力，便于机械化施工、改善劳动条件、节省劳动力，但施工工艺复杂，对隧道断面形式适应性较差，衬砌的整体性及抗渗性不如整体现浇衬砌，目前多在使用盾构法施工的地铁和水底隧道中采用。

图 3-14 装配式衬砌

3.3.3 锚喷衬砌

锚喷衬砌是指采用锚杆加固围岩，同时在围岩表面喷射混凝土，形成隧道永久结构的支护方式。锚喷衬砌具有及时、施工方便和经济性显著等特点，是目前常用的一种围岩支护手段，可充分发挥围岩的自承能力，有效地利用洞内净空，提高作业安全性和作业效率，能适应软弱和膨胀性地层中的隧道开挖，并可用于整治坍方和衬砌裂损。

与模筑混凝土不同，锚喷衬砌不是以一个刚度强大的结构物来抵抗围岩压力，而是通过喷射混凝土和施作锚杆，与围岩合成一体，充分发挥围岩本身的自稳能力，是柔性衬砌。锚喷衬砌可有效降低工人劳动强度，减小隧道开挖断面，节省坑工工程量。

锚喷衬砌设计应符合下列要求：

① 锚喷衬砌内部轮廓应比整体式衬砌适当放大，除考虑施工误差和位移量外，应再预留10 cm 作为必要时补强用。

② 遇下列情况不应采用锚喷衬砌：地下水发育或大面积淋水地段；能造成衬砌腐蚀或膨胀性围岩的地段；最冷月平均气温低于 −5℃地区的冻害地段；有其他特殊要求的隧道。

3.3.4 复合式衬砌

复合式衬砌是把衬砌分成两层或两层以上，通常由初期支护（又称初衬或初支）和二次衬砌（又称永久支护、内层衬砌）组成。隧洞开挖后，先在洞壁表面喷射一层早强混凝土，厚度多在 5～20 cm，有时也同时施作锚杆，凝固后形成薄层柔性支护结构，即为初期支护。待初期支护与围岩变形基本稳定后即可绑扎钢筋、推移模板台车就位、就地灌筑混凝土施作二次衬砌。为了防止地下水流入或渗入隧道内，在初期支护和二次衬砌之间通常要敷设防水层。

与其他类型的衬砌相比，复合式衬砌造价较高，施工较复杂，但结构合理，防水效果好，是目前公路、铁路隧道的主要支护形式。初期支护施作及时、刚度小、易变形、与围岩密贴，可有效保护和加固围岩，充分发挥围岩的自承作用。二次衬砌表面光洁平整，可以防止初期支护风化、装饰内壁、降低风阻、增强安全感。

3.3.4.1 初期支护

初期支护是由以喷射混凝土和锚杆为基本组合形式的一系列支护构件组成的，对地层条件的适应性强，但施作工艺比较复杂。初期支护是现代隧道工程中帮助围岩获得初步稳定，并保证隧道施工期间的安全，以便挖除坑道内岩体的一系列支护结构和工程措施。由于复合衬砌主要是采用喷射混凝土和锚杆作为基本组合形式，并通过调整初期支护参数来适应围岩级别以及围岩松弛范围和松弛程度变化的，所以，初期支护层次较多，变化较多，施作工艺比较复杂。

初期支护也泛指"锚喷支护（锚杆、喷混凝土、钢拱架）""超前支护（超前锚杆、超前管棚）""注浆加固（超前小导管预注浆及超前深孔帷幕注浆）"等一系列支护措施。锚喷支护是初期支护最基本的结构形式，也是在常规条件下隧道工程中使用最多的工程措施。

1. 锚喷支护

锚喷支护包括喷射混凝土（有时加钢筋网或钢纤维）、锚杆和钢拱架三部分。

（1）喷射混凝土。喷射混凝土是以压缩空气为动力，将掺有速凝剂等外加剂的混凝土拌和料与水混合成为浆状，喷射到坑道的岩壁上并迅速凝结而成的细石混凝土。喷射混凝土根据喷射工艺可分为干（潮）喷、湿喷和混合喷三种，其中以湿喷工艺较优，混凝土质量较好，实际工程中应用较多。

喷射混凝土厚度一般在 5 ~ 20 cm，最厚不超过 25 cm，太薄不足以覆盖局部突出岩石，太厚则失去了柔性衬砌的特点，喷射混凝土强度等级为 C15 ~ C20。

在比较松散软弱的岩层中，为了加强喷层的抗剪强度和韧性，喷射混凝土中可以加金属网或钢纤维，称为"钢筋网喷射混凝土"或"钢纤维喷射混凝土"。钢筋网的钢筋直径一般为 6 ~ 10 mm，网格孔间距为 200 mm。钢筋网与岩面绑扎焊接牢固后，即可喷射混凝土。

（2）锚杆。锚杆是安设在隧道及地下工程的围岩体中的杆状构件。锚喷支护通过锚杆较高的抗拉能力，约束围岩的变形，从而提高围岩的自稳能力，实现对围岩体的加固。锚杆按其对围岩加固的区域可分为：系统锚杆、局部锚杆和超前锚杆。常规支护中的锚杆主要指的是系统锚杆和局部锚杆。

系统锚杆是指在坑道范围内的岩体被挖除后，沿横断面的径向安装于围岩内部的锚杆群。系统锚杆强调的是多根锚杆的联合作用，以形成对围岩承载环的加固，即"群锚效应"。局部锚杆是指只在一定的区域和方向安装的少量锚杆，如锁脚锚杆。局部锚杆强调的是维护围岩的局部稳定或对初期支护的局部加强。超前锚杆是指沿开挖轮廓线，以稍大的外插角，向开挖面前方围岩内安装的锚杆群。超前锚杆强调的是超前支护，即形成对前方围岩的预加固，使施工人员能够在提前形成的围岩加固圈的保护下进行开挖作业。

锚杆长度一般为 2.5 ~ 6.0 m，锚杆间距一般不宜大于其长度的一半，对于大跨度隧道，为节省钢材，可以采用长短相间的锚杆支护形式。

（3）钢拱架。钢拱架因其整体刚度和强度均较大，所以对围岩松弛变形的限制作用更强，可及时阻止有害松动，也可以承受已发生的松弛荷载，保证隧道稳定与安全，还可以作为超前支护的支点。钢拱架有花钢拱架和型钢拱架两种结构形式，如图 3-15 所示。

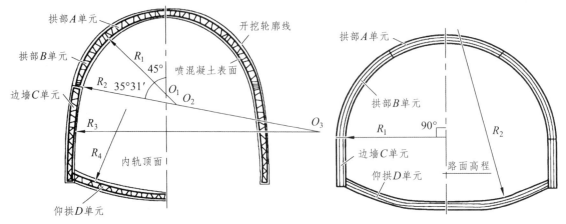

图 3-15　花钢拱架和型钢拱架

花钢拱架（或称为格栅钢架）是采用螺纹钢筋焊接而成的拱形钢拱架，一般在工地加工，现场拼装。由于花钢拱架与混凝土及其他材料有更好的相容性，所以在现代隧道工程中广泛用作初期支护。

型钢拱架是采用型钢（多为工字钢）弯制而成的拱形钢架。型钢拱架一般是在工厂加工，也可在工地加工，再运到现场拼装。由于喷射混凝土时，型钢拱架的背面不易密实，与混凝土共同工作性能不好，所以现在多用于抢险和塌方处理。

钢拱架的截面高度一般为 100～200 mm。当隧道断面较大或围岩压力很大时，钢拱架的截面高度可取 200～250 mm；当隧道断面很大，围岩压力也很大时，钢拱架的截面高度可取 250～300 mm。

2. 超前支护

在工作面不能自稳的条件下，需要先采取适宜的工程措施使工作面保持稳定，然后再开挖坑道范围内的岩体。这类针对掌子面前方围岩（包括将被挖除的岩体）而采用的一系列支护措施，称为超前支护，常用的有超前锚杆、超前小导管、超前管棚等。超前锚杆是指沿开挖轮廓线，以稍大的外插角，向开挖面前方围岩内安装锚杆；当需要进行注浆时，可以采用直径较小、孔壁钻孔的钢管。超前管棚指沿开挖轮廓线，以较小的外插角，向开挖面前方围岩内安装直径较大的长钢管，对掌子面前方围岩进行预支承，防止开挖过程中围岩坍塌，主要适用于稳定性很差的围岩条件和洞口区域，安装需要专用机械。

3. 注浆加固

注浆加固是为了改良松散地层的工程力学性能，而将适宜的胶结材料按一定的注浆工艺注入松散地层中的工程措施，也称为"地层改良"，如图 3-16 所示。

胶结材料在松散地层中凝结后，松散岩体的力学性能得以改善，这部分经过改良的岩体作为隧道围岩，其稳定性得以增强，改良后的岩体能更好地与初期支护共同工作，成为隧道承载结构。

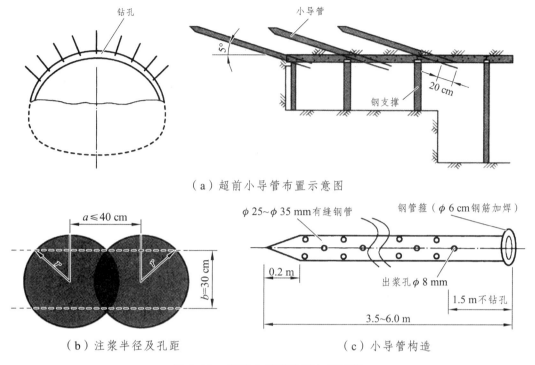

（a）超前小导管布置示意图

（b）注浆半径及孔距

（c）小导管构造

图 3-16　超前小导管注浆加固围岩

3.3.4.2　内层衬砌

内层衬砌主要作为安全储备，用于承受后期围岩压力。一般是在初期支护后围岩变形基本稳定时，再施作内层衬砌。考虑到隧道投入使用后的服务年限很长，为了承受后期围岩压力，降低洞内空气阻力，满足洞内功能性构造要求和美观要求，以及保证隧道在服务过程中的稳定、耐久，现代隧道工程中一般均设有内层衬砌。内层衬砌多采用等厚度截面，变化较少，构造较简单，必要时只需将两侧边墙下部稍作加厚，以降低基底应力。

内层衬砌有多种材料和构造形式，但以就地模筑混凝土或钢筋混凝土为主，也有采用拼装式钢筋混凝土作为内层衬砌的，如图 3-17 所示。

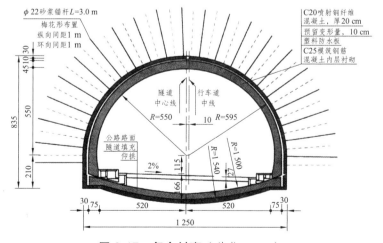

图 3-17　复合衬砌（单位：mm）

55

3.3.5 衬砌材料

修建隧道衬砌的材料，应具有足够的强度和耐久性，在某些环境中，还必须具有抗冻、抗渗和抗腐蚀性。此外，衬砌材料还应满足就地取材、降低造价、施工方便及易于机械化施工等要求。常用的隧道衬砌材料有：

1. 混凝土和钢筋混凝土

混凝土衬砌整体性和抗渗性较好，既能现场浇筑，也可以在工厂预制，而且能采用机械化施工。可以在水泥中掺入外加剂，以提高混凝土的密实度，从而提高混凝土的抗渗性和防水性能。但是，混凝土浇筑后需要养护而不能立即承受荷载，需要达到一定强度后才能拆模；占用和耗用较多的拱架及模板；某些特殊环境中耐侵蚀性能较差。但其优点是主要的，所以目前混凝土仍然是隧道衬砌结构的主要建筑材料。

混凝土中加入钢筋是为了提高衬砌的抗拉、抗剪性能，所以在明洞衬砌及地震区、偏压、通过断层破碎带或淤泥、流沙等不良地质地段的隧道衬砌中，基本上都采用钢筋混凝土材料，在特殊情况下可加入旧钢轨或焊接钢筋骨架进行加强。

衬砌混凝土强度等级有 C15 ~ C50，工程中衬砌混凝土强度多在 C20 以上。钢筋混凝土材料中混凝土强度等级不低于 C20，钢筋最低型号为 HPB300，主要受力钢筋一般在 HRB400 以上。

2. 喷射混凝土

喷射混凝土加入了速凝剂，能很快凝结硬化，早期强度和密实性均较普通混凝土高，能封闭围岩的裂隙，起到支护围岩的作用。其施工过程可以全部机械化，且不需要拱架和模板。在石质较软的不稳定围岩中，它还可以与锚杆、钢丝网等配合使用，是一种理想的衬砌材料。

3. 片石混凝土

仰拱填充及超挖回填，可在混凝土中掺入片石（掺量不超过总体积的 20%），可以节省水泥，降低工程造价。片石混凝土中片石应选用坚硬的石料，其抗压强度不应低于 30 MPa，严禁使用风化片石。片石之间要有 10 cm 左右的间距，不得有空洞。

4. 料石或混凝土块

料石或混凝土预制块的优点是：可以就地取材，能节约大量水泥和模板，耐久性和耐侵蚀性能较好，可保证衬砌厚度并能较早地承受荷载。其不足之处是砌缝多，容易漏水，防水性能较差，施工主要靠手工操作，难于机械化施工，费工、费时，施工进度较慢。

3.4 附属建筑与设施

除上述主体建筑物外，隧道还要修筑一些附属建筑和设施，才能保证车辆安全运行。附属建筑和设施包括防水和排水措施、安全避让措施、电力、通信、通风设施以及标志、信号、消防、交通监控系统等。

3.4.1 防水和排水措施

隧道防排水一般应采取"防、排、截、堵相结合，因地制宜，综合治理"的原则，以达到防水可靠、排水通畅、线路基床底部无积水、经济合理的目的。

1. 防水措施

防水即堵水，是指堵住地下水，不让其从衬砌背后渗入隧道。防水措施包括防水混凝土结构、设置防水层、注浆堵水等。

（1）防水混凝土结构。

防水混凝土是指以调整配合比或掺用外加剂的方法增加混凝土的密实性，以提高混凝土自身抗渗性能的一种混凝土，常用的有普通防水混凝土、外加剂防水混凝土、高性能防水混凝土等。防水混凝土结构厚度不应小于 30 cm，抗渗等级不得低于 P6，裂缝宽度不得大于 0.2 mm，并不得贯通；当为钢筋混凝土时，迎水面主筋保护层厚度不应小于 5 cm。

（2）防水层。

防水层种类很多，大致可归纳为两类：一类为粘贴式防水层，如用沥青将油毡（或麻布）粘贴在衬砌的外表面（适用于明挖修建的地下工程），衬砌内表面渗漏或施工缝处的渗漏可用内贴式防水层，复合式衬砌在初期支护与二次模筑衬砌之间可粘贴软聚氯乙烯薄膜、聚乙丁烯片、聚乙烯片等防水卷材，采用无纺布做缓冲层；另一类为喷涂式防水层，如"881"涂膜防水胶、阳离子乳化沥青等防水剂。

（3）衬砌施工缝和变形缝防水。

① 施工缝的防水。施工缝是衬砌混凝土间歇灌注时造成的。常见施工缝防水的单一构造形式如图 3-18（a）、（b）所示，也可采用其他新型、成熟、可靠的防水构造形式［图 3-18（c）］。

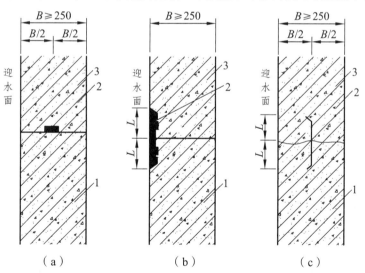

图 3-18　施工缝的防水基本构造（单位：mm）

（a）遇水膨胀止水条构造；（b）迎水面外部防水构造，外贴止水带 $L \geqslant 150$ mm，外涂防水涂料和外抹防水砂浆 $L = 200$ mm；（c）中埋止水带构造，钢板止水带 $L \geqslant 150$ mm，橡胶止水带 $L \geqslant 125$ mm，钢边橡胶止水带 $L \geqslant 120$ mm；
1—先浇混凝土；2—遇水膨胀止水条或外贴防水层或中埋止水带；3—后浇混凝土

② 变形缝（沉降缝、伸缩缝）的防水。沉降缝是为了防止不均匀沉陷所引起衬砌的开裂而设置的，在地质条件有显著变化处、明洞与隧道衬砌连接处，均应设置沉降缝。伸缩缝是为了防止因温度变化使混凝土自由伸缩产生裂缝而设置的。由于隧道内温差较小，故除严寒地区外，一般地区在隧道内不设置伸缩缝。常见变形缝的复合防水构造形式如图 3-19 所示。

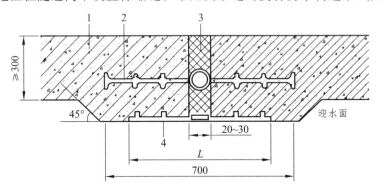

图 3-19　中埋式止水带与外贴式防水层复合防水构造（单位：mm）
1—混凝土结构；2—中埋式止水带；3—填缝材料；4—外贴防水层

（4）注浆堵水。

采用超前小导管或超前长钢管将适宜的胶结材料压注到地层节理、裂隙、孔隙中，不仅可以加固围岩，同时也起到了堵水作用，更可以防止地下水大量流失，较好地保护地下水环境。在隧道内层衬砌施工完成后，若因内层衬砌混凝土质量等问题产生渗漏，也可以向衬砌与围岩之间的缝隙压注胶结材料，以实现堵水。常用的浆液材料有水泥浆、水泥砂浆、水泥-水玻璃浆液、化学浆液，以及近年来广泛采用的双快水泥浆液等材料。

2. 排水措施

如果衬砌背后的地下水无法排除，地下水位就会逐渐升高，给隧道衬砌施加很大压力，必须采用排水设施将地下水引入隧道内，再经由洞内水沟排至洞外。排水设施主要有：衬砌内的纵横向排水沟、衬砌上的引水管（暗槽）或泄水孔、衬砌背后的纵横向盲沟和集水钻孔等。

（1）排水沟。

隧道全长在 100 m 及以下（干旱地区为 300 m 及以下），且常年干燥的，可不设洞内排水沟。除此之外，均应设排水沟。水沟坡度应与线路坡度一致，水沟断面视水量的大小而定，应有足够的过水能力。一般沟底宽不应小于 40 cm，沟深不应小于 35 cm。沟底纵坡宜与线路纵坡一致。水沟上面应设有预制的钢筋混凝土盖板，其顶面应与避车洞底面齐平。排水沟在一定长度上应设检查井，以便随时清理残渣。

排水沟有两种形式：一种是侧式水沟，设在线路的一侧或两侧，视水量大小而定。有仰拱的隧道宜采用侧沟；单线隧道宜优先设置双侧水沟；当地下水较大或长隧道和采用混凝土宽枕道床或整体道床的隧道，宜设双侧水沟。双侧水沟隔一定距离应设一横向联络沟，以平衡不均匀的水流量。另一种是中心式水沟，设在线路中线的下方或设在双线隧道两线路之间。排水沟如图 3-20 所示。

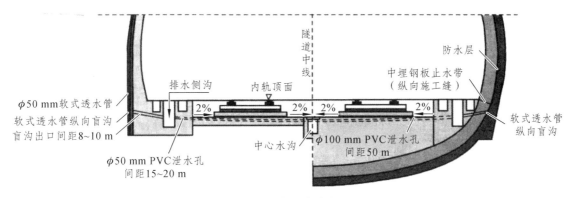

图 3-20　隧道排水沟断面图

（2）盲沟（管）。

盲沟（管）是在衬砌与围岩之间设置的汇水、过水通道。它主要用于引导较为集中的局部渗流水，根据需要设置纵向或环向盲沟（管），将水流引入衬砌墙脚的泄水孔中。盲沟也可以在沟中用干砌片石、卵石等回填作为导水层，将地下水在衬砌背后集中到沟内排入洞内水沟。

现在新型柔性盲沟（管）通常由工厂加工制造，安装方便，布置灵活，连接容易，接头不易被混凝土阻塞，过水效果良好，成本较低。目前使用较多的盲沟（管）是弹簧软管盲沟（管）和化学纤维渗滤布盲沟（管），其构造形式有以下几种：

① 弹簧软管盲沟（管）。一般采用 10 号钢丝缠成直径 5~8 cm 的圆柱形弹簧或采用质硬又具有弹性的塑料丝缠成半圆形弹簧，或带孔塑料管，以此作为过水通道的骨架，安装时，外覆塑料薄膜和铁窗纱从渗流水处开始沿环向铺设并接入泄水孔，如图 3-21（a）所示。

② 化学纤维渗滤布盲沟（管）。这种盲沟（管）以结构疏松的化学纤维布作为水的渗流通道，其单面有塑料敷膜，安装时使敷膜朝向混凝土一面，可以阻止水泥浆渗入滤布。这种渗滤布式盲沟（管）质量轻，便于安装和连续加垫焊接，宽度和厚度也可以根据渗排水量的大小进行调整，是一种较理想的渗水盲沟，如图 3-21（b）所示。

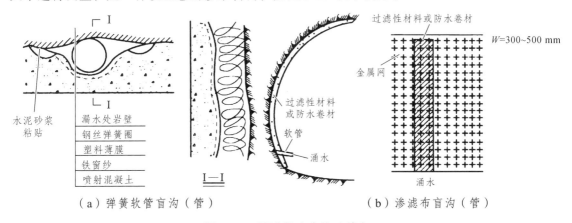

（a）弹簧软管盲沟（管）　　（b）渗滤布盲沟（管）

图 3-21　隧道排水盲沟（管）

3. 截水措施

截水是指截断地表水和地下水流入隧道的通路。

（1）洞顶天沟。

为防止地表水冲刷仰坡，流入隧道，一般应在洞口边仰坡上方设置天沟，但当地表横坡陡于 1 : 0.75 时可不设天沟。

天沟设于边仰坡坡顶以外不小于 5 m 处，黄土地区应不小于 10 m。天沟一般沿等高线向线路一侧或两侧排水。天沟坡度根据地形设置，但应不小于 3‰，以免淤积。当纵坡过陡时，应设计急流槽或跌水连接。一般在地面自然坡度陡于 1 : 1 时，水沟宜做成阶梯式，以减少冲刷。天沟断面应根据流入截水沟的汇水区流量确定。水沟深度宜高出计算水面 20 cm，一般底宽和深度均不小于 60 cm；在干燥少雨地区，深度可减至 40 cm；水沟分水点深度可减至 20 cm。天沟长度的确定应满足使边仰坡面不受冲刷，下游应将水引至适当地点排泄，避免危害农田和冲刷山体的要求。流量较大时，不宜将水引向路堑排泄，应根据地形将水引至沟谷或涵洞处排泄。在容易渗漏、沉陷和易冲蚀的地层及易溶于水的岩层中设置的天沟，其底部及侧壁必须用 M5 水泥砂浆浆砌片石铺砌。通过裂隙岩层的天沟可采取水泥砂浆抹面、勾缝等防止渗漏的措施。

（2）泄水洞。

泄水洞一般是在地下水特别发达、涌水地段较长且水压较高，用其他防排水措施难以收效时才采用。泄水洞应设在地下水上游一侧，与隧道方向平行或近似平行，使周围的地下水经由泄水洞的过滤孔眼流入泄水洞内排走，以达到拦截排水，防止地下水影响隧道的目的。泄水洞与隧道的间距应根据地质情况、地下水位及需要降低水位的程度等来确定，一般情况下其净距为 10 ~ 15 m，如图 3-22 所示。泄水洞断面尺寸除应保证有足够的排水能力外，还应便于施工和检查维修，一般不小于 1.2 m（宽）× 1.8 m（高）。泄水洞纵向坡度应满足流水通畅，一般不小于 3‰。

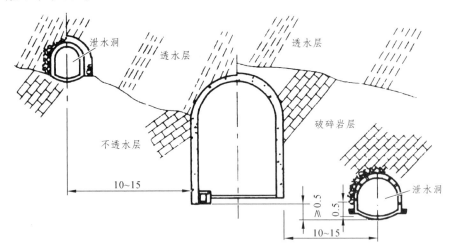

图 3-22　拦截地下水疏干地层泄水洞（单位：m）

3.4.2　紧急停车带和避车洞

1. 公路隧道紧急停车带

隧道中行驶的车辆发生故障时，故障车必须尽快离开行车道，以免引起交通阻塞，避免发生交通事故，紧急停车带就是专供紧急停车使用的停车位置。高速公路、一级公路的特长隧道和长隧道，应根据需要设置紧急停车带；10 km 以上的特长隧道，还应考虑设置回车道设施，使车辆能在发生火灾时避难或退避。

紧急停车带的间隔主要根据故障车的可能滑行距离和人力可能推动的距离而定。我国目前参照国际道路常设协会（PIARC）的隧道委员会推荐值来确定紧急停车带的有关参数，超过 2 km 的隧道，间隔约为 750 m 设置宽 3.5 m、长 50 m 的紧急停车带。

2. 铁路隧道避车洞

当列车通过隧道时，为了保证洞内行人、维修人员及设备的安全，在隧道两侧边墙上交错均匀地修建洞室，用于躲避列车，这种洞室称之为避车洞。避车洞室根据其大小，分为大避车洞和小避车洞两种，其间距和尺寸见表 3-1 和图 3-23。

表 3-1　避车洞间距和尺寸（单位：m）

名称	一侧间距		尺寸		
			宽度	深度	中心高度
大避车洞	有砟道床	300	4.0	2.5	2.8
	无砟道床	420			
小避车洞	有砟道床	60	2.0	1.0	2.2
	无砟道床				

注：双线隧道小避车洞每侧间距按 30 m 设置。

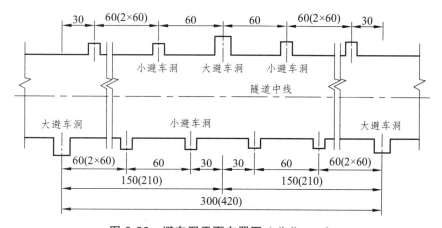

图 3-23　避车洞平面布置图（单位：m）

小避车洞的净空尺寸为宽 2 m，凹入边墙 1 m，上为拱形，中心高 2.2 m。大避车洞净空尺寸宽为 4 m，凹入边墙深 2.5 m，上为拱形，中心高 2.8 m。

当隧道长度在 300～400 m 时，可在隧道中间布置一个大避车洞；隧道长度在 300 m 以下时，可不布置大避车洞；如果两端洞口接桥或路堑，当桥上无避车台或路堑两边侧沟外无平台时，应与隧道一并考虑布置大避车洞。避车洞不应设于衬砌断面变化处、不同衬砌类型衔接处或变形缝处。旅客列车行车速度为 160 km/h 的隧道内，避车洞内应沿洞壁设置高 1.2 m 的钢制扶手。

当避车洞位于直线上且隧道内有人行道时，为便于维修小车和行人躲入，避车洞底面应与人行道顶面齐平；无人行道时，避车洞的底面应与道砟顶面（或侧沟盖板顶面）齐平，采用整体道床时，应与道床面齐平。当避车洞位于曲线上时，应考虑外轨超高和道床类型确定。

为使避车洞位置明显，避车洞内及周边应用石灰浆刷成白色，并在两侧距离为 10 m 处的边墙上各绘一个白色的指向箭头指向避车洞。在运营期间应保证这些标志鲜明醒目，如图 3-24 所示。

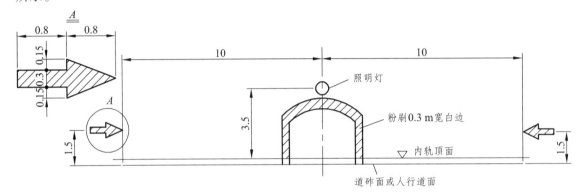

图 3-24 避车洞标志位置图（单位：m）

3.4.3 电力和通信设施

当铁路通信、信号电缆通过隧道时，为了避免电缆被损坏、腐蚀，以保证通信、信号工作的安全，应在隧道内设置电缆槽。

（1）电缆槽设置要求。

通信、信号电缆可设在同一电缆槽内，也可以分设，但通信、信号电缆必须和电力电缆分槽铺设。如分槽铺设困难时，电力电缆可沿隧道墙壁架设，但应有必要的防护措施。在地形困难区段，自动闭塞电力电缆可与通信电缆同槽铺设，但应将电缆排列位置固定，两电缆间的最小距离不得小于 0.1 m，电力电缆应涂以标志颜色。

电缆在隧道内完成平面或竖向转变过渡时，其弯曲半径不小于 1.2 m，对应折线的转折角不应大于 30°，转折长度不小于 0.6 m。电缆槽应设盖板，盖板顶面应与避车洞底面、水沟盖板顶面或道床顶面齐平。当电缆槽与水沟并行时，宜分设盖板。电缆槽净空尺寸可由有关专业提供，一般当通信、信号电缆合槽设置时，主要干线为 25 cm×20 cm（宽×高），非主要干线为 20 cm×20 cm（宽×高）；当通信、信号电缆分槽设置时，其净空尺寸可适当减小。为使电缆槽内不积水，每隔 3～5 m 设流水槽一道。

电缆槽根据隧道衬砌类型、电缆槽位置与洞内水沟异侧或同侧等情况分为甲、乙、丙三种类型，可查阅相关参考资料学习。

当隧道长度大于 500 m 时，为便于电缆维修，电缆应留余长，并需在设电缆槽同侧的大避车洞内设余长弧形电缆槽。避车洞原电缆槽仍需照做，并在两槽衔接处预留槽口。隧道长

500~1 000 m 时，可在中部设一处；隧道长大于 1000 m 时，每 500 m 增设一处。为便于电缆维修时使用余长电缆，槽内除电缆位置以外的空间全部用粗砂回填。

（2）无人增音站（洞）。

根据电信传输衰耗和通信设计要求，每隔一定距离应设置无人增音站（洞）一处。当无人增音站（洞）位于隧道内时，则应在边墙外增设无人增音站（洞），以便安装无人增音机。无人增音站（洞）的具体位置由通信专业人员确定，尽量选择在无水、地质条件较好、洞内温差较小的地方，一般多设于大避车洞内。

3.4.4 通风设施

隧道通风可分为施工期间的通风和运营期间的通风。这里主要介绍运营期间通风设施的构造。在运营期间，由于车辆会排放大量烟尘、有害气体和热量，衬砌缝隙也不时渗透出有害和潮湿的气体，维修人员呼出二氧化碳等，隧道内空气变得污浊、炽热和潮湿。因此，必须进行通风，将有害气体及热量等排出洞外，引入新鲜空气。通风方式分为自然通风、机械通风和混合通风三种。

（1）自然通风。

自然通风是利用洞口两端气压差在洞内形成的自然风流和汽车或列车运行所引起的活塞风流来达到通风换气目的的，既简单又节约能源，短隧道应优先选择这种通风方式。

自然通风效果不稳定，实际应用中，主要根据实践经验确定是否需要采用更有效的通风方式。为保证和改善自然通风效果，应尽量将隧道设计成直线隧道和坡道，并将洞内衬砌表面做得平整光滑，以减少风阻。

（2）机械通风。

对长大隧道，自然通风效果往往不能满足要求，应采用更有效的机械通风。

通风机械一般采用纵向轴流式通风机。轴流风机的出口风速可达 30 m/s，对隧道内空气的纵向流动可以起到"引射作用"，故也称为射流通风。轴流风机的特点是体积小、风力大、风向可逆、设备费用低，但噪声大。

轴流风机的安装位置，通常是悬吊于拱顶部位，也有设置在侧墙部位的，一般都要占用隧道断面空间，因此在确定隧道净空时，必须考虑到风机的安装位置，保证风机不侵入建筑限界。

轴流风机的纵向布置形式有两种：一种是将风机集中布置在洞口段，但由于风机离洞口较近，"短路"现象较明显，通风效率较低，故主要只适用于中长隧道；另一种是沿隧道纵向等距离布置，其间距宜为 100~150 m，每个设置断面上设 1~2 台风机，这种布置形式可以保证洞内风流均匀稳定，主要适用于长大隧道。

（3）混合通风。

长大隧道的形状往往比较复杂，单一的自然通风或机械通风难以排除洞内污浊空气，此时可考虑在隧道中适当位置设置适当数量的竖井、斜井、横洞等辅助坑道作为通风道，并把风机安置在辅助坑道中，借助于辅助坑道的"负压作用"和风机的"引射作用"，加大洞内空气流速和流量，排出污浊空气，保证空气新鲜。这种通风方式称为混合式通风，如图 3-25 所示为采用竖井、斜井式通风。

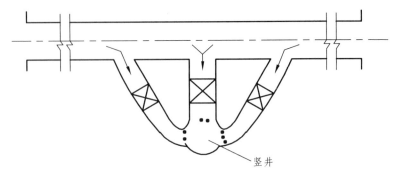

竖井

图 3-25　竖井、斜井式通风

3.4.5　公路隧道的内装、顶棚、路面

1. 内　装

为了确保公路隧道中行车安全和舒适，隧道中必须具有足够的能见度，同时墙面须用适当的材料提高噪声消减效果。未经内装的混凝土衬砌表面，容易吸附各种固体颗粒、油污而受到污染，使墙面的反光率降低。采用适当材料进行内装的墙面，具有不易污染、容易清洗、耐冲刷、耐酸碱、耐腐蚀、耐高温等特点，同时可以起到美观作用。常用隧道内装材料有：

（1）块状混凝土：表面粗糙，易造成污染且不好清洗，但衬砌表面不需特殊处理。

（2）饰面板、镶板等：不易造成污染，容易清洗，板背后的渗漏水隐蔽，各种管线容易在板背后隐蔽设置，板背后的空间有利于吸收噪声。

（3）瓷砖：表面光滑，最容易洗净，但没有吸声作用。

（4）油漆：比块状混凝土材料容易清洗，但不及其他两种材料，对衬砌表面要求很高，需要压光、平整；但也没有吸声作用，且不耐潮湿。

2. 顶　棚

顶棚的反射率能增加路面亮度。顶棚用漫反射材料可以避免产生眩光，其颜色的明亮程度直接影响到路面亮度，所以顶棚最好是浅色的。

顶棚是背景的一部分，特别是在有坡度处和变坡点附近对识别障碍物和察觉隧道内异常现象颇有帮助。顶棚可以美化隧道，特别是与整齐排列的灯具相互衬托，更可以起到美化的效果，并有明显的诱导作用。

顶棚可根据需要做成平顶或拱顶。在自然通风或诱导通风时，可以用拱顶；在半横向或横向通风时，可以用平顶。顶棚以上还可作为通风道和供管理人员使用的通道。

3. 路　面

隧道内的路面需具有足够的强度和耐久性，容易修补；路面材料应能够抵御水冲刷和侵蚀，坡度应易于排水；路面漫反射率高，颜色明亮，照明效果良好，容易发现障碍物；路基应具有足够的承载力；路面与车道分隔线等交通标志之间应有明显的亮度对比和颜色对比。

路面材料主要有混凝土和沥青混凝土两种。混凝土的反射率较沥青混凝土路面高，缺点是产生裂缝时不容易修补，更换时要中断交通；沥青路面的反射率较低，为了改善路面亮度，需要在面层中加入石英和铝的混合物或浅色石子和氧化钛做填充料。

复习思考题

1. 隧道洞门有什么作用？洞门有哪些形式？如何选择洞门形式？
2. 什么是明洞？明洞一般用于什么情况？明洞有哪些形式？
3. 隧道的洞身衬砌有哪些类型？各适用于什么情况？
4. 隧道初期支护包括哪些结构？各有什么作用？
5. 隧道的附属建筑物有哪些？
6. 避车洞的尺寸是多少？如何布置？
7. 隧道防排水的原则是什么？常见的防排水设施有哪些？
8. 电缆槽设置的要求有哪些？
9. 运营隧道为什么要进行通风？通风方式有哪些？

第4章　隧道围岩分级及围岩压力

【知识目标】

1. 了解隧道围岩的岩性与初始应力；
2. 掌握我国隧道围岩基本分级及其修正方法，了解其他的围岩分级方法；
3. 掌握围岩压力的概念，了解围岩压力的计算方法；
4. 理解深埋隧道和浅埋隧道的判别方法；
5. 掌握影响围岩稳定性的因素。

【技能目标】

1. 能够对隧道围岩进行分级；
2. 初步具备现场辨识围岩的能力。

隧道所穿过的地层是千变万化的，可能遇到各种工程性质不同的围岩。隧道围岩分级是评价隧道围岩稳定性的重要参数，也是隧道支护方案设计和施工工艺确定的主要依据。分级的正确与否直接影响着隧道施工和运营安全，因此，正确划分隧道围岩分级就显得尤为重要。在围岩分级确定的情况下，如何确定支护结构上的作用力（即围岩压力）就成为正确、合理设计隧道结构的关键。

4.1　围岩岩性与初始应力

4.1.1　围岩岩性

隧道工程围岩是指地壳中受开挖活动影响的那一部分岩土体。这个范围在横断面上约为6～10倍的洞径。围岩的工程性质，一般包括三个方面：物理性质、水理性质和力学性质。而对围岩稳定性最有影响的是力学性质，即围岩抵抗变形和破坏的性能。围岩既可以是岩体，也可以是土体。本书仅涉及岩体的力学性质。

岩体是在漫长的地质历史中形成的地质体，被许许多多不同方向、不同规模的断层面、层理面、节理面和裂隙面等各种地质界面切割为大小不等、形状各异的各种块体。这些地质界面称为结构面或不连续面，这些块体称为结构体，岩体可以看作由结构面和结构体组合而成的具有结构特征的地质体。所以，岩体的力学性质主要取决于岩体的结构特征、结构体岩石的特性及结构面的特性。环境因素，尤其地下水和地应力对岩体的力学性质影响也很大。

在软弱围岩中，节理和裂隙比较发育，岩体被切割破碎，结构面对岩体的变形和破坏都不起主导作用，所以岩体的特性与结构体岩石的特性并无本质区别。在完整而连续的岩体中亦是如此。反之，在坚硬的块状岩体中，由于受软弱结构面切割，块体之间的联系减弱，此时，岩体的力学性质主要受结构面的性质及其在空间的组合所控制。

由此可见，岩体的力学性质必然是诸因素综合作用的结果。

岩体与岩石相比，两者有着很大的区别：与工程总体尺度相比，岩石几乎可以被认为是均质、连续和各向同性的介质；而岩体则具有明显的非均质性、不连续性和各向异性。岩体抗拉变形能力差，因此，岩体受拉后很容易沿结构面发生断裂。

试验和实践证实，岩体受力产生的变形都不是瞬时完成的，而是随着时间的增长不断增长的。岩体变形的这种时间效应，我们称之为岩体的流变特性。它包括两方面：一种是指作用的应力不变，而应变随时间增长，称为蠕变；另一种则是作用的应变不变，而应力随时间衰减，称为松弛。

岩体和岩石的变形、破坏机理是不相同的，前者主要受宏观的结构面所控制，而后者则受岩石的微裂隙所制约。因而岩体的强度要比岩石的强度低得多，并具有明显的各向异性。只有当岩体中结构面的规模较小、结合力很强时，岩体的强度才能与岩石的强度相接近。一般情况下，岩体的抗压强度只有岩石的 70% ~ 80%，对于结构面发育的岩体，此比例仅有 5% ~ 10%。

岩体力学性质，除了受结构体岩石和结构面控制外，还有一个重要因素，就是岩体的构造特征。不同块度、形状、产状的结构体构成了各种岩体结构类型。人们根据它们对岩体力学性质和围岩稳定性的影响，将岩体划分为 4 种结构类型：整体结构、层状结构、碎裂结构和散体结构。

整体结构岩体的变形主要是结构体的变形；块状和层状结构岩体的变形主要是结构面的变形，岩体的破坏则是沿软弱结构面滑动；碎裂和散体结构岩体的变形，开始是将裂隙或孔隙压密，随后是结构体变形，并伴随有结构面张开，破坏形式主要为剪切破裂和塑性变形。

隧道工程围岩变形、破坏大致有以下 5 种情况，图 4-1 中给出了其中最为典型的 4 种情况。

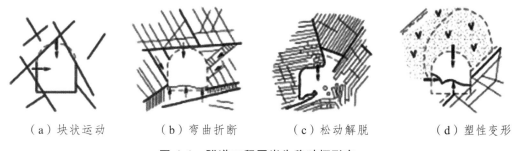

（a）块状运动　　　（b）弯曲折断　　　（c）松动解脱　　　（d）塑性变形

图 4-1　隧道工程围岩失稳破坏形态

1. 脆性破裂

整体状和块状结构岩体，岩性坚硬，在一般工程开挖条件下表现稳定，仅产生局部掉块。但在高应力区，洞周应力集中可引起"岩爆"，岩石成碎片射出并发出破裂响声，属于脆性破裂。

67

2. 块状运动

当块状或层状岩体受明显的少数软弱结构面切割而形成块体或数量有限的块体时，由于块体间的联系很弱，在自重作用下，块体有向临空面运动的趋势，逐渐形成块体塌落、滑动、转动、倾倒以及块体挤出等失稳破坏性态。块体挤出是块体受到周围岩体传来的应力作用的结果。

3. 弯曲折断

层状岩体尤其是有软弱夹层的互层岩体，由于层间结合力差，易于错动，所以抗弯能力较低。洞顶岩体受重力作用易产生下沉弯曲，进而张裂、折断形成塌落体。边墙岩体在侧向水平力作用下弯曲变形而鼓出，也将对支护结构产生压力，严重时可使支护结构折断而塌落。

4. 松动解脱

碎裂结构岩体基本上是由碎块组合而成的，在张拉力、单轴压力、振动力作用下容易松动，溃散（解脱）而成碎块脱落，一般在洞顶表现为坍塌，在边墙则为滑塌、坍塌。

5. 塑性变形和剪切破坏

散体结构岩体或碎裂结构岩体，若其中含有较多的软弱结构面，则开挖后由于围岩应力的作用，将产生塑性变形或剪切破坏，往往表现为塌方、边墙挤入、底鼓及洞径缩小等，而且变形的时间效应比较明显。有些含蒙脱石或硬石膏等矿物的膨胀性岩体或结构面，遇水膨胀并向洞内挤入，也属于塑性变形性质。

4.1.2　围岩的初始应力

围岩的初始应力场，是指在天然状态下存在于岩体内部的应力场，处于相对稳定和平衡状态。洞室开挖使得围岩在开挖边界处解除了约束，失去平衡，此时洞室周边的应力变为零，引起洞室周边围岩变形，产生应力重分布，形成新的应力场，称为围岩二次应力场。施作支护结构之后，支护和围岩共同变形而达到某种平衡，这时围岩的应力场称为三次应力场。

围岩的初始应力场包括自重应力场和构造应力场两部分。

1. 岩体自重应力场

岩体自重应力场的计算，大都是建立在假定岩体均匀连续基础之上的。

在以自重应力场为主的岩体中，设在距地表深度为 H 处取一单元体，如图 4-2 所示，岩体自重在地下深为 H 处产生的垂直应力为单元体上覆岩体的重量，即：

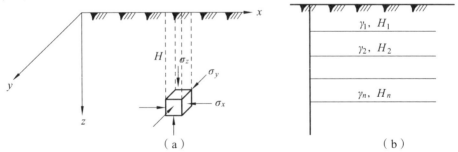

（a）　　　　　　　　　　　　　　（b）

图 4-2　岩体自重应力场

68

$$\sigma_z = \gamma H \tag{4-1}$$

式中 γ ——上覆岩体的平均重度（ kN/m^3 ）；

H ——岩体单元的深度（ m ）。

当上覆岩体为多层不同的岩体时，则 σ_z 为：

$$\sigma_z^0 = \gamma_1 H_1 + \gamma_2 H_2 + \cdots + \gamma_n H_n = \sum_{i=1}^{n} \gamma_i H_i \tag{4-2}$$

式中 γ_i ——第 i 层岩体的容重；

H_i ——第 i 层岩体的厚度。

该点的水平应力主要是由于岩体的泊松效应所引起的，按弹性理论计算为：

$$\left. \begin{array}{l} \sigma_x^0 = \sigma_y^0 = \dfrac{\mu}{1-\mu} \sigma_z^0 = \dfrac{\mu}{1-\mu} \gamma H \\[3mm] \sigma_x^0 = \sigma_y^0 = \dfrac{\mu}{1-\mu} \sum_{i=1}^{n} \gamma_i H_i \end{array} \right\} \tag{4-3}$$

式中 μ ——计算应力处岩体的泊松比。

2. 岩体的构造应力场

在各个不同的地质年代里，都有不同的地质构造运动发生，地质构造运动过程会形成复杂的构造应力场。

近代地质力学的观点认为，在全球范围内地壳岩体的构造应力的总规律是以水平应力为主。我国地质学家李四光认为，因地球自转角度的变化而产生地壳水平方向的运动是造成构造应力以水平应力为主的重要原因。

通过对大量实测数据的分析，在我国大陆地壳中，最小与最大主应力的比值为 0.3 ~ 0.7 的占 70%，也就是说在我国大部分地区，最大水平主应力约为最小水平主应力的 1.4 ~ 3.3 倍。

4.2 隧道围岩分级

根据长期的工程实际，工程师们认识到各种围岩的物理性质之间存在一定的内在联系和规律，依照这些联系和规律，可将围岩划分为若干级，这就是围岩分级。围岩分级的目的是：作为选择施工方法的依据；进行科学管理及正确评价经济效益；确定结构上的荷载；给出衬砌结构的类型及其尺寸；制定劳动定额、材料消耗标准的基础等。因此，隧道围岩分级是正确进行隧道设计与施工的基础。

4.2.1 隧道围岩分级指标

围岩分级的指标，主要考虑影响围岩稳定性的因素或其组合的因素，大体有以下几种：

1. 单一的岩性指标

单一的岩性指标一般有岩石的抗压和抗拉强度、弹性模量等物理力学参数，以及岩石的抗钻性、抗爆性等工程指标。但单一岩性指标只能表达岩体特征的一个方面，用作分级的唯一指标是不合适的，如老黄土地层，在无水的条件下，强度虽然低，但稳定性却很高。

2. 单一的综合岩性指标

单一的综合岩性指标是指以单一的指标反映岩体的综合因素。这些指标包括：

（1）岩体的弹性波传播速度。

弹性波传播速度与岩体的强度和完整性成正比，其指标反映了岩石的力学性质和岩体的软硬、破碎程度的综合因素。

（2）岩石质量指标。

岩石质量指标（简称 RQD），是综合反映岩体的强度和岩体的破碎程度的指标。所谓岩石质量指标，是指钻探时岩芯复原率，或称为岩芯采取率，以单位长度钻孔中 10 cm 以上的岩芯占有的比例来判断，即

$$RQD（\%）= 10 \text{ cm 以上岩芯累计长度/单位钻孔长度} \times 100\% \qquad （4\text{-}4）$$

岩石质量指标分级认为

$RQD > 90\%$ 优质；

$75\% < RQD < 90\%$ 良好；

$50\% < RQD < 75\%$ 好；

$25\% < RQD < 50\%$ 差；

$RQD < 25\%$ 很差。

（3）围岩的自稳时间。

隧道开挖后，围岩通常都有一段暂时稳定的时间。劳费（H. Lauffer）认为隧道围岩的自稳时间 t_s 可用下式表示

$$t_s = 常数 \times L^{-(1+\alpha)} \qquad （4\text{-}5）$$

式中 L——隧道未支护地段的长度；

       α——视围岩情况在 $0 \sim 1$ 变化，好的岩体可取 $\alpha = 0$，极差的取 $\alpha = 1$。

3. 复合指标

复合指标是一种用两个或两个以上的岩性指标或综合岩性指标所表示的复合性指标。

（1）Q 复合指标分级。

Q 复合指标分级是巴顿（N. Barton）等人提出的岩体质量指标，综合表达了岩体质量的 6 个地质参数，见下式：

$$Q = (RQD / J_h)(J_r / J_a)(J_w / SRF) \qquad （4\text{-}6）$$

式中 RQD——岩石质量指标；

       J_h——节理组数目，岩体越破碎，J_h 取值越大，可参考下列经验数值：

       没有或很少节理，$J_h = 0.5 \sim 1.0$；

两个节理组时，$J_h = 4$；

破碎岩体时，$J_h = 20$。

J_r——节理粗糙度，节理越光滑，J_r 取值越小，可参考下列经验数值：

不连续节理，$J_r = 4$；

平整光滑节理，$J_r = 0.5$ 等。

J_a——节理蚀变值，蚀变越严重，J_a 取值越大，可参考下列经验数值：

节理面紧密结合，节理中填充物坚硬不软化，$J_a = 0.75$；

节理中填充物是膨胀性黏土，如蒙脱土，$J_a = 8 \sim 12$ 等。

J_w——节理含水折减系数，节理渗水量越大，水压越高，J_w 取值越小，可参考下列经验数值：

微量渗水，水压 < 0.1 MPa，$J_w = 1.0$；

渗水量大，水压特别高，持续时间长，$J_w = 0.1 \sim 0.05$ 等。

SRF——应力折减系数，围岩初始应力越高，SRF 取值越大，可参考下列经验数值：

脆性而坚硬、有严重岩爆现象的岩石，$SRF = 10 \sim 20$；

坚硬、有单一剪切带的岩石，$SRF = 2.5$。

岩体质量 Q 实际上是岩块尺寸、抗剪强度、作用应力的复合指标。根据不同的 Q 值，岩体质量评为九级，见表 4-1。

表 4-1　岩体质量评估

岩体质量	特别好	极好	良好	好	中等	不良	坏	极坏	特别坏
Q	400 ~ 1000	100 ~ 400	40 ~ 100	10 ~ 40	4 ~ 10	1 ~ 4	0.1 ~ 1	0.001 ~ 0.1	0.001 ~ 0.01

（2）RMR 复合指标。

RMR 复合指标由南非 Z.T.B ieniiawski 根据 49 个隧道案例的调查结果，于 1973 年提出，后又增加了 300 个以上的工程案例对此指标进行了修正。它给出了一个总的岩体评分值 RMR 作为衡量岩体工程质量的"综合特征值"。它视岩体质量情况从 0 递增到 100。岩体的 RMR 值取决于 5 个通用参数和一个修正参数，这 5 个通用参数取决于岩石抗压强度 R_1、岩石质量指标 R_2（RQD）、节理间距 R_3、节理状态 R_4 和地下水状态 R_5。修正参数取决于节理方向对工程的影响。把上述各个参数的岩体评分值相加，就得到岩体的 RMR 值，即

$$RMR = R_1 + R_2 + R_3 + R_4 + R_5 \tag{4-7}$$

根据 RMR 的值，相应地可以将岩体分为 5 类，见表 4-2。

表 4-2　RMR 岩体分类

类别	I	II	III	IV	V
岩体描述	很好的岩石	好的岩石	较好的岩石	较差的岩石	很差的岩石
RMR 值	81 ~ 100	61 ~ 80	41 ~ 60	21 ~ 40	0 ~ 20

（3）岩体基本质量指标。

该方法通过岩体的基本质量 BQ 来判断岩体质量。确定 BQ 需要两个指标：岩体单轴饱

和（湿）抗压强度 R_c 和岩体完整性指数 K_v。确定了 R_c 和 K_v 的值以后，可按下式计算岩体的基本质量指标，即

$$BQ = 90 + 3R_c + 250K_v \qquad （4\text{-}8）$$

当 $R_c > 90\,K_v + 30$ 时，取 $R_c = 90\,K_v + 30$；

当 $K_v > 0.04R_c + 0.4$ 时，取 $K_v = 0.04R_c + 0.4$。

在计算出 BQ 的值以后，可以根据表 4-3 对岩体基本质量进行分级。

表 4-3　岩体基本质量分级

基本质量级别	I	II	III	IV	V
岩体基本质量的定性特征	坚硬岩，岩体完整	坚硬岩，岩体较完整；较坚硬岩，岩体完整	坚硬岩，岩体较破碎；较坚硬岩或软硬岩互层，岩体较完整；较软岩，岩体完整	坚硬岩，岩体破碎；较坚硬岩，岩体较破碎～破碎；较软岩或软硬岩互层且以软岩为主，岩体较完整～较破碎；软岩，岩体完整～较完整	较软岩，岩体破碎；软岩，岩体较破碎～破碎；全部极软岩及全部极破碎岩
基本质量指标 BQ	>550	451～351	550～451	350～251	<250

复合指标考虑多种因素的影响，对判断隧道围岩的稳定性是比较合理可靠的，它可以根据工程对象的要求，选择不同的指标。但是，复合指标的定量数值一般是通过试验、现场实测或凭经验确定的，带有较大的主观因素。

4.2.2　我国公路隧道围岩分级

经过长期的隧道工程实践，我国公路隧道以铁路隧道围岩分级的标准为基础，参考国内外有关围岩分级的成果，提出了适合我国公路隧道实情的围岩分级标准。

1. 公路隧道围岩分级的出发点

① 强调岩体的结构特征的完整性和稳定性，避免单一的岩石强度指标分级的方法。

② 分级指标应采用定性和定量指标相结合的方式。

③ 明确工程目的和内容，并提出相应的措施。

④ 分级应简明，便于使用。

⑤ 应考虑吸收其他围岩分级的优点，并尽量和我国其他工程分级一致。

2. 分级需考虑的指标和因素

（1）岩体的结构特征与完整性。

岩体结构的完整状态是影响围岩稳定性的主要因素，目前主要是根据表 4-4 进行划分的。

表 4-4　岩体完整程度的定性划分

名称	结构面发育程度		主要结构面的结合程度	主要结构面（节理）的类型	相应结构类型
	组数	平均间距/m			
完整	1~2	>1.0	好或一般	节理、裂隙、层面为原生型或构造型密闭	整体状或巨厚层结构
较完整	1~2	>1.0	差	节理、裂隙、层面呈X形，较规则，以构造型为主，多数为密闭，部分微张，少有充填物	块状或厚层状结构
	2~3	1.0~0.4	好或一般		块状结构
较破碎	2~3	1.0~0.4	差	节理、裂隙、层面、小断层不规则，呈X形或米字形；以构造型或风化型为主，大部分张开，部分有充填物	裂隙块状或中厚层结构
	>3	0.4~0.2	好		镶嵌碎裂结构
			一般		中、薄层状结构
破碎	>3	0.4~0.2	差	各种类型结构面以风化型和构造型为主，微张或张开，均有充填物	裂隙块状结构
		<2	一般或差		破碎状结构
极破碎	无序		很差		散体状结构

（2）岩石强度。

岩石按岩性、物理力学参数、耐风化能力和作为建筑材料的要求划分等级，见表 4-5。

表 4-5　岩石等级划分

岩石等级		饱和抗压极限强度 R_c/MPa	耐风化能力		代表性岩石
			程度	现象	
硬质岩石	坚硬岩	>60	强	暴露后 1~2 年尚不易风化	1. 花岗岩、闪长岩、玄武岩等岩浆岩类 2. 硅质、铁质胶结的砾岩及砂岩、石灰岩、白云岩等沉积岩类 3. 片麻岩、石英岩、大理岩、板岩、片岩等变质岩类
	较坚硬岩	60~30			
软质岩石	较软岩	30~15	弱	暴露后数日至数月即出现风化壳	1. 凝灰岩等喷出岩类 2. 泥砾岩、泥质砂岩、泥质页岩、灰质页岩、泥灰岩、泥岩、劣煤等沉积岩类 3. 云母片岩和千枚岩等变质岩类
	软岩	15~5			
	极软岩	<5			

（3）围岩基本质量指标 BQ。

根据上述岩石坚硬程度和岩体完整程度两个基本因素的定性、定量特征，根据式（4-8）确定围岩基本质量指标 BQ，并由此对围岩进行初步分级。其中，岩体完整程度的定量指标用岩体完整系数 K_v 表达。K_v 一般用弹性波探测，如无探测值时，可用岩体体积节理数 J_v 按表 4-6 确定对应的 K_v。此外，K_v 与定性划分岩体完整程度的对应关系可按表 4-7 确定。

表 4-6　J_v 与 K_v 对照表

J_v/（条/m³）	< 3	3～10	10～20	20～35	> 35
K_v	> 0.75	0.75～0.55	0.55～0.35	0.35～0.15	< 0.15

表 4-7　k_v 与定性划分岩体完整程度的对应关系

K_v	> 0.75	0.75～0.55	0.55～0.35	0.35～0.15	< 0.15
完整程度	完整	较完整	较破碎	破碎	极破碎

（4）地下水等影响因素。

《公路隧道设计规范》（JTG D70—2004）对围岩分级时，不仅考虑了水的影响，还考虑了软弱结构面和初始高地应力的因素，并对前述岩体基本质量指标 BQ 进行修正，得到围岩基本质量指标 BQ 的修正值$[BQ]$，见下式：

$$[BQ] = BQ - 100(K_1 + K_2 + K_3) \tag{4-9}$$

式中　K_1——地下水影响修正系数，见表 4-8；

　　　K_2——主要软弱结构面产状影响修正系数，见表 4-9；

　　　K_3——初始地应力状态影响修正系数，见表 4-10。

K_1、K_2 和 K_3 值，可分别按表 4-8、表 4-9、表 4-10 确定。无表中所列情况时，修正系数取为零。$[BQ]$ 出现负值时，应按特殊问题处理。

表 4-8　地下水影响修正系数 K_1

地下水出水状态	BQ			
	>450	450～351	350～251	< 250
潮湿或点滴状出水	0	0.1	0.2～0.3	0.4～0.6
淋雨状或涌流状出水，水压<0.1 MPa 或单位出水量<10 L/（min·m）	0.1	0.2～0.3	0.4～0.6	0.7～0.9
淋雨状或涌流状出水，水压>0.1 MPa 或单位出水量>10 L/（min·m）	0.2	0.4～0.6	0.7～0.9	1.0

表 4-9　主要软弱结构面产状影响修正系数 K_2

结构面产状及其与洞轴线的组合关系	结构面走向与洞轴线夹角<30°，结构面倾角为 30°～75°	结构面走向与洞轴线夹角>60°，结构面倾角 >75°	其他组合
K_2	0.4～0.6	0～0.2	0.2～0.4

表 4-10　初始地应力状态影响修正系数 K_3

初始地应力状态	BQ				
	> 550	550～451	450～351	350～251	≤250
极高应力区（$R_c/\sigma_{max} < 4$）	1.0	1.0	1.0～1.5	1.0～1.5	1.0
高应力区（R_c/σ_{max} 为 4～7）	0.5	0.5	0.5	0.5～1.0	0.5～1.0

注：σ_{max} 为垂直轴线方向的最大初始应力。

74

3. 公路隧道围岩分级

根据调查、勘探、试验等资料，并对以上指标和因素进行分析，公路隧道围岩分级将围岩分为6级，见表4-11。

表4-11 公路隧道围岩分级

围岩级别	围岩或土体主要定性特征	围岩基本质量指标 BQ 或修正的围岩基本质量指标
I	坚硬岩，岩体完整，巨块状或巨厚层状结构	> 550
II	坚硬岩，岩体较完整，块状或厚层状结构较坚硬岩； 岩体完整，块状整体结构	550 ~ 451
III	坚硬岩，岩体较破碎，巨块（石）、碎（石）状镶嵌结构； 较坚硬岩或较软硬质岩，岩体较完整，块状体或中厚层状结构	450 ~ 351
IV	坚硬岩，岩体破碎，碎裂结构； 较坚硬岩，岩体较破碎~破碎，镶嵌碎裂结构； 较软岩或软硬岩互层，且以软岩为主，岩体较完整~较破碎，中薄层状结构	350 ~ 251
	土体： 1. 压密或成岩作用的黏性土及砂性土 2. 黄土（Q_1，Q_2） 3. 一般钙质、铁质胶结的碎石土、卵石土、大块石土	
V	较软岩，岩体破碎； 软岩，岩体较破碎~破碎极破碎； 各类岩体、碎、裂状、松散结构	< 250
	一般第四系的半干硬~硬塑的黏性土及稍湿至潮湿的一般碎石土、卵石土、圆砾、角砾土及黄土（Q_3，Q_4）。非黏性土呈松散结构，黏性土及黄土呈松软结构	
VI	软塑状黏性土及潮湿、饱和粉细砂层、软土等	

注：本表不适用于特殊土条件的围岩分级，如膨胀性围岩和多年冻土等。

层状岩层的层厚划分为：厚层，大于0.5 m；中层，0.1 ~ 0.5 m；薄层，小于0.1 m。

4. 隧道施工围岩分级

围岩分级的重要发展趋势是加强施工阶段围岩级别的判定，因为只有施工阶段的判定，才是最直接、最可靠的判定。由于施工后的隧道地质状态已充分暴露，这给围岩级别的判定创造了极好的条件，因此，施工阶段围岩级别的判定是一个重要而现实的问题。

施工阶段围岩分级的评定因素采用围岩坚硬程度、围岩完整程度和地下水状态 3 项因素，细分为 13 个子因素，见图 4-3。

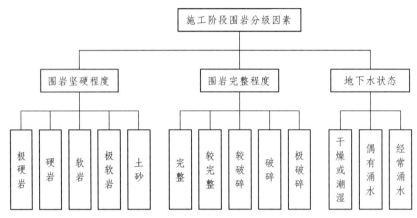

图 4-3 施工阶段围岩分级的评定因素

在 3 项因素中，最困难的是围岩完整程度的评定，因此其研究的重点是如何根据掌子面的地质数据评价围岩的完整程度。由于隧道开挖，掌子面的地质状态暴露无遗，为评定掌子面的稳定提供了充分的基础。根据对国内外施工阶段围岩分级的调查，应采用多种方法对围岩完整程度进行分级，可采用定性和定量相结合的方法。如采用如图 4-4 所示的分级指标，对围岩完整程度进行划分，具体指标可参考有关专著。

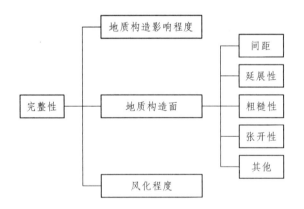

图 4-4 围岩完整程度分级指标

4.2.3 我国铁路隧道围岩分级

根据 2016 年颁布实施的最新《铁路隧道设计规范》（TB 10003—2016），围岩分为 Ⅰ ～ Ⅵ级，围岩稳定性由好到差，与公路隧道围岩分级类似。铁路隧道围岩级别可按表 4-12 综合确定。

表 4-12　铁路隧道围岩分级

级别	岩体特征	土体特征	围岩基本质量 BQ	围岩弹性纵波速度 v_p/(km/s)
Ⅰ	极硬岩，岩体完整	—	>550	A：>5.3
Ⅱ	极硬岩，岩体较完整； 硬岩，岩体完整	—	550～451	A：4.5～5.3 B：>5.3 C：>5.0
Ⅲ	极硬岩，岩体较破碎； 硬岩或软硬岩互层，岩体较完整； 较软岩，岩体完整	—	450～351	A：4.0～4.5 B：4.3～5.3 C：3.5～5.0 D：>4.0
Ⅳ	极硬岩，岩体破碎； 硬岩，岩体较破碎或破碎； 较软岩或软硬岩互层，且以软岩为主，岩体较完整或较破碎； 软岩，岩体完整或较完整	具压密或成岩作用的黏性土、粉土及砂类土，一般钙质、铁质胶结的粗角砾土、粗圆砾土、碎石土、卵石土、大块石土、黄土（Q_1、Q_2）	350～251	A：3.0～4.0 B：3.3～4.3 C：3.0～3.5 D：3.0～4.0 E：2.0～3.0
Ⅴ	较软岩，岩体破碎； 软岩，岩体较破碎至破碎； 全部极软岩及全部极破碎岩（包括受构造影响严重的破碎带）	一般第四系坚硬、硬塑黏性土，稍密及以上、稍湿或潮湿的碎石土、卵石土、圆砾土、角砾土、粉土及黄土（Q_3、Q_4）	≤250	A：2.0～3.0 B：2.0～3.3 C：2.0～3.0 D：1.5～3.0 E：1.0～2.0
Ⅵ	受构造影响严重呈碎石、角砾及粉末、泥土状的富水断层带，富水破碎的绿泥石或炭质千枚岩	软塑状黏性土，饱和的粉土、砂类土等，风积沙，严重湿陷性黄土	—	<1.0（饱和状态的土<1.5）

有关围岩分级，国内外还有其他分级方法，这里不一一介绍，具体可查阅相关资料。

4.2.4　围岩物理力学参数

各级围岩的物理力学参数应按试验确定，无试验数据时可参考表 4-13 选用，岩体结构面抗剪断峰值强度可参考表 4-14 取值。

表 4-13　各级围岩的物理力学参数标准值

围岩级别	重度 γ/（kN/m³）	弹性抗力系数 k/（MPa/m）	变形模量 E/GPa	泊松比 μ	内摩擦角 φ/（°）	黏聚力 c/MPa	计算摩擦角 φ/（°）
Ⅰ	26～28	1 800～2 800	>33	<0.2	>60	>2.1	>78
Ⅱ	25～27	1 200～1 800	20～33	0.2～0.25	50～60	1.5～2.1	70～78
Ⅲ	23～25	500～1 200	6～20	0.25～0.3	39～50	0.7～1.5	60～70
Ⅳ	20～23	200～500	1.3～6	0.3～0.35	27～39	0.2～0.7	50～60
Ⅴ	17～20	100～200	1～2	0.35～0.45	20～27	0.05～0.2	40～50
Ⅵ	15～17	<100	<1	0.4～0.5	<20	<0.2	30～40

注：① 本表数值不包括黄土地层。
　　② 选用计算摩擦角时，不再计内摩擦角和黏聚力。

表 4-14　岩体结构面抗剪断峰值强度

序号	两侧岩体的坚硬程度及结构面的结合程度	内摩擦角 φ / (°)	黏聚力 c /MPa
1	坚硬岩，结合好	> 37	> 0.22
2	坚硬～较坚硬岩，结合一般；较软岩，结合好	37～29	0.22～0.12
3	坚硬～较坚硬岩，结合差；较软岩～软岩，结合一般	29～19	0.12～0.08
4	较坚硬～较软岩，结合差～结合很差；软岩，结合差；软质岩的泥化面	19～13	0.08～0.05
5	较坚硬岩及全部软质岩，结合很差；软质岩泥化层本身	< 13	< 0.05

4.3　围岩压力的确定

围岩压力是岩体受扰动产生应力重分配过程中的围岩变形受到支护结构的阻挡，而在支护与围岩的接触面上所产生的压力，一般包括松动压力和形变压力两种。松动压力是由于岩体内材料的破裂而形成的一定范围之内的松弛岩石荷载，具有自重的性质，平时所讲的公路隧道围岩压力多指松弛压力。形变压力是由于围岩的变形受到支护的约束，在支护和围岩的共同变形中所产生的压力。这种变形可以是塑性变形、塑性流动、膨胀和蠕变等，不引起围岩的材料破裂。本节所述围岩压力指松动压力。

4.3.1　围岩松动压力的形成

一般裂隙岩体中的深埋隧道，开挖隧道所引起的围岩松动和破坏的范围仅局限在隧道周围一定深度，所以作用在支护结构上的围岩松动压力远远小于其上覆岩层自重所造成的压力，这可以用围岩的"成拱作用"来解释。图 4-5 说明了坑道开挖后围岩由形变到坍塌成拱的过程。

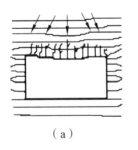　　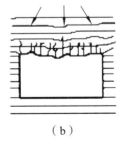

　　　　（a）　　　　　　　　　　　　　　（b）

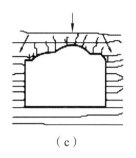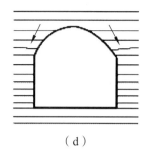

（c）　　　　　　　　　（d）

图 4-5　松动压力的形成

① 变形阶段：隧道开挖后，在围岩应力重分布过程中，顶板开始沉陷，并出现拉断裂纹[图 4.5（a）]。

② 松动阶段：顶板的裂纹继续发展并且张开，由于结构面切割等，逐渐转变为松动[图 4.5（b）]。

③ 坍塌阶段：顶板岩体视其强度的不同而逐步坍塌[图 4.5（c）]。

④ 成拱阶段：顶板塌落停止，达到新的平衡，此时其界面形成一近似的拱形[图 4.5（d）]。

实践证明，自然拱范围除受围岩地质条件、支护结构架设时间、刚度以及它与围岩的接触状态等因素影响外，还取决于隧道的形状和尺寸、埋深、施工因素。

4.3.2　围岩压力的计算方法

1907 年，俄国学者普罗托奇雅可诺夫提出围岩分类，并给出了松散地层和破碎岩体的松动压力公式。普氏理论认为作用在深埋松散岩体洞顶的围岩压力仅为压力拱内部岩体的自重。该公式中坚固系数 f 的确定存在很大的经验性。根据我国的经验，一般在围岩松散、破碎、稳定性较差的深埋地段推荐采用普氏理论。此外还有许多学者提出了不同的围岩压力计算公式。

围岩压力值是进行隧道设计和稳定性研究的重要依据，围岩压力的确定目前常用下列三种方法：

① 直接量测法。它是一种切合实际的方法，对隧道工程而言，也是研究发展的方向；但由于受量测设备和技术水平的制约，目前还不能普遍使用。

② 经验法或工程类比法。它是根据大量以前工程的实际资料的统计和总结，按不同围岩分级提出围岩压力的经验数值，作为后建隧道工程确定围岩压力依据的方法，是目前使用较多的方法。

③ 理论估算法。它是在实践的基础上从理论上研究围岩压力的方法。由于地质条件的不确定性，影响围岩压力的因素又非常多，而且这些因素也有一定的偶然性，因此，现有的围岩压力理论都不十分切合实际情况。

4.3.3　深埋隧道围岩压力的确定

我国对 400 余座铁路隧道施工塌方资料进行统计分析，提出了用下式确定结构上的竖向

79

均布压力 q（kN/m^2）：

$$q = 0.45 \times 2^{s-1} \times \gamma\omega \qquad\qquad (4-10)$$

式中　s——围岩级别，如属Ⅱ级，则 $s = 2$；

　　　γ——围岩容重，kN/m^3；

　　　ω——宽度影响系数，$\omega = 1 + i(B-5)$；

　　　B——隧道宽度，m；

　　　i——以 $B = 5$ m 为基准，B 每增减 1 m 时的围岩压力增减率，当 $B < 5$ m 时，取 $i = 0.2$，当 $B > 5$ m 时，取 $i = 0.1$。

因式（4-10）是根据单线铁路隧道施工塌方资料统计归纳的，所以在应用时要注意下述适用条件：

① $H/B < 1.7$。H 为隧道高度，B 为隧道开挖宽度。在高边墙的地下坑道中，由于控制坑道稳定的是坑道侧壁，故不宜采用上式。当边墙较高、无不良地质构造时，可参考上式，否则要加大荷载值。

② 适用于深埋隧道。

③ 适用于不产生显著偏压力及膨胀力的一般围岩。

④ 采用以钻爆法施工为主的隧道。

各级围岩的天然容重参见表 4-15。

表 4-15　各级围岩的天然容重

围岩级别	Ⅰ	Ⅱ	Ⅲ	Ⅳ	Ⅴ	Ⅵ
$\gamma / (kN/m^3)$	26～28	25～27	23～25	19～22	17～20	15～16

围岩的水平均布压力 e，按表 4-16 中的经验公式计算，其适用条件同式（4-10）。

表 4-16　围岩水平匀布压力

围岩级别	Ⅰ、Ⅱ	Ⅲ	Ⅳ	Ⅴ	Ⅵ
水平均布压力	0	$< 0.15q$	$(0.15～0.3)q$	$(0.3～0.5)q$	$(0.5～1.0)q$

我国隧道围岩压力的一些量测结果表明，作用在支护结构上的荷载是不均匀的，围岩竖向压力的分布图大致如图 4-6 所示。分析支护结构时，一般以竖向和水平的匀布荷载图形为主，并用局部压力、偏压以及非均布的荷载图形进行校核。

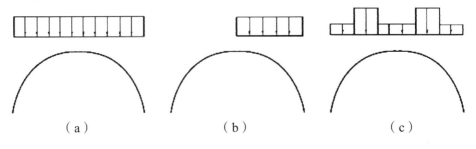

（a）　　　　　　　　　（b）　　　　　　　　　（c）

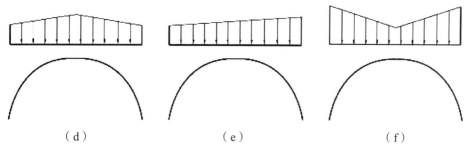

（d）　　　　　　　　（e）　　　　　　　　（f）

图 4-6　围岩压力分布特征

4.3.4　浅埋隧道围岩压力的确定

浅理隧道是指采用暗挖法施工、埋深较浅的坑道。在坑道埋深不大时，施工往往会使整个覆盖层产生扰动，较容易发生洞顶坍塌，有时会使地表开裂下陷，因此会产生较大的围岩压力。

深埋和浅埋隧道的判断标准，在于隧道能否在开挖过程中形成自然拱。浅埋隧道不能形成自然拱，它的围岩压力与埋置深度直接相关，而深埋隧道则取决于其上的松动圈大小。要形成稳定的深埋围岩压力值，显然除前述的松动范围之外还需有足够厚度的岩（土）体，否则松动范围会一直扩展到地表。也就是说，深、浅埋隧道的分界深度要比荷载等效高度大，所谓荷载等效高度 h_q，即为由式（4-10）计算而得的压力 q 除以 γ：

$$h_q = q / \gamma \tag{4-11}$$

式中　q——深浅埋隧道竖向均布压力，kN/m^2；
　　　γ——围岩天然容重，kN/m^3。

深、浅埋隧道分界深度 H_p 可用下述经验公式计算：

$$H_p = (2 \sim 2.5)h_q \tag{4-12}$$

式中　H_p——深、浅埋隧道分界深度，m；
　　　h_q——荷载等效高度，m，用式（4-11）计算。

在矿山法施工的条件下，Ⅳ～Ⅵ级围岩取：

$$H_p = 2.5h_q \tag{4-13}$$

Ⅰ～Ⅲ级围岩取：

$$H_p = 2h_q \tag{4-14}$$

浅埋隧道围岩压力分下述两种情况分别计算：

（1）埋深小于等于 h_q 时。

埋深 H 小于或等于等效荷载高度 h_q 时，荷载视为均布竖向压力，即

$$q = \gamma H \tag{4-15}$$

81

式中 q——均布竖向压力，kN/m^2；

　　　γ——隧道上覆围岩重度，kN/m^3；

　　　H——隧道埋深，指隧道顶至地面的距离，m。

　　侧向压力 e，按均布考虑时，其值为：

$$e = \gamma \left(H + \frac{1}{2} H_i \right) \tan^2 (45° - \varphi / 2) \tag{4-16}$$

式中 e——侧向均布压力，kN/m^2；

　　　γ——围岩重度，kN/m^3；

　　　H——隧道埋深，m；

　　　H_i——隧道高度，m；

　　　φ——围岩计算摩擦角，其值见表 4-17。

表 4-17　各级围岩计算摩擦角

围岩级别	Ⅰ	Ⅱ	Ⅲ	Ⅳ	Ⅴ	Ⅵ
φ	> 78°	70° ~ 78°	60° ~ 70°	50° ~ 60°	40° ~ 50°	30° ~ 40°

　　（2）埋深大于 h_q，小于等于 H_p 时。

　　为便于计算，作如下假定：假定土体中形成的破裂面是一条与水平线成 β 角的斜直线，如图 4-7 所示；$EFHG$ 岩（土）体下沉，带动两侧三棱土体（如图中 FDB 及 ECA）下沉，整个土体 $ABDC$ 下沉时，又要受到未扰动岩（土）体的阻力；斜直线 AC 或 BD 是假定的破裂面，分析时考虑内聚力 c，并采用了计算摩擦角 φ；另一滑面 FH 或 EG 则并非破裂面，因此滑面阻力要小于破裂滑面的阻力。若该滑面的摩擦角为 θ，则 θ 值应小于 φ 值，无实测资料时，一般可参考表 4-18 采用。

表 4-18　各级围岩的 θ 值

围岩级别	Ⅰ、Ⅱ、Ⅲ	Ⅳ	Ⅴ	Ⅵ
θ 值	0.9φ	$(0.7 \sim 0.9)\varphi$	$(0.5 \sim 0.7)\varphi$	$(0.3 \sim 0.5)\varphi$

　　设图 4-7 中隧道上覆岩体 $EFHG$ 的重力为 W，两侧三棱岩体 FDB 或 ECA 的重量为 W_1，未扰动岩体对整个滑动土体的阻力为 F，当 $EFEG$ 下沉时，两侧受到的阻力为 T 或摩擦力 T'，可视作用于 HG 面上的垂直压力总值 $Q_浅$ 为：

$$Q_浅 = W - 2T' = W - 2T \sin\theta \tag{4-17}$$

　　三棱体自重为：

$$W_1 = \frac{1}{2} \gamma h^2 / \tan\beta \tag{4-18}$$

式中 γ——围岩重度，kN/m^3；

h——隧道底部到地面的距离，m；

β——破裂面与水平面的夹角，（°）。

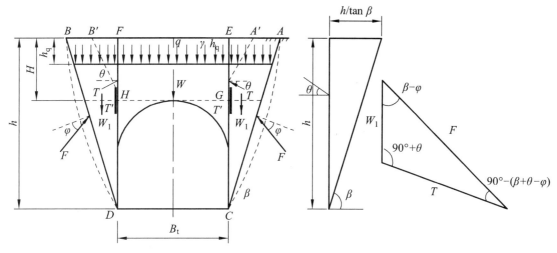

图 4-7　浅埋隧道围岩压力

由图 4-7，根据正弦定理可得：

$$T = W_1 \sin(\beta - \varphi) / \sin[90° - (\beta - \varphi + \theta)] \qquad （4-19）$$

将式（4-18）代入可得：

$$T = \frac{1}{2} \gamma h^2 \frac{\lambda}{\cos \theta} \qquad （4-20）$$

其中，λ 为侧压力系数，即

$$\lambda = (\tan \beta - \tan \varphi) / \{\tan \beta [1 + \tan \beta (\tan \varphi - \tan \theta) + \tan \varphi \tan \theta]\} \qquad （4-21）$$

$$\tan \beta = \tan \varphi + [(\tan^2 \varphi + 1) \tan \varphi / (\tan \varphi - \tan \theta)]^{\frac{1}{2}} \qquad （4-22）$$

式中其他符号意义同前。

至此，极限最大阻力 T 值可求得。得到 T 值后，代入式（4-17），可求得作用在 HG 面上的总竖向压力 $Q_{浅}$：

$$Q_{浅} = W - 2T \sin \theta = W - \gamma h^2 \lambda \tan \theta \qquad （4-23）$$

由于 GC、HD 与 EG、FH 相比往往较小，而且衬砌与土之间的摩擦角也不同，前面分析时按 θ 计，当中间土块下滑时，由 FH 及 EG 面传递，考虑压力稍大些对设计的结构也偏于安全，因此，摩擦力不计隧道部分而只计洞顶部分，即在计算中用埋深 H 代替 h，式（4-23）为：

$$Q_{浅} = W - \gamma H^2 \lambda \tan \theta$$

由于　$W = B_t H \gamma$

83

故 $\qquad Q_{浅} = \gamma H(B_t - H\lambda\tan\theta)$ （4-24）

式中 B_t——隧道宽度，m；

      H——埋深，即洞顶至地面距离，m；

其他符号意义同前。

换算为作用在支护结构上的均布荷载，如图 4-8 所示。

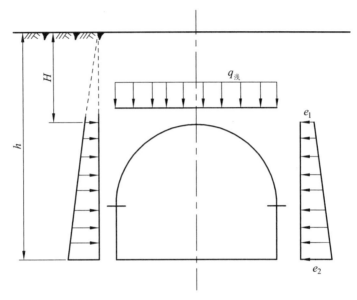

图 4-8 浅埋隧道换算均布荷载

$$q_{浅} = Q_{浅}/B_t = \gamma H[1 - (H/B_t)\cdot\lambda\tan\theta]$$ （4-25）

式中 $q_{浅}$——作用在支护结构上的均布荷载，kN/m^2；

其他符号意义同前。

作用在支护结构两侧的水平侧压力为：

$$e_1 = \gamma H\lambda$$
$$e_2 = \gamma h\lambda$$ （4-26）

式中符号意义同前。

侧压力视为均布时，侧压力为：

$$e = 1/2(e_1 + e_2)$$ （4-27）

4.4 影响围岩稳定性的因素

围岩分级考虑的因素，也就是影响隧道围岩稳定性的因素。这些因素一般认为有两类：一类是地质因素；另一类是设计和施工因素。

4.4.1 地质因素

1. 岩土体结构状态

岩土体结构是长时间地质运动的产物,在地质因素的影响中起着主要作用。围岩的结构状态通常用其破碎程度或完整状态来表示。在相同岩性的条件下,岩体越破碎,隧道就越易于失稳。因此在各种分级方法中,都把岩体的破碎程度作为分类的基础指标。

岩体的完整状态或破碎程度有两个含义:一是构成岩体的岩块大小;二是这些岩块的组合形态。前者一般是采用裂隙的密集程度(裂隙率、裂隙间距、体裂隙率等)来表达,即沿结构面法线方向上每单位长度内结构面的数目或结构面的平均间距,或采用单位体积中的裂隙数等来表示;后者主要考虑构成岩体的完整状态的各种岩块的组合比例。

按结构面切割的岩块大小,可将岩土体分成如图 4-9 所示的几种类型。

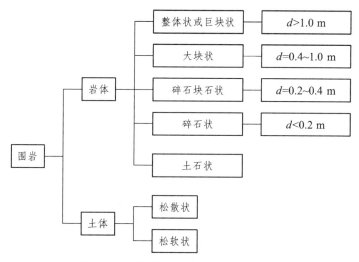

图 4-9 岩土体类型(d 为裂隙间距)

表 4-19 对各类岩体的构造特征进行了分类和工程地质评价,表 4-20 对土体进行了分类和工程评价。

表 4-19 岩体结构类型及其特征

类型	状态	结构面特征				工程地质评价
		间距/m	性质	张开程度	充填情况	
整体结构	巨块状	多数>1.0	多为原生型或构造型	多密闭延展不长	—	岩体的整体强度较大,变形特征接近于均质、弹性、各向同性体
砌体结构	大块状	多数>0.4	以构造型为主	多密闭部分微张	少有充填	同上,但要注意不利于岩体稳定的结构面组合,如平缓节理
镶嵌结构	块(石)碎(石)状	多数<0.4	以构造型或风化型为主	大部分微张或部分张开	部分为黏性土充填	岩体在整体上强度仍高,但不连续性较为显著,受过度震动易坍落

类型	状态	结构面特征				工程地质评价
		间距/m	性质	张开程度	充填情况	
压碎结构	碎石状	多数<0.2	以风化型或构造型为主	微张或张开	部分为黏性大充填	岩体完整性破坏较大，强度受断层及弱面控制，并易受地下水影响，岩体稳定差
松散结构	角砾碎石状	—	—	—	—	岩体强度遭到极大破坏，接近松散介质，稳定性极差
松软结构	泥砂角砾状	—	—	—	—	同上，但黏土性成分较多，易于蠕动

表 4-20 土体类型及其评价

类型	土体状态		工程地质评价
	黏性土	非黏性土	
硬土类	略具压密或成岩作用的黏性土，老黄土	略具压密或成岩作用的非黏性土，泥质胶结的碎、卵石土、大块石或大漂石土	结构密实，具有一定的结构强度，小跨度时土体稳定
普通土类	一般第四纪成因的可塑的黏性土，新黄土	一般第四纪成因的稍湿至潮湿的非黏性土，包括一般碎、卵、砾石土	结构中等密实，结构强度较小，土体不够稳定
松软土类	软塑状黏性土	潮湿的粉细砂	易涌动，液体，土体稳定性最差

岩体结构状态的特征是相互联系的，构成了裂隙岩体的基本特性，是影响围岩分级的重要因素。

2. 岩石的工程性质

岩石的工程性质是多方面的，一般主要指岩石的强度或坚固性。在岩体结构状态成为控制围岩稳定的主要因素时，强调岩石强度意义是不大的。例如，在碎块状岩体中，岩石强度再大也阻止不了隧道围岩的坍落。但在较为完整的岩体结构中，如整体的巨块状结构或大块状结构，岩石强度就具有一定的意义。在这类围岩中，因裂隙少，结构面强度亦高，故岩石强度在一定程度上与岩体强度相接近。所以，岩石强度在完整的岩体中是起主要作用的，此时岩石越硬，隧道越稳定。

在围岩分级中，岩石的坚固性或强度都是以岩石的饱和单轴极限抗压强度为基准。这是因为它的试验方法简便，数据分散性小，且与其他物性指标有着良好的互换性。岩石风化时，产生的裂隙使水易于浸入，岩体湿润，减少了岩石晶粒间的联系，因而强度大大降低，故试验时多以湿饱和强度为基准。

3. 地下水的作用和影响

隧道施工的大量实践证明，水是造成施工坍方、使隧道围岩丧失稳定的重要原因之一。因此，在隧道围岩分级中水的影响不容忽视。在不同的围岩中水的影响有下列几种情况：

① 使岩质软化，强度降低，对软岩尤为明显，对土体则可促使其液化或流动。

② 在有软弱结构面的围岩中，会冲蚀充填物或使夹层液化，减少层间摩阻力使岩块滑动。

③ 在膨胀性岩石中，遇水后产生膨胀，在未胶结或弱胶结的砂岩中可产生流砂和潜蚀。

因此，在围岩分级中都考虑了水的影响。在同级围岩中，遇水后则适当降低围岩级别。降低的幅度主要视围岩的岩性及结构面的状态、地下水的性质和大小、流通条件、对围岩浸润状况和危害程度而确定。地下水影响参考表 4-21 和表 4-22。

表 4-21　地下水状态的分级

级别	状态	每 10 m 的涌水量/（L/min）
Ⅲ	干燥或潮湿	< 10
Ⅱ	偶有渗水	10～25
Ⅰ	经常渗水	25～325

表 4-22　地下水影响的修正级别

地下水状态	围岩的基本分级					
	Ⅰ	Ⅱ	Ⅲ	Ⅳ	Ⅴ	Ⅵ
Ⅲ	Ⅰ	Ⅱ	Ⅳ（Ⅲ）	Ⅳ（Ⅴ）	Ⅵ	—
Ⅱ	Ⅰ	Ⅲ	Ⅳ	Ⅴ	Ⅵ	—
Ⅰ	Ⅱ	Ⅲ	Ⅳ	Ⅴ	Ⅵ	—

4. 围岩的初应力状态

围岩的初应力状态对岩体的构造-力学特征是有一定影响的，它在某些分级中曾有所反映，例如太沙基的分级，曾把同样是挤压变形缓慢的岩层视其埋深的不同分为两类，其荷载值有很大差异（约差 1 倍），这是考虑初应力状态的结果。又如岩体质量 Q 法的分级，在考虑初应力状态的影响方面就更进一步了，如将初应力分为低应力（接近地表的）、中等应力及高应力的几种情况，还划分出在高应力作用下产生塑流的岩体等。但多数分级是没有反映初应力的影响的。

4.4.2　施工因素

隧道的形状和尺寸，尤其是跨度对隧道的稳定性影响较为显著。实践证明，在同类围岩中，跨度越大，隧道围岩的稳定性就越差，这是因为岩体的破碎程度相对地说是增大了。例如，大块状岩体是指裂隙间距在 0.4~1.0 m 的岩体，这是对中等跨度隧道（$B = 5~15$ m）而言的。若跨度较大（大于 15 m）或较小（小于 5 m），岩体的破碎程度就不同，或者变为碎块状，又或者变成巨块状，围岩的稳定性就不同。因此，有的分级就明确指出分级的适用跨度范围，如 RQD 分级就是适用于 5~10 m 跨度。但大多数分级都没有明确指出适用的跨度范围。

也有人建议用相对裂隙间距，即裂隙间距与隧道跨度的比值，来进行隧道围岩稳定性的分级。但是，将跨度引进围岩分级中，会造成对岩体结构状态概念的混淆或误解，因此多数分级还是只考虑绝对裂隙间距，把跨度的影响放在改变地压值及支护结构的类型和尺寸上，使分级问题简化。

在施工因素中，支护结构的类型及架设时间也对隧道围岩的稳定性产生重要影响。其中比较重要的是隧道开挖后，围岩在无支护条件下的允许暴露时间及无支护地段的长度，也就是围岩的自稳时间。因此，有的围岩分级就是以自稳时间进行分级的。隧道自稳时间是指从开挖后到顶部开始发生可以察觉到的移动、松弛时为止所经历的时间。

此外，施工方法也有影响。在同类岩体中，采用普通爆破法施工和控制爆破法施工，采用矿山法施工和盾构法或掘进机施工，采用大断面开挖和小断面分部开挖，对隧道稳定性的影响都不相同。例如，小断面分部开挖会造成围岩多次松动，极易坍方。因此，目前大多数分级，都是建立在相应的施工方法的基础之上的。

埋深的影响也不能忽视。随着埋深的增加，初始应力场也随之增大，在围岩强度不变的情况下，围岩的应力度或围压比也发生了变化，可能会出现高应力场或极高应力场的问题，可能出现诸如岩爆或大变形现象。因此，在高应力场或极高应力场的条件下，围岩级别应适当降低。

这些人为的施工因素，虽然对隧道稳定性有很大影响，但为了使围岩分级问题简化，在分级中都是以分级的适用条件来处理的，而围岩分级本身则主要从地质因素去考虑。

隧道围岩稳定性与围岩分级息息相关。隧道稳定性的分类对选择和确立围岩的分级指标有直接意义，因此，所作的分析和说明也仅是与其有关的一些方面。有关隧道围岩稳定性的详细讨论请参考有关专著。

复习思考题

1. 什么是围岩？什么是围岩压力？围岩压力确定的方法有哪些？各自的特点是什么？
2. 隧道围岩分级的意义是什么？
3. 围岩单一性指标和综合性指标分别有哪些？
4. 围岩分级岩性指标选择的原则是什么？
5. 我国公路隧道围岩分级主要考虑哪些指标因素？
6. 简述我国公路隧道围岩分级的方法。
7. 围岩完整性包括什么内容？在围岩分级中的作用是什么？

8. 决定隧道围岩稳定性的因素有哪些？如何认识这些因素的影响？

9. 隧道各阶段围岩分级考虑的因素有哪些不同？

10. 简要阐述隧道围岩分级、围岩压力与围岩稳定性的关系。

11. 简述深、浅埋隧道分界方法。

12. 在隧道工程中，如何综合考虑人为因素使功能造价最优？

13. 某隧道通过 IV 级围岩，开挖尺寸为 $H_t = 7.6$ m，$B_t = 9.9$ m，埋深约 10.0 m，采用矿山法施工，围岩天然容重 $\gamma = 22$ kN/m³，试确定围岩压力值。

第 5 章　隧道施工组织与施工准备

【知识目标】

1. 熟悉隧道施工前期准备工作；
2. 掌握隧道施工作业指导书的编制内容与方法；
3. 了解隧道施工准备的主要内容；
4. 掌握隧道施工机械准备、场地布置和临时工程施工的要求；
5. 掌握隧道施工控制测量的要求；
6. 熟悉隧道勘察设计文件的内容和组成。

【技能目标】

1. 能够编制施工作业指导书；
2. 能够完成隧道施工场地布置和临时工程施工；
3. 具备完成隧道施工控制测量的能力。

在隧道施工前，应做好各项施工准备工作，才能使隧道施工顺利进行。隧道准备工作内容主要包括：对施工现场和周边环境的补充调查和复核，校核和研究设计文件，确定施工组织机构及人员配备，在调研和投标施工方案的基础上编写指导性施工组织设计，使现场满足施工条件及做好物质准备，进行接桩、复测及洞口投点等施工测量放样工作。有关施工通风、供水、供电等工作将在后面章节详述。

5.1　隧道施工前期工作

5.1.1　施工前现场调查

在编制隧道施工组织设计之前，施工单位应深入工地现场，做好现场调查研究工作。

1. 自然条件调查

（1）调查场地的地质条件，以便正确选择施工方法，并对可能遇到的不良地质做好充分准备。

（2）调查施工场地的地形、地貌情况，主要包括地形起伏、河流、交通、拟建地区的原有房屋及附近建筑物的情况。

（3）调查当地气象、水文情况，做好季节施工安排，为施工防寒和防洪提供可靠的依据。

（4）做好场地地表构筑物和地下管网的调查，预测隧道施工对地表和地下已设结构物的影响。

（5）调查和测试水源、水质并拟订供水方案。

（6）对天然建筑材料（砂、石）的场地、数量、质量进行鉴定并制订供应方案。

（7）对施工场地和弃渣场地进行具体布置，应贯彻节约用地的原则，少占耕地，尽量减少拆迁对其他设施的干扰。

2. 社会经济条件调查

（1）了解当地政治、经济、居民情况及风俗习惯等。

（2）了解工地附近可能利用的场地、需拆迁的建筑物、可以租用的民房等。

（3）调查当地交通运输能力，以及修建为施工服务的临时运输道路、桥涵等的可能性，对交通运输条件和施工运输便道进行方案比选。

（4）调查施工现场水、电及通信情况。

（5）调查地方工业的生产能力、质量、价格和协作的可能性，了解当地可利用的材料品种和供应能力。

（6）了解当地可能提供劳动力的数量、来源、价格和技术水平。

（7）了解当地的生活供应、医疗卫生、文化教育、消防设施安排。

5.1.2　设计文件校核

隧道施工单位施工前应全面熟悉设计文件，会同设计单位进行现场核对，做好施工准备工作。此项工作习惯称为"图纸会审"与"设计交底"。需要变更与改进的地方向建设单位和设计单位提出建议，并通过协商进行修改。

（1）熟悉、审查图纸及有关设计资料，了解设计意图，对总平面布置、各个单位工程和分项工程以及工程结构形式和特点，都要认真研究。

（2）掌握工程的重点和难点，了解隧道方案选定的设计意图。

（3）对设计图纸本身是否错误和矛盾，图纸与说明书之间有无矛盾等都应审查清楚。

（4）熟悉地质、水文等勘察资料，以及对工程作业难易程度作出判断。

（5）会同设计单位现场交接和复测控制点、施工所用的基准点及水准点，并定期进行复核，做好护桩工作。

（6）核对隧道平面、纵断面设计，了解隧道与所在区段的总平面、纵断面设计的关系。

（7）核对洞门位置、式样、衬砌类型是否与洞口周围环境相适应、相协调。

（8）核对洞外排水系统和设施的布置是否与地形、地貌、水文、气象等条件相适应，设计好基坑、洞口及施工现场的排水系统，应避开洪水、泥石流、塌方、滑坡等对施工安全和有威胁的场地。

（9）预测施工对环境的影响（弃渣、污水、泥浆、废气、振动、噪声、对交通干扰等），提出解决问题的办法。

5.1.3 施工基本条件准备

在施工现场范围内，必须具备的基本条件有：修通道路，接通施工用水、用电，架通通信线路，平整好施工现场，搞好临时房屋（俗称"四通一平"）。

开工前需将必要的地面设施准备好，如压缩空气供应系统、必要的修理车间、炸药加工房等。还要设置木材加工车间及适当数量的库房。

物资准备包括原材料准备、构件加工设备的准备、建筑安装工程施工机具和设备的准备等。

为了使物质准备工作尽可能提前进行，当接受任务获得设计资料后，即可根据设计图中列出的工程量，套用定额或过去类似工程的统计资料，概算出材料的需要数量。据此落实材料供应渠道以保证施工的需要。

5.2 施工作业指导书编制

隧道施工作业指导书的内容一般包括以下 15 部分：

1. 编制说明

编制说明部分应说明施工作业指导书编制依据、编制范围和编制原则。

编制依据至少应包含以下资料：

（1）设计文件、合同文件、招标文件、投标文件与有关法律法规、管理办法等。

（2）技术规范与安全规程。

（3）该隧道地质勘察成果报告。

（4）现场调查资料。

编制范围应包含隧道正洞掘进开挖、支护、衬砌、洞口工程、附属工程以及临时工程。

施工作业指导书编制应遵循"规范性、科学性、先进性、可行性、针对性、经济性"的原则。

2. 工程概况

工程概况部分通常应包含以下内容：

（1）本工程的简单描述。

（2）自然地理特征：包括地理位置，地形地貌，气象、水文特征，地震动参数如测区内地震动峰值加速度，地震动反应谱特征周期。

（3）地层岩性、地质构造及工程地质条件：

① 地层岩性。

② 区域地质构造和隧址地质构造，见图 5-1、图 5-2 示例。

③ 洞身、进口、出口工程地质条件。

④ 水文地质条件：含水岩组及地下水类型、水质及侵蚀性、隧道涌水量预测等。

⑤ 主要工程不良地质问题，如：岩溶、采空区，有害气体（瓦斯压力、瓦斯含量、瓦斯涌出量、瓦斯突出危险程度），煤层自燃与煤尘爆炸性，涌水突泥，顺层，等。

⑥ 环境工程地质，如弃渣泥石流与其他生态环境破坏。

⑦ 设计标准。

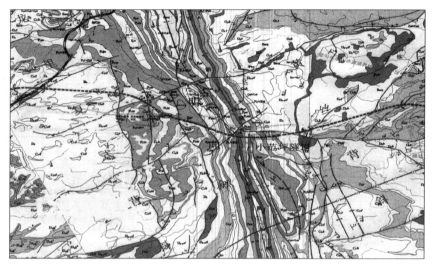

图 5-1 某隧道区域构造示意图

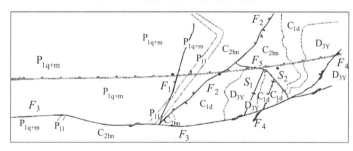

图 5-2 某隧道隧址构造示意图

3. 工程重、难点及对策

在隧道工程施工过程中，重难点是保证施工作业正常进行下去的关键环节，施工中往往会遇到各种难点，如现场地形条件复杂、施工条件差、项目里程长、施工分散、点多面广、存在特殊地质条件、邻近有重要建筑设施。

编制施工作业指导书时，应根据工程重难点分析，提出相应的对策措施，合理选择工法、工艺，做好材料供应、机械设备准备工作，在项目管理模式、队伍组织、关键工期等几个方面重点入手，确保工程顺利进行。比如，隧道通过自稳时间短的软弱破碎岩体、浅埋软岩、严重偏压、岩溶流泥地段，砂层、砂卵（砾）石层、断层破碎带，以及大面积淋水或涌水地段时，为保证洞体稳定，可采用超前锚杆、超前小钢管、管棚、地表预加固地层和围岩预注浆等辅助施工措施。

4. 总体施工组织规划

总体施工组织规划应根据施工目标，进行总体施工组织安排，做好具体的施工计划。

（1）施工目标：包括质量目标、安全生产目标、工期目标、职业健康目标与文明施工目标等。

（2）总体施工组织安排：包括施工通风、施工供电和用电、施工设备和火工产品的利用、混凝土供应、超前地质预报、施工中瓦斯检测、隧道开挖、初期支护、二次衬砌等。

（3）施工计划。

① 施工总工期，进度横道图。

② 主要工程项目工期及进度网络控制图。

③ 主要材料来源计划：包括水泥、钢材、木材、砂、碎石、片石、油料等材料的采购和存放，炸药等火工产品供应与管理。表 5-1 是某工程的主材供应计划。

表 5-1　某工程主材供应计划

序号	材料名称	单位	总数量	供 应 计 划									
				20××年				20××年				20××年	
				1季度	2季度	3季度	4季度	1季度	2季度	3季度	4季度	1季度	2季度
1	钢筋	t	4017	190	638	294	469	515	578	450	556	294	35
2	水泥	t	24 959	1 150	3 354	3 698	2 862	2 896	3 494	2 480	3 219	1 776	30
3	型钢	t	650	1	178	91	165	77	2	85	51	1	0
4	中粗砂	m³	36 924	1 694	4 966	5 499	4 249	4 277	5 147	3 665	4 749	2 616	60
5	碎石	m³	59 729	2 740	8 032	8 894	6 873	6 918	8 323	5 928	7 680	4 230	112
6	炸药	t	144	10	8	25	6	16	31	11	22	16	0
7	柴油	t	422	20	49	71	44	47	62	39	54	31	5

④ 资源配置计划：包括主要材料供应计划、劳动力计划、机械设备计划。表 5-2 是某工程的机械设备计划。

表 5-2　某工程机械设备计划

序号	机械名称	规格型号	额定功率/kW 或容量/m³ 或吨位/t	数量/台	备注
1	凿岩机	YT28	$\phi 34 \sim 42$ mm	25	
2	电动空压机	L-20 m³/min	132 kW	4	
3	通风机	2×135 kW	270 kW	2	
4	风管	$\phi 1\,800$ mm		1 600 m	
5	侧卸装载机	ZL50C	162 kW	2	
6	挖掘机	SY2157	114 kW/1.25 m³	1	

序号	机械名称	规格型号	额定功率/kW 或容量/m³ 或吨位/t	数量/台	备注
7	自卸汽车	北方奔驰	15 t	6	
8	混凝土湿喷机	TK500	7.5 kW-5 m³/h	3	
9	强制式搅拌机	500 L	50 m³/h	1	
10	压浆机	UB-3	7.5 kW-4 MPa	1	
11	凿岩台架	$L = 6$ m		2	
12	抽水机		50 m	2	
13	衬砌台车	$L = 12$ m		1	
14	输送泵	三一重工	60 m³/h	1	
15	变压器	S11-500/10	500 kVA	2	
16	内燃发电机		250 kW	1	
17	混凝土罐车		8 m³	2	

⑤ 临时设施计划：包括施工场地布置、临时施工道路、生产、生活用水、混凝土拌和站设置、炸药库等。

5. 隧道工程测量

隧道工程测量包括控制测量、施工测量和竣工测量。

正式施工前应进行控制网复测、施工平面控制测量、施工高程控制测量。施工过程中应注意制定测量作业制度原则、测点的选择和保护原则，完成中线控制测量和高程测量。隧洞贯通后，应组织测量人员进行竣工贯通测量，并进行平差计算工作，将平差结果报监理和业主，确定贯通误差调整方案。

6. 关键工程的施工方案和措施

在认真分析工程重难点的基础上，根据工程的具体情况，制订关键工程的施工方案和措施，通常包含以下内容：

（1）隧道超前地质预报。

隧道超前地质预报工作包括确定隧道超前地质预报的主要内容，选取预报方法，制定预报方法的流程，分析本隧道工程地质及水文地质条件，瓦斯的超前探测，地质预报实施计划安排，正确处理地质预报与施工的关系。

隧道超前地质预报的方法与工艺有地质分析方法、物探法、超前钻孔法、综合分析法。图 5-3 是某隧道超前地质预报流程，该工程综合运用了地质分析方法、TSP203 超前地质预报、地质雷达预报、红外线探测、钻孔雷达预报等方法。

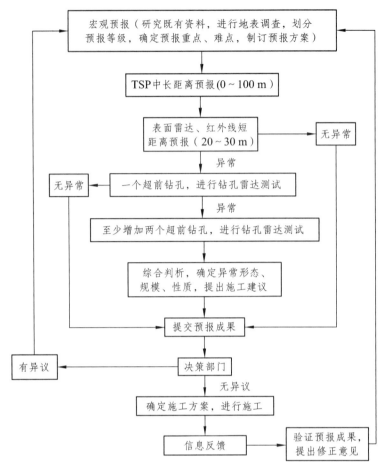

图 5-3 某隧道超前地质预报流程

（2）通风方案。

根据工程特点，判定是否穿越含瓦斯地层，制订施工通风方案，完成通风设计，进行风机的合理选择和布置，确定风机安装位置，考虑通风工作的管理。通风设计应包含设计依据、通风阶段的划分、通风量调整、隧道运渣车辆数量计算、通风量计算、通风设备及动力等。图 5-4 是某隧道工程的风机安装位置。

图 5-4　风机安装位置

（3）瓦斯监控方案。

对穿越含瓦斯地层的隧道，应制订瓦斯监控方案，包含瓦斯监控要求和监控项目、监控系统的选型、系统布设方案、系统的安装与维护以及如何进行瓦斯监测。图 5-5 重庆煤科院生产的 KZJ001 型瓦斯监控系统。

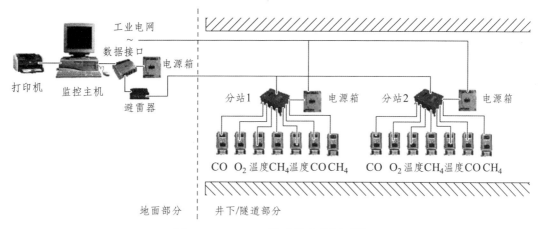

图 5-5　kZJ001 煤矿救灾监测系统

（4）突水突泥防治方案。

可能存在突水突泥等重大地质问题或风险因素，为避免人员伤亡和经济损失，本着"安全第一、预防为主、综合治理"的原则，应制订突水突泥防治方案，甚至需要制订专门的隧道突水突泥应急预案。制订应急预案应从组织机构、风险源辨识、应急处理步骤与方法、预防措施、事故抢救与报告、应急救援等方面进行考虑。

（5）供电方案。

供电方案应包括供电电压、供电方式、低压配电系统、隧道施工照明、机电设备洞室设置、电气设备的保护、电气设备的维护和修理、电缆的选用、电缆的敷设、电缆的预防性试验、电缆的维护等。

（6）其他施工方案。

隧道施工中其他可能成为本工程质量和工期的关键工程，也需要进行系统的考虑。如洞口路基及边仰坡加固、进洞方法、开挖方案、出渣方案、超前支护和初期支护方案、仰拱及填充、衬砌施工方案、断层带施工方案、防排水方案、隧道弃渣和环保方案。

7. 施工方法、工艺及措施

施工作业指导书应详细制定施工方法、工艺及措施，包括洞门施工方法、超前支护、不同级别围岩洞身开挖、出渣运输、初期支护、防排水施工、二次衬砌施工。

8. 附属构筑物

附属构筑物施工包括水沟电缆槽、通信及接地极、综合洞室等的施工。

9. 安全保证措施

安全保证措施包括安全方针、安全目标、安全管理机构和安全职责、安全保证体系。

10. 创优规划和质量保证体系

创优规划和质量保证体系包括质量目标、质量管理机构及质量职责、建立健全质量保证体系、施工质量控制和保证措施。

11. 隧道风险评估与管理

隧道风险评估与管理包括隧道风险评估与管理编制依据、风险评估的阶段安排、隧道概况、风险评估程序和评估方法、风险评估内容、风险对策措施及建议、风险评估结论等。

12. 文明施工措施

文明施工措施内容包括施工现场场容、场貌布置、施工道路与施工场地布置、大堆料存放、钢材、周转材料设备、水泥库、施工设备存放、施工队伍管理、生活卫生等。

13. 环境保护措施

环境保护措施包括文物保护措施、水土流失防治措施、居民区农田、耕地防尘保护措施、废弃物及排污处理措施、驻地环境保护措施等。

14. 职业健康安全及卫生防疫措施

通常从职业健康安全目标、职业健康安全管理体系、职业卫生医疗保障措施、职业健康安全教育与培训、职业劳动卫生检查、劳动保护、突发性公共安全卫生事件的应急处理预案以及突发性公共安全卫生事件的应急处理预案等方面制定职业健康安全及卫生防疫措施。

15. 施工安全应急预案

施工安全应急预案应包括编制依据、适用范围、工作原则、组织指挥体系及职责、预警预防机制、应急响应、后期处置、保障措施、专项应急救援预案等。施工安全应急预案常常需要单独编制。

5.3　施工资源配置

施工单位可根据施工调查结果、工程规模、重要性等来组建施工机构和配备职工。组建施工机构应遵循以下基本原则：施工机构应根据任务的需要而定，以便指挥和管理，有利于发挥职工的积极性、创造性以及团队协作精神。施工组织机构应分工明确，权责具体，力求精简但又能圆满执行任务，同时又要密切协作，做到指挥具体及时，事事有人负责。

5.3.1　施工机械准备

（1）施工机械应根据隧道实施性施工组织设计的要求，配备污染少、能耗小、效率高的机械。

（2）施工机械应机况良好，零配件、附件及履历书齐全，施工机械的准备应适应施工进度的要求迅速而及时地分期完成，确保正常施工。

（3）隧道机械设备的安装应选择适宜的地点，应尽量减少机械运转时的废气、噪声、废液、振动等对周围环境造成污染和影响。在靠近居民区时，各项排放指标均应达到现行《建筑施工场界环境噪声排放标准》（GB 12523—2011）、《城镇污水处理厂污染物排放标准》（GB 18918—2002）、《环境空气质量标准》（GB 3095—2012）等有关标准的规定。

（4）隧道施工机械配套应满足以下要求：

① 隧道施工机械配套应针对隧道断面的特点，以实现机械化均衡生产为目标，配套的生产能力应为均衡施工能力的 1.2～1.5 倍。

② 施工中的关键机械，如混凝土的拌和设备、运输设备、混凝土喷射机、混凝土输送泵、通风机、抽水机等必须有备用数量。

③ 隧道施工应配钢栈桥，配置能确保使仰拱超前的跨越设备；衬砌结构宜采用仰拱、边墙、拱部一体化施工的整体式衬砌台车。

④ 施工机械应优先选择排污达标、噪声小的机械，动力宜优先选择电力机械。

（5）施工机械的安装与调试应符合下列要求：

① 施工机械的安装不得在松软地段，危岩塌方、滑坡或可能受洪水、飞石、车辆冲击的处所进行，特殊情况下应有可靠的防护措施，并确保安全。

② 应参照产品说明书的有关规定对机械设备进行安装。安装完毕后应进行安全检查及性能试验，并经试运转合格后，方可投入使用。

③ 机械调试方法和步骤按照技术说明书等资料要求进行。

（6）按施工机械的用途，其进场、安装、调试与四通（水、电、道路、通信）一平（场地平整）同步或交叉进行，使机械尽早投入施工，并逐步形成各工序的机械化作业。

5.3.2 施工场地布置

隧道洞口场地一般比较狭窄，而隧道施工的机械设备和材料等又多，如果事前没有很好地规划，很容易造成相互干扰、使用不便、效率不高等不合理现象，甚至发生安全事故。为此，施工前要根据洞口的地形特点，结合劳动力安排、机械设备、材料用量、工期要求、施工和弃渣场位置等因素，进行全面规划统筹、合理布置，使工地秩序井然，忙而不乱，充分发挥人力物力的最大效能，为快速施工创造有利条件。

1. 施工场地布置要求

施工场地的布置要求是有利于生产、文明施工，节约用地和保护环境；事先统筹规划，分期安排，便于各项施工活动有序进行，避免相互干扰。

2. 施工场地布置内容

（1）确定卸渣场的位置和范围。

（2）轨道运输时，洞外出渣线、编组线、牵出线和其他作业线的布置。

（3）汽车运输道路的引入和其他运输设施的布置。

（4）确定风、水、电设施的位置。

（5）确定大型机具设备的组装和检修场地。

（6）确定混凝土拌和站（场）和预制场及砂、石等材料的布置。

（7）确定各种生产、生活等房屋的位置。

（8）场内临时排水系统的布置。

施工场地布置时，在水源保护地区内不得取土、弃土、破坏植被等，不得设搅拌站、拌和站、洗车台、充电房等，并不得堆放任何含有害物质的材料或废弃物。

5.3.3 临时工程施工

一般情况下，由于地形限制，现场临时工程很难一次布置就绪。在布置时必须有缓有急，随场地的逐步扩大和逐步改造而逐渐完善。在临时工程布置建设时，尚要考虑的项目很多，以下为隧道施工时几个主要临时工程项目的施工布置要求。

1. 弃渣场地及运渣道路的布置

对于隧道工程，开挖弃渣量一般很大，弃渣往往要占很大的面积，而长隧道更甚。在考虑弃渣用地时，可依次考虑下述可能性：用作洞外路基填方和桥头路堤填土，而运距又不至于过远；顺沟顺河弃渣而又不致堵塞河谷与河道；填平山坡荒地作施工场地而不致在山洪来临时被洪水冲毁，并危害下游农田；洞口均为良田而较远处有荒地可供弃渣时，应做好远距离的运渣；在隧道工地附近均为耕地，弃渣必须占用农田时，应先把种植土铲运一旁，待工程结束后再把原种植土覆盖于弃渣场上以恢复耕种。

总之，处理弃渣有两个原则：一是变废为用，把弃渣用于路基填方或用于弃渣造田；另一个是变无用为有用，就是当必须占用农田时，力争把弃渣场变为耕地，以此补充因弃渣占用的耕地。布置弃渣场地时，还应考虑弃渣对不良地质和其他工程的影响。

2. 大宗材料的堆放场和料库的布置

大宗材料的存放地点应考虑材料运进工地方便，易于卸车，并靠近使用地点。

（1）砂石料堆放和水泥仓库均应和混凝土搅拌站布置在一起。砂石料场要充分利用地形，不一定要推平场地，但应注意供料要方便。寒冷地区冬季施工可设置地坑。如洞口处地形狭窄，则可就附近开阔处布置砂石堆放场地。水泥仓库里水泥应分类堆放，先到先用，进出方便，以确保水泥不过期不硬化。另外，要做好防洪防潮工作。

（2）钢材仓库与钢筋加工场地应布置在一起，以便于加工和工程使用。

（3）木材仓库和木材加工场应布置在一起，并靠近道路。

3. 生产房和生产设施的布置

生产房和生产设施的布置要特别注意防洪、防砸、防沉陷、防塌埋。

（1）通风机房和空压机房应靠近洞口，尽量缩短管道长度，以减少管道中能量损失，尤其要尽量避免出现过多的角度弯折。

（2）水池在山上的高度要能产生足够的压力差以满足工作面用水的需要。另外在高寒地区冬季要做好水管的防冻措施。

（3）搅拌机应尽量靠近洞口，靠近砂石料，且应有一定垂直高度，便于装车运输。

（4）炸药和雷管要分别存放。其库房要选择离工地 300 ~ 400 m 以外的隐蔽地点，并安装避雷装置。

（5）机械队场所的位置，要求便道可直接到达，用电用水要方便。

（6）发电机房不一定太靠近洞口与其他房屋争场地。如采用外来高压电线输电，变电站应设在洞口附近。当洞内输电距离太长（超过 1.3 km）时，电压降太大，电动机械电压效率不足，效率低，可考虑高压线进洞，洞内设变电站。

（7）工地的临时道路应充分利用原有道路。

（8）行政管理和生活福利设施，应方便生产，方便工人的生活。工地办公室应靠近施工现场。行政管理办公室可位于工地出入口附近。

4. 生活用房的布置

条件许可时，生活用房要与洞口保持一定的距离，以保证工作人员有一个安静的休息环境。但又不宜过远，同时注意行动方便。整个生活区要适当集中，以便于学习和管理。要考虑职工室外活动场所的布置。生活区要靠近水源，在水源四周 50 m 以内不得设厕所和垃圾坑等。生活区要注意防洪防水的要求。

总的来说，每个隧道工地的自然条件是千变万化各不相同的。因此，在考虑隧道工地布置时，要因地制宜，对具体的情况作出具体分析，注意做好环境保护工作。

5. 临时工程的安全、环保要求

（1）道路应满足运输和行车安全的要求。

（2）高压、低压电力线路及变压器和通信线路应按有关规定统一布置及早建成。

（3）各种房屋按其使用性质应遵守相应的安全消防规定，如爆破器材库、油库的位置应符合有关规定。房屋区内应有通畅的给排水系统，并避开高压电线。

（4）严禁将住房等临时设施布置在受洪水、泥石流、落石、雪崩、滑坡等自然灾害威胁的地点。洞口段为不良地质时，不应在洞顶修建房屋、高压水池和其他建筑。

（5）临时工程及场地布置应采取措施保护自然环境。

（6）隧道弃渣场坡面应按设计进行复垦或绿化，渣顶整平造田，坡脚进行防护，防止水土流失。

（7）临时设施的布置应考虑突发性自然灾害，并制订相应的应急预案。

隧道内、外施工场所应按现行《工作场所职业病危害警示标识》（GBZ 158—2003）设置禁止标识、警告标识、指令标识、提示标识，并配以相应的警示语句。工程竣工时，应修整、恢复受到施工破坏或影响的植被、自然资源等。

5.4 隧道施工测量

5.4.1 隧道施工测量准备工作

为了保证工期，施工单位常利用增加开挖面的方法，将整个隧道分成若干段同时施工。增加开挖面的主要方法有：设置平行导坑或在隧道中部设置横洞、斜井或竖井，见图 5-6。两个开挖面相向开挖，在预定位置挖通称为贯通。贯通后，由两端分别引进的线路中线，应按设计规定的精度正确衔接，这就要求做好施工测量工作。

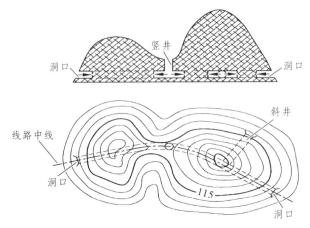

图 5-6　隧道设置竖井示意图

1. 控制测量的要求

控制测量必须在确认桩点稳固、可靠后进行。经纬仪、水准仪及标尺、光电测距仪、全站仪、GPS 全球定位系统都应按规定周期进行检定和校正。测量工作中的各项计算，均应分两组独立、同时进行计算，过程中应及时校核，发现问题应及时检查，找出原因。利用原控制点（含中线控制点）作第 2 次设站观测或根据原控制点增设新点时，必须对原控制点的相邻边和水平角度进行检测。利用原水准点作引伸测量时，必须对其相邻的已测段高差或相邻水准点间高差进行检测，水准基点应定期进行复测。隧道洞外控制测量应在隧道进洞施工前完成。

用于测量的图纸资料应认真研究核对，确认无误后方可使用，抄录数据资料必须核对。隧道施工前，应根据设计单位交付的测量资料，进行核对和交接。平面控制测量应结合隧道长度、平面形状、线路通过地区的地形和环境等条件，采用 GPS 测量、导线网测量、边角网测量、三角网测量或综合使用。每个洞口应测设不少于 3 个平面控制点（包括洞口投点及其相联系的三角点或导线点）和 2 个高程控制点。

控制测量应保证相向开挖的工作面，按照规定的精度在预定位置贯通，保证洞内各项建筑物以规定的精度按照设计位置修建，不得侵入建筑限界。

2. 施工测量特点

（1）洞外总体控制。

施工测量作为指导隧道施工的测量工作，在隧道开挖前一般要建立具有必要精度的、独立的隧道洞外施工控制网，作为引测进洞的依据；对于较短的隧道，可不必单独建立洞外施工控制网，而以经隧道施工复测、调整后并确认的洞外线路中线控制桩为引测进洞的依据。

（2）洞内分级控制。

洞内控制点控制正式中线点（正式中线点是洞内衬砌和洞内建筑物施工放样的依据），正式中线点控制临时中线点，临时中线点控制掘进方向。

洞内高程控制与平面相仿，临时水准点控制开挖面的高低，正式水准点控制洞内衬砌和洞内建筑物的高程位置。

（3）开挖方法影响测量方式。

先导坑后扩大成型法对隧道的位置还有一定的纠正余地，隧道施工测量可先粗后精；全断面开挖法一次成型，隧道施工测量必须一次到位。对于采用全断面开挖法开挖的隧道，其测量过程与先挖导坑后扩大成型开挖的隧道基本一样，不同的是对临时中线点、临时水准点的测设精度要求较高，或者是直接测设正式中线点、正式水准点。

3. 控制点布设

隧道贯通前，洞内平面控制测量只能采用支导线的形式，测量误差随着开挖的延伸而积累，因此测量用的平面控制点和水准点设置是非常重要的，要求设置牢固，不易被破坏，洞外控制网和洞内施工控制测量应保证必要的精度。

洞内、外控制点，可按图 5-7～图 5-10 所示埋设。洞内控制点的埋设，可参照图 5-7 进行，铁芯长度可采用 20 cm，亦可使用顶部有钻孔的螺栓或道钉，埋置深度可根据不同地层选用 30～50 cm。洞内外水准点，可按图 5-9～图 5-10 所示设置，并按下述方法进行：

（1）设在坚硬岩石或墓碑上的水准点，应修凿成大于 5 cm 直径的半圆顶作标记。

（2）挖一小洞，放入圆头铁芯，并浇筑混凝土。铁芯为大于 20 mm 的金属棒，顶部制成圆形，下部制成倒钩。

（3）沙漠地区和寒冷地区水准点设置，与图 5-9 和图 5-10 基本相同，唯铁芯顶部制成半圆形，铁芯用金属棒而不用钢管。

（4）洞内水准点可与中线点同时埋设，并设在坚硬岩石上，铁芯可用螺栓或道钉。

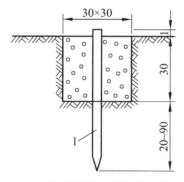

图 5-7　控制点在一般地表层中的埋设（尺寸单位：cm）
1—大于 10 mm 的铁芯，顶部中心凿成直径 1 mm、深 2 mm 的圆孔，涂上红漆

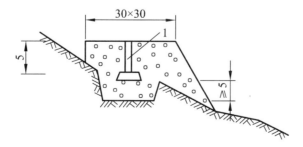

图 5-8　控制点在岩石中的埋设（尺寸单位：cm）
1—图中铁芯为倒置的大钉子，尖端截成平顶，中心凿成 2 mm 深的小孔

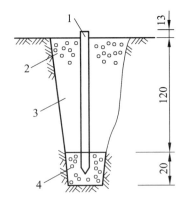

图 5-9　控制点在沙漠地区的埋设（单位：cm）

1—顶端凿孔的金属棒（或钢管），顶部倒置钻孔之铁钉；
2—混凝土固定层；3—回填砂土；4—混凝土底座

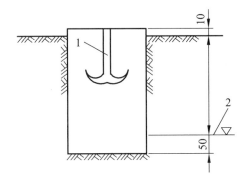

图 5-10　控制点在严寒地区的埋设（单位：cm）

1—制有倒钩的金属棒，顶面钻有小孔；2—冰冻线

5.4.2　隧道贯通误差

1. 贯通误差及其对隧道贯通的影响

相向开挖的两条施工中线上，具有贯通面里程的中线点不重合，两点连线的空间线段称为贯通误差，见图 5-11。

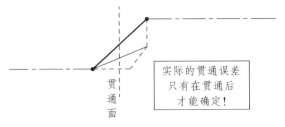

图 5-11　贯通误差

（1）贯通误差的分类。

贯通误差在水平面上的正射投影称为平面贯通误差；贯通误差在铅垂面上的正射投影称为高程贯通误差，简称高程误差。平面贯通误差在水平面内可分解为两个分量：与贯通面垂

104

直的分量，称为纵向贯通误差，简称纵向误差；与贯通面平行的分量，称为横向贯通误差，简称横向误差。

（2）贯通误差对隧道贯通的影响。

纵向误差影响隧道中线的长度和线路的设计坡度。横向误差影响线路方向，如果超过一定的范围，就会引起隧道几何形状的改变，甚至造成侵入建筑限界而迫使大段衬砌拆除重建，既给工程造成重大经济损失又延误了工期，因此，必须对横向误差加以限制。高程误差主要影响线路坡度。

（3）横向误差和高程误差的限差要求见表5-3。

表5-3　横向误差和高程误差的限差表

两开挖洞口间长度/km	<4	4~8	8~10	10~13	13~17	17~20
横向贯通误差/mm	100	150	200	300	400	500
高程贯通误差/mm	±50					

（4）影响贯通误差的主要因素。

贯通误差是洞外控制测量、洞内外联系测量、洞内控制测量和洞内中线放样等项误差共同影响的结果。一般将洞外平面控制测量的误差作为影响隧道横向贯通误差的一个独立因素，将两相向开挖的洞内导线测量的误差各为一个独立的因素，按照等影响原则确定相应的横向贯通误差。高程控制测量中，洞内、洞外高程测量的误差对高程贯通误差的影响，按相等原则分配。

（5）控制测量对贯通精度影响的限值见表5-4。

表5-4　控制测量对贯通精度影响的限值

测量部位	横向中误差/mm						高程中误差/mm
	相邻两开挖洞口间长度/km						
	<4	4~8	8~10	10~13	13~17	17~20	
洞外	30	45	60	90	120	150	±18
洞内	40	60	80	120	160	200	±17
洞外、洞内总影响	50	75	100	150	200	250	±25

2. 贯通误差估算

贯通误差估算的方法因控制网的形式不同而异。

（1）导线测量误差对横向贯通精度的影响。

测角误差的影响见图5-12。设 R_x 为导线环在隧道两洞口连线的一列边上的各点至贯通面的垂直距离（m），则导线的测角中误差 m_β 对横向贯通中误差的影响为：

$$m_{y\beta} = \frac{m_{\beta}}{\rho}\sqrt{\sum R_x^2} \qquad (5\text{-}1)$$

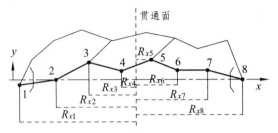

图 5-12　导线测量示意图

测距误差的影响见图 5-13。设导线环在邻近隧道两洞口连线的一列测边上的各边对贯通面上的投影长度为 d_y（m），导线边长测量的相对中误差为 m_l/l，则由于测距误差对贯通面上横向中误差的影响为：

$$m_{yl} = \frac{m_l}{l}\sqrt{\sum d_y^2} \qquad (5\text{-}2)$$

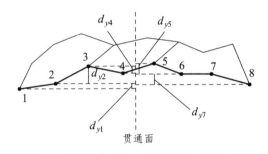

图 5-13　导线环测距误差示意图

受角度测量误差和距离测量误差的共同影响，导线测量误差对贯通面上横向贯通中误差的影响为：

$$m = \pm\sqrt{m_{y\beta}^2 + m_{yl}^2} \qquad (5\text{-}3)$$

（2）三角测量误差对横向贯通精度的影响估算，见图 5-14。

方法 1：按照严密公式计算（公式与方法见《新建铁路测量规范（条文说明）》）。

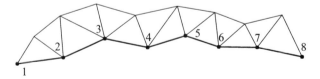

图 5-14　三角测量误差示意图

方法 2：按导线估算（偏于安全，目前不提倡）。

（3）高程控制测量对高程贯通误差的影响估算。

在贯通面上，受洞外或洞内高程控制测量误差影响而产生的高程中误差为：

$$m_{\Delta h} = M_\Delta \sqrt{L} \qquad\qquad (5\text{-}4)$$

式中　M_Δ 为每千米水准测量的偶然中误差，mm；L 为洞外或洞内两开挖洞口间高程路线长度，km。

【例 5–1】某铁路隧道为直线隧道，设计长度为 $L = 1\ 136.29$ m，洞外平面控制设计为单导线，其布设如图 5-15。试确定测量等级并判定该设计方案能否满足贯通的精度要求。

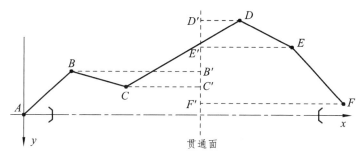

图 5-15　单导线贯通的精度计算示意图

【解】（1）图解相关数据。

A、F 分别为导线的始、终点，亦为隧道洞口控制点。

以洞外导线的始点 A 作为坐标系原点，以隧道中线按里程增加方向为 x 轴正向，建立测量坐标系。在地形图上，各导线点 A、B、C、D、E、F 在贯通面方向上的垂足分别为 A'、B'、C'、D'、E'、F'，量算出各导线点的垂距 R_x 及各导线边在贯通面方向上的投影长度 d_y，其结果于表 5-5 中。

（2）确定隧道洞外平面控制测量等级。

本例隧道长度小于 2 km，根据表 5-5 洞外导线测量适用长度知，洞外导线可布设为五等，即：

导线测角中误差为 $m_\beta = \pm 4.0''$

边长相对中误差为 $m_l/l = 1/20\ 000$。

（3）估算洞外导线测量误差对贯通的影响。

洞外导线测量误差对贯通的影响列表计算如表 5-5。

表 5-5　洞外导线测量误差对横向贯通的影响

各导线点至贯通面的垂距 R_x			各导线边在贯通面方向的投影长度 d_y		
点名	R_x/m	R_x^2/m²	导线边	d_y/m	d_y^2/m²
B	400	160 000	AB	140	19 600
C	150	22 500	BC	40	1 600

各导线点至贯通面的垂距 R_x			各导线边在贯通面方向的投影长度 d_y		
D	250	62 500	CD	160	25 600
E	480	230 400	DE	70	4 900
			EF	130	16 900
Σ		475 400	Σ		68 600

$$m_\beta = \pm 4.0'' , \quad \frac{m_l}{l} = \frac{1}{20\ 000}$$

$$m_{y\beta} = \frac{m_\beta}{\rho}\sqrt{\sum R_x^2} = \pm 13.4 \ （\text{mm}）$$

$$m_{yl} = \frac{m_l}{l}\sqrt{\sum d_y^2} = \pm 13.1 \ （\text{mm}）$$

$$m = \pm\sqrt{m_{y\beta}^2 + m_{yl}^2} = \pm 18.7 \ （\text{mm}）$$

洞外导线测量中误差对隧道的影响预计是 18.7 mm，其允许值是 30 mm，显然该洞外导线测量设计可行。注意：计算洞外导线测角误差影响值时，不应计入始、终点（即洞口控制桩）。但在引入洞内导线时，两洞口控制桩上需测角，故其测角误差应计入洞内的测量误差。

5.4.3　隧道洞外控制测量

直线隧道长度大于 1 000 m，曲线隧道长度大于 500 m，均应根据横向贯通精度要求进行隧道平面控制测量设计。

两相邻开挖洞口（包括横洞口、斜井口）高程路线长度大于 5 000 m，应根据高程贯通精度要求进行隧道高程控制测量设计。

1. 洞外平面控制测量

对于直线隧道，洞外平面控制测量的目的主要是获取两端洞口较为精确的点的平面位置和引测进洞的方向；对于曲线隧道，洞外平面控制测量除具有与直线隧道相同的目的外，还在于间接求算隧道所在曲线的转向角及两端洞口控制桩与交点的相对位置，进而按设计选配的圆曲线半径和缓和曲线长重新确定隧道中线的位置。建立洞外平面控制的常用方法有：中线法、精密导线法、三角网和 GPS 网等。

（1）中线法。

先将洞内线路中线点的平面位置测设于地面，经检核确认该段中线与两端相邻线路中线能够正确衔接后，方可以此作为依据，进行引测进洞和洞内中线测设。中线法一般只能用于短于 1 000 m 的直线隧道和短于 500 m 的曲线隧道的洞外平面控制。

（2）精密导线法。

用导线方式建立隧道洞外平面控制时，导线点应沿两端洞口的连线布设。

导线点的位置应根据隧道的长度和辅助坑道的数量及分布情况，并结合地形条件和仪器测程选择。

导线最短边长不应小于 300 m，相邻边长的比不应小于 1：3，并尽量采用长边，以减小测角误差对导线横向误差的影响。

导线的水平角一般采用方向观测法。当水平角只有两个方向时，可按奇数和偶数测回分别观测导线的左角和右角，这样可以检查出测角仪器的带动误差，数据处理时可以较大程度地消除此项误差的影响。

导线的内业计算一般采用严密平差法，对于四、五等导线也可采用近似平差计算。

隧道洞外导线应组成闭合环，一个控制网中导线环的个数应不少于 4 个；每个环的边数为 4～6 条，应尽可能将两端洞口控制点纳入导线网中，见图 5-16。

图 5-16　精密导线法示意图

（3）三角网法。

三角测量建立隧道洞外平面控制时，一般是布设成单三角锁的形式。

对于直线隧道，一排三角点应尽量沿线路中线布设。条件许可时，可将线路中线作为三角锁的一条基本边，布设为直伸三角锁，以减小边长误差对横向贯通的影响。

对于曲线隧道，应尽量沿着两洞口的连线方向布设，以减弱边长误差对横向贯通的影响，见图 5-17。

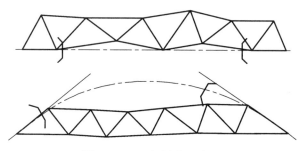

图 5-17　三角网法示意图

2. 洞外高程控制测量

洞外高程控制测量的任务，是按照测量设计中规定的精度要求，以洞口附近一个线路定测点的高程为起算高程，测量并传算到隧道另一端洞口与另一个定测高程点闭合。

闭合的高程差应设断高，或推算到路基段调整。这样既使整座隧道具有统一的高程系统，又使之与相邻线路正确衔接，从而保证隧道按规定精度在高程方面正确贯通，保证各建筑物在高程方面按规定限界修建。

隧道高程控制测量一般采用水准测量，对于四、五等高程控制测量也可采用光电测距三角高程测量。表5-6为洞外高程测量的等级划分。

表 5-6　洞外高程测量的等级划分

测量部位	测量等级	每千米水准测量偶然中误差 M_Δ/mm	两开挖洞口间高程路线长度/km	水准仪等级 / 测距仪等级	水准尺类型
洞外	二	≤ ±1.0	> 36	DS$_{0.5}$、DS$_1$	因瓦水准尺
	三	≤ ±3.0	13 ~ 36	DS$_1$	因瓦水准尺
				DS$_3$	区格式水准尺
	四	≤ ±5.0	5 ~ 13	DS$_3$/Ⅰ、Ⅱ	区格式水准尺
	五	≤ ±7.5	< 5	DS$_3$/Ⅰ、Ⅱ	区格式水准尺

5.4.4　进洞关系计算和进洞测量

控制测量确认了隧道两端线路中线控制桩与洞外平面控制点的相对位置关系。

根据洞外控制测量成果，计算由洞外控制点引测进洞测设数据，据此指导隧道的进洞及洞内开挖，称为进洞关系计算。

1. 进洞关系计算和进洞测量的主要任务

（1）确定隧道中线与平面控制网之间的关系。

（2）在洞内控制建立之前，指导中线进洞和洞内开挖。

2. 隧道进洞测设的主要方法——极坐标法

将隧道的中线控制桩纳入洞外平面控制网，控制测量完成后，即可求得它们的精确坐标。根据这些点的坐标和洞口（或洞内）中线点的坐标，反算出极坐标法的放样数据，进而现场测设，见图5-18。

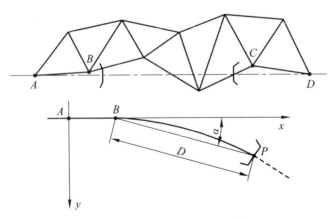

图 5-18　极坐标法进洞示意

5.4.5 隧道洞内控制测量

洞内控制测量起始于两端洞口处的洞外控制点，随着隧道的开挖而向前延伸。因此，洞内控制测量只能敷设成支线形式，其形状完全取决于隧道的形状，只能用重复观测的方法进行检核。

1. 洞内平面控制测量

洞内平面控制通常有两种形式，即中线形式和导线形式。中线形式就是以定测精度或稍高于定测精度，在洞内按中线测量的方法测设隧道中线。这种方法只适用于短隧道。洞内导线主要有以下几种形式：

（1）单导线（图 5-19）。

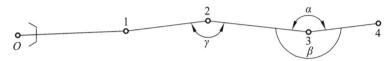

图 5-19 洞内单导线示意

（2）导线环（图 5-20）。

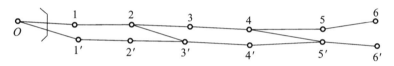

图 5-20 洞内导线环示意

（3）主副导线环（图 5-21）。

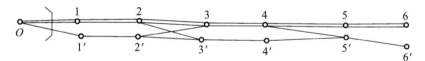

图 5-21 洞内主副导线环示意

（4）交叉导线（图 5-22）。

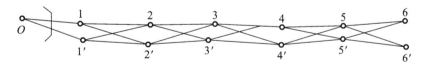

图 5-22 洞内交叉导线示意

（5）旁点导线（图 5-23）。

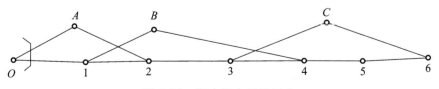

图 5-23 洞内旁点导线示意

2. 洞内导线布设应注意的问题

（1）导线点应尽量布设在施工干扰小、通视良好、地层稳固的地方。

（2）点间视线应离开洞内设施 0.2 m 以上。

（3）导线的边长在直线地段不宜短于 200 m，在曲线地段不宜短于 70 m，并尽量选择长边和接近等边。

（4）导线点应埋于坑道底板面以下 10~20 cm，上面盖铁板以保护桩面及标志中心不受损坏，为便于寻找，应在边墙上用红油漆予以标注。

（5）采用双照准法测角，测回间要重新对中仪器和觇标，以减小对中误差和对点误差的影响。

（6）由洞外引向洞内的测角工作，宜在夜晚或阴天进行，以减小折光差的影响。

（7）洞内导线应重复观测，定期检查。

（8）设立新点前必须检查与之相关的既有导线点，在对既有导线点确认的基础上测量新点。

（9）应构成多边形闭合导线或主副导线环。

（10）当有平行导坑时，应利用横向通道，使平行导坑的单导线与正洞的导线联测，以资检核。

3. 洞内高程控制测量

洞内高程控制测量的目的，是由洞口高程控制点向洞内传递高程，即测定洞内各高程控制点的高程，作为洞内施工高程放样的依据。

洞内应每隔 200~500 m 设立一对高程控制点。高程控制点可选在导线点上，也可根据情况埋设在隧道的顶板、底板或边墙上。高程导线宜构成闭合环。

三等及以上的高程控制测量应采用水准测量，四、五等可采用水准测量或光电测距三角高程测量。当采用水准测量时，应进行往返观测；采用光电测距三角高程测量时，应进行对向观测。

洞内高程控制测量采用水准测量时，除采用常规的方法外，有时为避免施工干扰还采用倒尺法传递高程。应用倒尺法传递高程时，若规定倒尺的读数为负值，则高差的计算与常规水准测量方法相同。

复习思考题

1. 隧道施工准备工作包括哪些内容？

2. 施工单位进场前，要做好哪些方面的调查工作？

3. 隧道施工前的设计文件校核应注意哪些方面的内容？

4. 编制施工作业指导书有哪些内容？

5. 隧道总体施工组织规划包括哪些内容？

6. 施工场地布置有何要求？应考虑哪些内容？

7. 简述隧道施工临时工程有哪些内容？临时工程的安全、环保要求有哪些？

8. 隧道施工控制测量有何要求？如何布设控制点？

9. 哪些因素影响贯通误差？贯通误差对隧道贯通有何影响？如何减少其影响？

10. 隧道洞内测量导线有哪几种形式？

第6章 山岭隧道施工

【知识目标】

1. 理解矿山法和新奥法的内容；
2. 掌握隧道进洞施工方法；
3. 全断面法、台阶法和分部开挖法的优缺点和适用条件；
4. 了解常用凿岩机具的性能；
5. 了解炸药的性能；
6. 掌握炮眼的种类和布置方法，熟悉钻爆设计内容和光面爆破参数的确定方法；
7. 掌握渣量的计算方法和装渣机械的选择；
8. 了解洞口卸渣的注意事项和卸渣方式；
9. 掌握隧道初期支护的种类和施工工艺；
10. 掌握隧道防排水工程的施工工艺流程；
11. 掌握变形缝的防水处理措施；
12. 掌握二次衬砌的施工过程。

【技能目标】

1. 能够根据地形、地质条件确定洞口施工方案和洞身开挖方法；
2. 能够选择隧道钻眼机具；
3. 能够进行隧道爆破设计，能够绘制炮眼布置图；
4. 能够计算渣量，能够确定装渣机械和卸渣方式；
5. 能够制定隧道初期支护和二次衬砌施工工艺；
6. 能够制定隧道防排水施工工艺。

早期山岭隧道的常规施工方法是矿山法，因最早应用于采矿坑道而得名，因通常采用钻眼爆破进行开挖，故又称为钻爆法。开挖后的支护方法，大致可以分为钢木构件支撑和锚杆喷射混凝土支护两类。习惯上将采用钻爆开挖加钢木构件支撑的施工方法称为"传统的矿山法"，将采用钻爆开挖加锚喷支护的施工方法称之为"新奥法"。传统矿山法不符合岩石力学的基本原理，隧道工程中已较少使用，工程中多采用新奥法进行隧道施工。

新奥法全称奥地利隧道施工新方法（New Austrian Tunnelling Method，NATM），是奥地

利学者腊布希维兹首先提出的。但是，上述关于新奥法的描述是不准确的。新奥法虽然是在喷锚支护技术的基础上总结和发展起来的，但我们不能简单地认为钻爆开挖加锚喷支护就是新奥法。新奥法不单纯是一种施工方法，而是一种隧道设计与施工一体化方法。新奥法是以控制爆破为主要掘进手段，以锚杆和喷射混凝土为主要支护措施，通过现场监测信息反馈，动态修正设计参数和调整施工方法的一种隧道施工方法。新奥法采用控制爆破和锚喷支护等技术措施，是为了充分发挥围岩的自承能力，这是新奥法的核心内容。新奥法设计施工理论的基本原则是：少扰动，早喷锚，勤量测，紧封闭。

新奥法的施工流程如为：施工准备→确定开挖方法→开挖→初期支护，进行监控量测并进行反馈调整→防水层施工→二衬施工。本章以新奥法为基础，根据施工顺序学习山岭隧道的施工。

6.1　洞口与明洞施工

洞口是隧道进出的咽喉和施工中的主要通道，是整个隧道的薄弱环节。隧道洞口工程主要包括边、仰坡土石方，边、仰坡防护，端墙、翼墙等洞门坞工，洞口排水系统，洞口段洞身衬砌，等。

6.1.1　洞口施工

1. 洞口施工要求

（1）洞口开挖和进洞施工宜避开雨期、融雪期及严寒季节。

（2）边坡和仰坡以上可能滑塌的表土、灌木及山坡危石等应清除或加固。

（3）不良地质段应在进洞前按设计要求对地表及仰坡进行加固防护。

（4）洞口边坡及仰坡应自上而下开挖，不得掏底开挖或上下重叠开挖。洞口有邻近建（构）筑物时，应采取微震动控制爆破。当地质条件不良时应采取稳定边坡和仰坡的措施。

（5）应随时检查边坡和仰坡的变形状态，发现不稳定现象，及时采取措施，保证施工安全。

（6）洞口边、仰坡排水系统施工应在雨季之前完成。

（7）隧道排水应与洞外排水系统合理连接，不得侵蚀软化隧道和明洞基础，不得冲刷路基坡面及桥涵锥坡等设施。

（8）应对地表沉降和拱顶下沉进行监控量测，并适当增加量测频率。

（9）洞口永久性挡护工程应紧跟土石方开挖及早完成。地基承载力应满足设计要求。

2. 洞口边、仰坡开挖及防护

边、仰坡开挖及防护施工工艺流程如图 6-1 所示。

3. 洞口段施工

隧道进出口段（洞口段）暗挖施工可能给洞顶地表和仰坡造成不良影响。洞口段关键的工序就是进洞开挖。隧道进洞前应对边仰坡进行妥善防护或加固，做好排水系统。洞口段施工方法应考虑施工机具设备、工程地质、水文地质和地形条件、洞外相邻建筑、隧道自身构造特点等诸多因素。根据地层情况，洞口段可分为以下几种施工方法：

（1）洞口段为Ⅰ～Ⅲ级的良好围岩时，可采用全断面直接开挖进洞，初始10～20 m区段的开挖，爆破进尺应控制在2～3 m。拱部可施作局部锚杆支护，墙、拱采用素喷混凝土支护。洞口3～5 m区段可以挂网喷混凝土及设钢拱架予以加强。

（2）洞口段围岩为Ⅲ～Ⅳ级时，宜采用正台阶法进洞，爆破进尺控制在1.5～2.5 m，采用拱、墙系统锚杆和钢筋网喷射混凝土支护，必要时设钢拱架加强。

（3）洞口段围岩为Ⅳ～Ⅴ级时，宜采用上半断面长台阶法进洞施工。上半断面先进50 m左右后，拉中槽落底，在保证岩体稳定的条件下，再进行边墙扩大及底部开挖。上部开挖进尺一般控制在1.5 m以下，并严格控制爆破药量。施工支护采用超前锚杆与系统锚杆相结合，挂网喷射混凝土的方式。拱部安设间距为0.5～1.0 m的钢拱架支护，及早施作混凝土衬砌，确保稳定和安全。

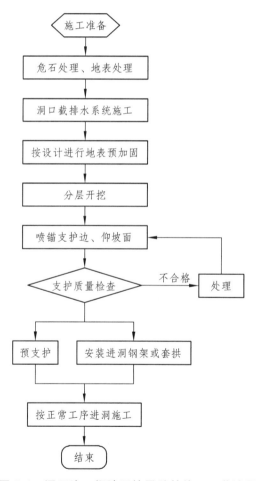

图6-1　洞口边、仰坡开挖及防护施工工艺流程

（4）洞口段围岩为Ⅴ级以下，地层条件差时，可采用分部开挖法和其他特殊方法进洞施工。具体方法有：预留核心土环形开挖法；插板法或管棚法；侧壁导坑法；下导坑先进再上挑扩大，由里向外施工法；预切槽法；等。开挖进尺控制在1 m以下，宜采用人工开挖，必

115

要时才采用弱爆破。开挖前应对围岩进行预加固，如采用超前预注浆锚杆或采用管棚注浆法加固岩层后，用钢架紧贴洞口开挖面进行支护，再进行开挖作业。在洞身开挖中，支撑应紧跟开挖工序，随挖随支。施工支护采用网喷混凝土，系统锚杆支护；架立钢拱架间距为 0.5 m，必要时可在开挖底面施作临时仰拱。开挖完毕后及早施作混凝土内层衬砌。当衬砌采用先拱后墙法施工时，下部断面开挖应符合下列要求：① 拱圈混凝土达到设计强度的 70%之后方可进行下部断面的开挖；② 可采用扩大拱脚，打设拱脚锚杆，加强纵向连接等措施加固拱脚；③ 下部边墙部位开挖后，应及早、及时做好支护，确保上部混凝土拱的稳定。

施工前，在工艺设计中，应对施工的各工序进行必要的力学分析。施工过程中应建立健全量测体系，收集量测数据及时分析，用以指导施工。

6.1.2 明洞施工

1. 明洞施工方法

明洞施工方法的选择，应根据地形、地质条件、结构形式等因素确定。独立式明洞可采用明挖法或盖挖法施工；接长式明洞可采用开挖与衬砌的施工顺序，分为全部明挖先墙后拱法、上部明挖先拱后墙法及部分明挖墙拱交错法三种。

（1）先墙后拱法。

明洞先墙后拱法如图 6-2 所示，这种方法适用于埋深较浅，且按临时边坡开挖能暂时稳定的对称式明洞，全部明挖。根据地质条件及开挖深度，选择临时边坡坡率，从上往下分台阶开挖，直至路基设计高程。如果地质条件较好，可开挖为分台阶直立坡；如果地质条件较差，则应将直立坡改为斜坡[图 6-2（b）中虚线]。先墙后拱法衬砌整体性好，施工空间大，有利于施工，但土方开挖量大。

（2）先拱后墙法。

当路堑边坡较高、明洞埋置较深，或明洞位于松软地层中，全部明挖到底可能引起边坡坍塌时，应采用先拱后墙法施工，如图 6-3 所示。其施工步骤为：开挖拱部以上土石至拱脚，灌注拱圈，做外贴式防水层，进行初步回填，然后暗挖拱脚以下土石，灌注边墙，故先拱后墙法又称明拱暗墙法。因边墙暗挖，在选择挖马口方式时要慎重，以防止掉拱。先拱后墙法土石方开挖量较小，刷坡较低，但衬砌整体性较差，施工空间窄小，防水层施作不方便。

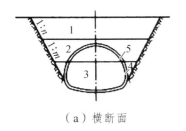

（a）横断面

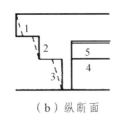

（b）纵断面

图 6-2 明洞先墙后拱法

1—台阶 1 开挖；2—台阶 2 开挖；3—台阶 3 开挖；
4—灌注边墙；5—灌注拱部

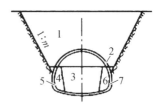

图 6-3 明洞先拱后墙法

1—上台阶开挖；2—灌注拱部；3—下台阶中央开挖；
4—左侧马口开挖；5—灌注左侧边墙；
6—右侧马口开挖；7—灌注右侧边墙

（3）部分明挖拱墙交错法。

此法较多地用于半路堑式明洞，或由于外侧地层松软，先做拱圈可能发生较大沉陷，先墙后拱亦有困难时。

① 先做外侧边墙法。

先做外侧边墙法的施工工序如图 6-4 所示。

挖外侧墙基坑 I，然后将外侧墙 II 砌筑至设计高程。

开挖内侧起拱线以上部分 3，挖除后立即架立拱架灌注拱圈 IV，如有耳墙时，同时做好耳墙。

在拱内落底 5，应随落随加支护，以保持内侧边坡的稳定。

开挖内边墙马口，逐段施作内边墙 VI，然后进行拱顶回填，并做防水层。

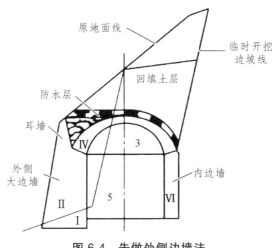

图 6-4　先做外侧边墙法

② 挖开灌注边墙法。

采用先拱后墙法施工的路堑式明洞，如开挖后发现地层松软，难于承受拱圈压力时，或先墙后拱法，路堑边坡明挖过深可能引起边坡坍塌等不安全情况时，均可采用挖开法或拉槽法灌注边墙。可在起拱线以上部分开挖后，采用跳槽挖井法先灌注两侧部分边墙，再施作拱圈，最后施作其余边墙。

2. 明洞施工要求

明洞段大多地质较差、地形陡峻、受力复杂，施工时应特别注意安全和结构稳定，符合下列要求：

（1）开挖前要做好全部临时排水系统，适当选用施工方法，要按设计正确测定中线和高程，放好边桩和内、外墙的位置。石质地段的开挖，应有防止爆破危害边坡及仰坡稳定的措施；地质较差、边坡较高地段的开挖，除应设检查防护人员外，还应有必要的防护设施；必要时，需随挖随支撑。

（2）认真处理基础。明洞边墙基础承载力必须保证达到设计要求；有地下水流时，及时予以引排；地基松软时，要相应采取措施，如夯填厚度不小于 10 cm 的碎石层或采用扩大基础；岩石地基则应埋置于表面风化层以下 0.25 m。

（3）明洞衬砌其拱圈要按断面要求，制作定型挡头板、外模和骨架，并防止走模；采用跳槽挖井法灌注拱圈时，应保证拱脚稳定；先做一侧边墙随即灌注拱圈时，应防止另一侧拱脚沉落；采用先拱后墙法施工的拱圈，在起拱线以上 1 m 范围内应紧贴岩壁灌注，并同时做好纵向或竖向排水设施。

（4）明洞衬砌完成后，应及时进行回填，明洞的回填土石主要是起缓和边、仰坡上的落石、坍塌和支挡边坡稳定的作用，应按设计厚度和坡度进行施工。

（5）当墙背垂直开挖，超挖数量较小时，应采取与边墙相同的材料同时灌注；超挖数量较大时，应用浆砌片石回填。由墙底起坡开挖或在已成路堑增建明洞时，必须按设计要求办理，不得任意抛填土石。墙后有排水设施时，应与回填同时施工，并保证渗水能顺畅排出。

（6）拱圈灌注完成，在外模拆除后应立即施作防水层，随即回填拱背。拱圈混凝土达到设计强度的 70%且拱顶回填高度达到 0.7 m 时，方可拆除拱架。拱背回填必须对称分层夯实，每层厚度不宜大于 0.3 m，两侧回填的土面高差不得大于 0.5 m；回填至拱顶后亦满铺分层填筑。回填土石与边坡接触处，要挖成台阶，并用粗糙透水材料填塞，防止回填土石沿边坡滑动。

3．明洞与隧道的衔接

明洞与隧道衔接的施工方法，有先做明洞后进隧道和先进隧道后做明洞两种。在明洞长度不大和洞口地层松软，开挖仰坡和边坡易引起塌方，或在已塌方的地段，一般是先做明洞后进隧道。在地层较为稳定或工期较紧的长隧道设有较长明洞，或是洞口路堑开挖后可能发生坍塌时，则可采用先进隧道后做明洞的施工方法。不论是先隧后明，还是先明后隧，隧道部分的拱圈都应由内向外和明洞拱圈衔接。必须保证仰坡的稳定和内外拱圈衔接良好。

6.2　隧道洞身开挖

隧道开挖方法是指隧道开挖成型方法，隧道掘进方式是指岩体的破碎挖除方式。隧道围岩稳定性主要取决于围岩本身，但开挖方法与掘进方式对围岩的稳定状态有着直接而重要的影响。因此，隧道开挖应遵循这样的原则：在保证围岩稳定或减少对围岩的扰动的前提条件下，选择恰当的开挖方法和掘进方式，尽量提高掘进速度。

6.2.1　隧道开挖方法

按开挖隧道的横断面分部情况，开挖方法可以分为全断面法、台阶法、分部开挖法。

6.2.1.1 全断面法

全断面法全称为"全断面一次开挖法"，即按隧道设计断面轮廓一次开挖成型的方法，如图 6-5 所示。

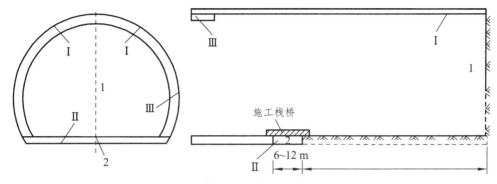

图 6-5　全断面施工工序示意

1—开挖；2—检底；Ⅰ—初期支护；Ⅱ—铺底混凝土；Ⅲ—模筑混凝土衬砌

1. 适用范围、条件及优缺点

全断面法主要适用Ⅰ～Ⅱ级围岩，也可用在小断面的Ⅲ级围岩中，浅埋段、偏压段和洞口段不宜采用。但在采用超前支护，特别是掌子面锚杆等辅助工法的条件下，全断面法也可以在围岩级别低的隧道中应用。

该法必须具备大型施工机械，隧道长度或施工区段长度不宜太短，一般不应小于 1 km，否则采用大型机械化施工的经济性差。

全断面法具有较大的作业空间，有利于采用大型配套机械化作业，钻爆施工效率较高，可采用深眼爆破，提高施工掘进速度，且工序少、便于施工组织和管理，较分部开挖法减少了对围岩的扰动次数。但由于开挖面积较大，围岩相对稳定性降低，且每循环工作量相对较大，深孔爆破用药量大，引起振动大，因此要求精心进行钻爆设计和严格控制爆破作业。

2. 全断面法施工工艺流程（图 6-6）

3. 全断面法施工要点

（1）加强对开挖面前方工程地质和水文地质的调查。对不良地质情况，要及时预测、预报和分析研究，随时准备好应急措施，以确保施工安全和工程进度。

（2）各工序机械设备要配套。如钻孔、装渣、运输、支护、衬砌等主要机械和相应的辅助机具，在尺寸、性能和生产能力上要相互配合，工作方面要环环紧扣，不致彼此互受牵制而影响掘进，以充分发挥机械设备的使用效率和工序之间的协调作用。

（3）加强各种辅助施工方法的设计和施工检查。尤其是软弱破碎围岩，应对支护后围岩进行动态量测与监控，辅助作业的管理要求保持技术上的良好状态。

（4）重视和加强对施工操作人员的技术培训，使其能熟练掌握各种机械和推广新技术，不断提高工效，改进施工管理，加快施工速度。

（5）在选择支护类型时，应优先考虑锚杆和喷混凝土、挂网、拱架等支护形式。

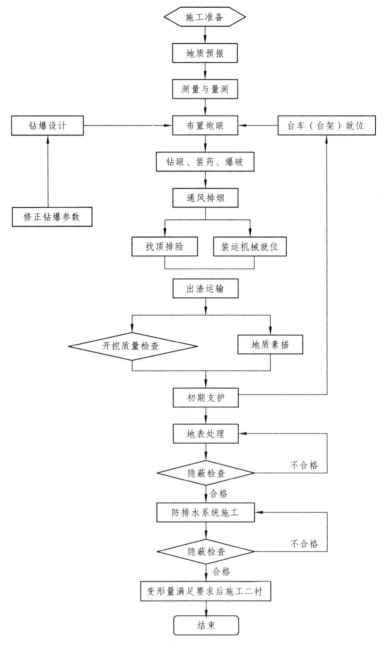

图 6-6 全断面法工艺流程

6.2.1.2 台阶法

台阶法是适用性最广的施工方法，其变化方案多，围岩适应性好，被称为全地质型施工方法。根据不同的围岩条件，台阶法可分上、下两部或上、中、下三部开挖。根据台阶的长短，台阶法又包括为长台阶法、短台阶法和超短台阶法三种方法，如图 6-7 所示。

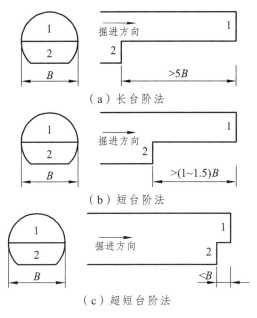

（a）长台阶法

（b）短台阶法

（c）超短台阶法

图 6-7　台阶法

随着台阶长度的调整，台阶法几乎可以用于所有的地层。台阶法表现为对地质变化的适应性较强，工序转换较容易，并能较早地使初期支护闭合，有利于控制沉降。

至于施工中究竟应采用何种台阶法，要根据以下两个条件来决定：

（1）初次支护形成闭合断面的时间要求，围岩越差，闭合时间要求越短。

（2）上断面施工所用的开挖、支护、出渣等机械设备施工场地大小的要求。

在软弱围岩中应以前一条件为主，兼顾后者，确保施工安全。在围岩条件较好时，主要考虑如何更好地发挥机械效率，保证施工的经济性，故只要考虑后一条件。

1. 长台阶法

如图 6-7（a）所示，长台阶法上、下开挖断面相距较远，一般上台阶超前 50 m 以上或大于 5 倍洞宽。施工时，上、下部可配备同类机械进行平行作业。当机械不足时也可用一套机械设备交替作业，即在上半断面开挖一个进尺，然后再在下半断面开挖一个进尺。当隧道长度较短时，亦可先将上半断面全部挖通后，再进行下半断面施工，习惯上又称为"半断面法"。

（1）作业顺序。

① 上半断面开挖：

用两臂钻孔台车钻眼、装药爆破，地层较软时亦可用挖掘机开挖。

安设锚杆和钢筋网，必要时加设钢支撑、喷混凝土。

推铲机将石渣推运到台阶下，再由装载机装入车内运至洞外。

根据支护结构形成闭合断面的时间要求，必要时在开挖上半断面后，可建筑临时底拱，形成上半断面的临时闭合结构，然后在开挖下半断面时再将临时底拱挖掉。但从经济性来看，最好不这样做，而应改用短台阶法。

② 下半断面开挖：

用两臂钻孔台车钻眼、装药爆破，装渣直接运至洞外。

安设边墙锚杆（必要时）和喷混凝土。

用反铲挖掘机开挖水沟，喷底部混凝土。

（2）优缺点及适用条件。

长台阶法有足够的工作空间和相当的施工速度，上部开挖支护后，下部作业就较为安全，但上下部作业有一定的干扰。相对于全断面法来说，长台阶法一次开挖的断面和高度都比较小，只需配备中型钻孔台车即可施工，而且，对维持开挖面的稳定也十分有利。所以，它的适用范围较全断面法广泛，凡是在全断面法中开挖面不能自稳，但围岩坚硬不要用底拱封闭断面的情况，都可采用长台阶法。

2. 短台阶法

短台阶法如图 6-7（b）所示，这种方法也是分成上下两个断面开挖，两个断面相距较近，一般上台阶长度小于 5 倍但大于 1~1.5 倍洞宽，或 5~50 m，上下断面基本上可以采用平行作业。短台阶法能缩短支护结构闭合的时间，改善初期支护的受力条件，当遇到软弱围岩时需慎重考虑，必要时应采用辅助施工措施稳定开挖工作面，以保证施工安全。短台阶法的作业顺序和长台阶法相同。

由于短台阶法可缩短支护结构闭合的时间，改善初次支护的受力条件，有利于控制隧道收敛速度和量值，所以适用范围很广，尤其适用于 Ⅳ、Ⅴ 级围岩，是新奥法施工中经常采用的方法。

其缺点是上台阶出渣时对下半断面施工的干扰较大，不能全部平行作业。为解决这种干扰可采用长皮带机运输上台阶的石渣；或设置由上半断面过渡到下半断面的坡道，将上台阶的石渣直接装车运出。过渡坡道的位置可设在中间，也可交替地设在两侧。过渡坡道法通常用于断面较大的双线隧道中。

3. 超短台阶法

超短台阶法如图 6-7（c）所示，这是一种适于在软弱地层中开挖的施工方法，一般在膨胀性围岩及土质地层中采用。为了尽快形成初期闭合支护以稳定围岩，上下台阶之间的距离进一步缩短，上台阶仅超前 3~5 m，由于上台阶的工作场地小，只能将石渣堆到下台阶再运出，对下台阶会形成严重的干扰，故只能采用交替作业，因而施工进度会受到很大的影响。

（1）作业顺序。

① 用一台停在台阶下的长臂挖掘机或单臂挖掘机开挖上半断面至一个进尺。

② 安设拱部锚杆、钢筋网或钢支撑，喷拱部混凝土。

③ 用同一台机械开挖下半断面至一个进尺。安设边墙锚杆、钢筋网或接长钢支撑、喷边墙混凝土（必要时加喷拱部混凝土）。

④ 开挖水沟，安设底部钢支撑，喷底部仰拱混凝土，灌注内层衬砌。

若无大型机械也可采用小型机具交替地在上下部进行开挖，由于上半断面施工作业场地狭小，所以常需配置移动式施工台架，以解决上半断面施工机具的布置问题。

（2）优缺点及适用条件。

采用超短台阶法初次支护全断面闭合时间更短，更有利于控制围岩变形，尤其是上部开挖支护后，下部作业较为安全，在城市隧道施工中，能更有效地控制地表沉陷。所以，超短台阶法适用于膨胀性围岩和土质围岩，要求及早闭合断面的场合，当然，也适用于机械化程度不高的各类围岩地段。

其缺点是上下断面相距较近，机械设备集中，作业时相互干扰较大，生产效率较低，施工速度较慢。在软弱围岩中施工时，应特别注意开挖工作面的稳定性，必要时可对围岩进行预加固或预支护，如设置临时仰拱、向围岩中注浆或打入超前水平小导管等。

6.2.1.3 分部开挖法

分部开挖法是将隧道断面分部开挖逐步成型，且一般将某部超前开挖，故也可称为导坑超前开挖法。分部开挖法可分为三种变化方案：台阶分部开挖法、单侧壁导坑法、双侧壁导坑法。

1. 弧形导坑预留核心土法

弧形导坑预留核心土法适用于一般土质或易坍塌的软弱围岩地段。上部留核心土可以支挡开挖工作面，增强开挖工作面的稳定，核心土及下部开挖在拱部初期支护下进行，施工安全性较好。一般环形开挖进尺为 0.5～1.0 m，不宜过长，上下台阶可用单臂掘进机开挖。

（1）施工工序（图 6-8）。

（2）优缺点及适用条件。

在台阶分部开挖法中，因为上部留有核心土支挡着开挖面，而且能迅速及时地建造拱部初次支护，所以开挖工作面稳定性好。和台阶法一样，核心土和下部开挖都是在拱部初次支护保护下进行的，施工安全性好。这种方法适用于一般土质或易坍塌的软弱围岩中。

与超短台阶法相比，此方法台阶长度可以加长，减少上下台阶施工干扰；而与下述的侧壁导坑法相比，此法施工机械化程度较高，施工速度可加快。虽然核心土增强了开挖面的稳定，但开挖中围岩要经受多次扰动，而且断面分块多，支护结构形成全断面封闭的时间长，这些都有可能使围岩变形增大。因此，它常要结合辅助施工措施对开挖工作面及其前方岩体进行预支护或预加固。

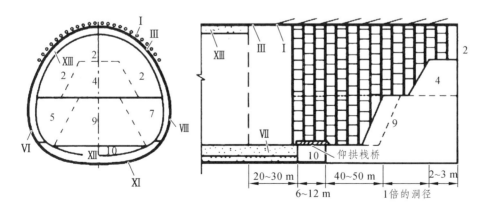

图 6-8　弧形导坑预留核心土法工序

1—超前支护；2—上部弧形导坑开挖；Ⅲ—上部初期支护；4—上部核心土；5，7—两侧开挖；
Ⅵ，Ⅶ—两侧初期支护；9—下部核心土开挖；10—仰拱开挖；Ⅺ—仰拱初期支护；
Ⅻ—仰拱及填充混凝土；ⅩⅢ—拱墙二次衬砌

2. 三台阶七步开挖法

三台阶七步开挖法是以弧形导坑预留核心土法为基本模式，分为上、中、下三台阶七个开挖面，各部位的开挖与支护沿隧道纵向错开、平行推进的施工方法。

（1）施工工序（图 6-9）。

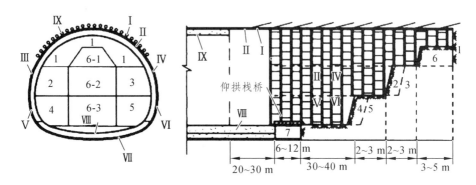

图 6-9　三台阶七步开挖工序

I—超前支护；1—上部弧形导坑开挖；II—上部初期支护；2，3—中部两侧开挖；
III，IV—中部两侧初期支护；4，5—下部两侧开挖；V，VI—下部两侧初期支护；
6-1，6-2，6-3—上、中、下部核心土开挖；7—仰拱开挖；VII—仰拱初期支护；
VIII—仰拱及填充混凝土；IX—拱墙二次衬砌

（2）施工要点。

① 以机械开挖为主，必要时辅以弱爆破，各分部平行开挖，平行施作初期支护，各分部初期支护衔接紧密，及时封闭成环。

② 仰拱紧跟下台阶，及时闭合构成稳固的支护体系。

③ 施工过程通过监控量测，掌握围岩和支护的变形情况，及时调整支护参数和预留变形量，保证施工安全。

④ 完善洞内临时防排水系统，防止地下水浸泡拱墙脚基础。

（3）优缺点及适用条件。

三台阶七步开挖法的优点是：施工空间大，方便机械化施工，可以多作业面平行作业，部分软岩或土质地段可以采用挖掘机直接开挖，工效较高；地质条件发生变化时，便于灵活、及时地转换施工工序，调整施工方法；适应不同跨度和多种断面形式，初期支护工序操作便捷；在台阶法开挖的基础上，预留核心土，左右错开开挖，利于开挖工作面稳定；当围岩变形较大或突变时，在保证安全和满足净空要求的前提下，可尽快调整闭合时间。

三台阶七步开挖法适用于具备一定自稳条件的单线隧道IV、V级围岩地段和双线隧III、IV地段，对于稳定性好的围岩也可不留核心土。

3. 双侧壁导坑法

双侧壁导坑法又称眼镜工法，采用先开挖隧道两侧导坑，及时施作导坑四周初期支护，必要时施作边墙衬砌，然后再根据地质条件、断面大小，对剩余部分采用二台阶或三台阶开挖的方法，其实质是将大跨度的隧道变为三个小跨度的隧道进行开挖。

（1）施工工序（图 6-10）。

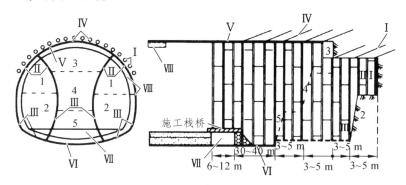

图 6-10　双侧壁导坑开挖工序

Ⅰ—两侧超前小导管支护；1—两侧上部开挖；Ⅱ—两侧上部初期支护；2—两侧下部开挖；
Ⅲ—两侧下部初期支护；Ⅳ—拱部超前小导管；3—中壁上部开挖；Ⅴ—中部上部初期支护；
4—中壁中部开挖；5—中壁下部两侧开挖；Ⅵ—仰拱初期支护；
Ⅶ—仰拱混凝土施工；Ⅷ—拱墙混凝土

（2）施工要点。

① 围岩开挖应尽量采用挖掘机和人工配合无爆破施工，局部需爆破施工时，宜采用弱爆破施工，以尽量减少对地层的扰动。

② 开挖应严格按规范做好监控量测工作，随时掌握围岩及支护的变形情况，以便及时修正支护参数，改变施工方法；同时，应有较准确的超前地质预报。

③ 开挖时的排水工作要认真做好，在保证排水畅通的同时，重点要对两侧临时排水沟铺砌抹面，防止钢支撑基底软化。

④ 侧壁导坑开挖后，应及时施工初期支护并尽早形成封闭环；侧壁导坑形状应近于椭圆形断面，导坑跨度宜为整个隧道跨度的 1/3；左右导坑施工时，前后拉开距离不宜小于 15 m；导坑与中间土体同时施工时，导坑应超前 30 ~ 50 m。

（3）优缺点及适用条件。

双侧壁导坑法开挖断面分块多、扰动大，初次支护全断面闭合的时间长，施工进度较慢，成本较高，但施工安全，每个分块都是在开挖后立即各自闭合的，所以在施工中变形几乎不发展，尤其在控制地表下沉方面，优于其他施工方法。现场实测表明，双侧壁导坑法所引起的地表沉陷仅为短台阶法的 1/2。

此外，两侧导坑先行能提前排放隧道拱部和中部土体中的部分地下水，为后续施工创造条件。因此，城市浅埋、软弱、大跨隧道和山岭软弱破碎、地下水发育的大跨隧道可优先选用双侧壁导坑法。

在 Ⅴ ~ Ⅵ 级围岩的浅埋、偏压及洞口段，也可采用此法施工。

4. 中隔壁法（CD 法）

CD 法是将隧道分成左右两部分进行开挖，先在隧道一侧采用二部或三部分层开挖，施作初期支护和中隔墙临时支护，再分台阶开挖隧道另一侧，并进行相应的初期支护的施工方法。中隔壁法两台阶之间的距离可采用超短台阶法确定。

（1）CD 法施工工序（图 6-11）。

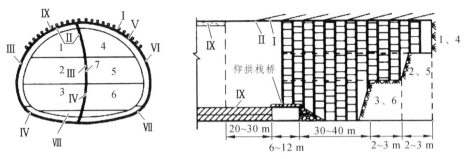

图 6-11　CD 法开挖工序

Ⅰ—超前支护；1—左侧上部开挖；Ⅱ—左侧上部初期支护；2—左侧中部开挖；Ⅲ—左侧中部初期支护；
3—左侧下部开挖；Ⅳ—左侧下部初期支护；4—右侧上部开挖；Ⅴ—右侧上部初期支护成环；
5—右侧中部开挖；Ⅵ—右侧中部初期支护成环；6—右侧下部开挖；Ⅶ—右侧下部初期支护成环；
7—拆除隔墙；Ⅷ—仰拱及填充混凝土；Ⅸ—拱墙二次衬砌

（2）施工要点。

① 上部导坑的开挖循环进尺控制为 1 榀钢架间距（0.75～0.8 m），下部导坑的开挖进尺可依据地质情况适当加大。

② 中隔壁法或交叉中隔壁法施工时，初期支护完成后方可进行下一分部开挖，地质较差时，每个台阶底部均应按设计要求设临时钢架或临时仰拱；各部开挖时，周边轮廓应尽量圆顺；应在先开挖侧喷混凝土强度达到设计要求后再进行另一侧开挖；左右两侧导坑开挖工作面的纵向间距不宜小于 15 m；当开挖形成全断面时，应及时完成全断面初期支护闭合。

③ 导坑开挖孔径及台阶高度可根据施工机具、人员等安排进行适当调整。应配备适合导坑开挖的小型机械设备，提高导坑开挖效率。

④ 中隔壁的拆除应滞后于仰拱，并应于围岩变形稳定后才能进行，一次拆除长度应根据量测数据慎重确定，拆除后应立即施作二次衬砌。

（3）特点及适用条件。

中隔壁法变大跨为小跨，使断面受力更合理，对减少沉降，保证隧道开挖安全、可靠具有良好效果。该法适用于较差地层，如采用人工或人工配合机械开挖的Ⅳ-Ⅴ级围岩的浅埋双线隧道和浅埋、偏压及洞口段。施工过程中，为保证初次支护稳定，除锚喷支护外，须增加型钢或钢格栅支撑，并采用超前大管棚、超前锚杆、超前注浆小导管、超前预注浆等一种或多种辅助措施进行超前加固。

中隔壁法一般用于Ⅳ～Ⅴ级围岩的隧道，也可用于浅埋地段隧道。

5. 交叉中隔壁法（CRD 法）

CRD 法是在软弱围岩大跨度隧道中，先分部开挖隧道一侧，施作部分中隔壁和横隔板，并封闭成环，再分部开挖隧道另一侧，完成横隔板施工，最终隧道整个断面封闭成环的施工方法。

CRD 法的特点是各分部增设临时仰拱和两侧交叉开挖，每步封闭成环，且封闭时间短，以抑制围岩变形，达到围岩沉降可控，初期支护安全稳定的目的。该法除锚喷支护及增设足够强度和刚度的型钢或钢格栅支撑外，还应采用多种辅助措施进行超前加固。

（1）CRD法施工工序（图6-12）。

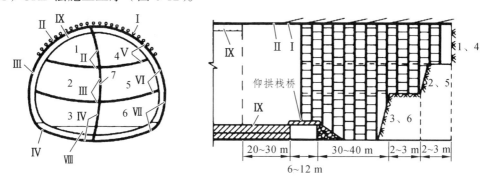

图 6-12　CRD 法开挖工序

Ⅰ—超前支护；1—左侧上部开挖；Ⅱ—左侧上部初期支护；2—左侧导坑中部开挖；
Ⅲ—左侧中部初期支护；3—左侧下部开挖；Ⅳ—左侧下部初期支护；4—右侧上部开挖；
Ⅴ—右侧上部初期支护成环；5—右侧中部开挖；Ⅵ—右侧中部初期支护成环；
6—右侧下部开挖；Ⅶ—右侧下部初期支护成环；7—拆除中隔墙及临时仰拱；
Ⅷ—仰拱及填充混凝土；Ⅸ—拱墙二次衬砌

（2）施工要点。

① 根据地质条件，隧道断面的分部，应以初期支护受力均匀，便于发挥人力、机械效率为原则，一般水平方向分两部、上下分二至三层开挖。

② 先行施工部位的临时支撑（中隔壁、临时仰拱），均应有向外（下）鼓的弧度。

③ 各部分开挖及支护应自上而下，开挖后及时施作初期支护、中隔壁、设置临时仰拱，步步成环。

④ 缩短各部开挖面的间距，使初期支护尽早封闭成环。

（3）特点及适用条件。

当采用中隔壁法（CD 法）仍然无法保持围岩稳定和隧道施工安全时，可采用交叉中隔壁法（CRD 法）开挖。交叉中隔壁法（CRD 法）适用于断层破碎带、碎石土、卵石土、圆砾土、湿陷性黄土、全风化的花岗岩地层的 Ⅴ~Ⅵ 级围岩及较差围岩的浅埋、偏压及洞口段等。

总之，对于硬岩隧道宜采用全断面法与台阶法，分部开挖法适用于软岩隧道。采用台阶法施工时，不宜采用长台阶，因其不利于初期支护及早封闭成环。在采用分部开挖法的硬岩隧道中爆破作业将会严重破坏已成形的中隔壁，应采取一定的保护措施。

6.2.2　隧道掘进施工

隧道常用的掘进方式有钻眼爆破掘进、单臂掘进机掘进、人工掘进三种。

在软质岩石及土质隧道中，为减少对围岩的扰动，避免爆破震动对围岩的破坏，可以采用单臂掘进机掘进。单臂掘进机的适应能力较强，可以挖掘任意形状和大小的隧道。挖斗式挖掘机或铲斗式装渣机用于隧道掘进时，可以将挖掘和装渣同机完成，但破岩能力有限，一般只适用于硬土以下的土质隧道中，且须配以人工修凿周边。不能采用爆破掘进的软弱破碎围岩和土质隧道中，若工程量不大，工期要求不紧，又无机械或不宜采用机械掘进时，则可以采用人工掘进。人工掘进是采用轻型风镐，甚至十字镐等简易工具挖掘，并采用铁锹、斗箕等装渣。人工掘进时，工人劳动强度大，掘进速度较慢。施工中应做好安全防护措施，并安排专人负责工作面的安全观察。机械或人工掘进均应注意掌握好掘进速度，及时支护，不使围岩暴露时间过长。若开挖面不能自稳，应同时采取相应措施。

一般山岭隧道最常用的是钻眼爆破掘进，有关爆破器材的知识可查阅相关资料，本小节主要讲述隧道爆破设计与施工。

6.2.2.1　凿岩

目前，隧道工程中较常使用的钻眼机具有风动凿岩机、液压凿岩机、凿岩台车。

1. 风动凿岩机

风动凿岩机俗称风钻，以压缩空气为驱动力。它具有结构简单、制造维修简单、操作方便、使用安全等优点，但压缩空气的供应设备比较复杂、机械效率低、能耗大、噪声大、凿岩速度比液压凿岩机低，如图 6-13 所示。

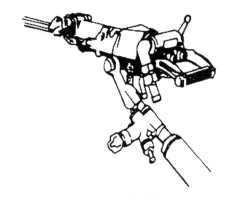

图 6-13　风动凿岩机

2. 液压凿岩机

液压凿岩机是以电力带动高压油泵，通过改变油路，使活塞往复运动，实现冲击作用。液压凿岩机比风动凿岩机动力消耗少，能量利用率高，凿岩速度快，但构造复杂，造价较高。

3. 凿岩台车

将多台液压凿岩机安装在一个专门的移动设备上，实现多机同时作业，称为凿岩台车。凿岩台车按其走行方式可分为轨道走行、轮胎走行及履带走行式，按其结构形式可分为实腹式和门架式两种。工程中应用较多的为实腹结构轮胎走行的全液压凿岩台车及多功能台架（图 6-14）。

4. 钻头和钻杆

钻头直接连接在钻杆前端（整体式）或套装在钻杆前端（组合式），钻杆尾则套装在凿岩机的机头上，钻头前端则镶入硬质高强耐磨合金钢凿刃。

图 6-14 液压凿岩台车和隧道多功能台架

凿刃按形状可分为片状连续刃和柱齿刃（不连续）两类。片状连续刃又有一字形、十字形等几种布置形式；柱齿刃又有球齿、锥形齿、楔形齿等形状之分。一字形片状连续刃钻头的制造和修磨简单，对岩性的适应能力较强，适用于功率较小的风动凿岩机，在中硬以下岩石中钻眼，但钻眼速度较慢，且在节理裂隙发育的岩石中容易卡钻。十字形片状连续刃钻头和柱齿刃钻头的制造和修磨较复杂，适用于功率较大和冲击频率较高的重型风动或液压凿岩机在各种岩石中钻眼，尤其在高硬度岩石中或节理裂隙发育的岩石中钻眼效果良好，速度也快。

常用钻头的钻孔直径有 38 mm、40 mm、42 mm、45 mm、48 mm 等，用于钻中空孔眼的钻头直径可达 102 mm，甚至更大。钻头和钻杆均有射水孔，压力水即通过此孔清洗岩粉。钻头构造形式如图 6-15 所示。

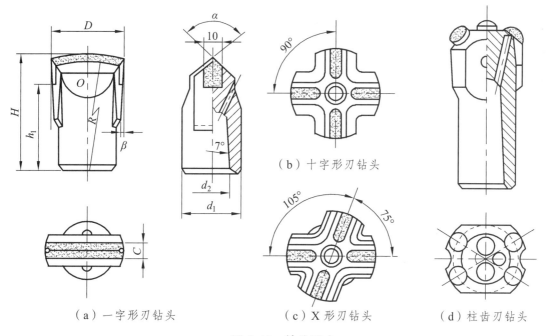

（a）一字形刃钻头　　　（b）十字形刃钻头　　　（c）X形刃钻头　　　（d）柱齿刃钻头

图 6-15 钻头形式

钻眼速度受冲击频率、冲击功、钻头形式、钻孔直径、钻孔深度及岩石质量等因素的影响。另外，钻头与钻杆、钻杆与机头的套装紧密程度和钻杆的质量、粗细则影响冲击功的传递。若套装不紧密、钻杆轴线与机头轴线重合不好或钻杆硬度小、钻杆较粗，都会损耗冲击功，从而降低钻眼速度。

6.2.2.2 炸 药

隧道爆破施工中使用最广的是硝铵类炸药。硝铵类炸药品种极多，主要有乳化炸药、水胶炸药等，对于瓦斯隧道还需采用煤矿许用炸药，见表6-1。

表 6-1 隧道工程中常用的几种炸药规格、性能及适用范围

炸药种类	适用范围	主要特性
乳化炸药	无瓦斯和无矿尘爆炸的坚硬岩石、有水孔	抗水性极好，爆炸威力大，爆破产生的有毒气体少；密度 1.05～1.35 g/mL；猛度 12～20 mm；殉爆距离 5～12 cm；爆速 3 100～5 800 m/s
水胶炸药	无瓦斯和无矿尘爆炸的坚硬岩石、有水孔	抗水性能强，爆炸威力大，但感度较浆状炸药高；密度 1.1～1.15 g/mL；猛度 12～20 mm；爆力 330～350 mL；殉爆距离 6～25 cm；爆速 3 500～4 600 m/s
浆状炸药	无瓦斯和无矿尘爆炸的坚硬岩石、有水孔	抗水性能强，密度大，爆炸威力大，但感度较低；密度 1.1～1.5 g/mL；猛度 15.2～20.1 mm；爆力 326～356 mL；殉爆距离 5 cm；爆速 3 300～3 800 m/s
铵油炸药	无瓦斯和无矿尘爆炸的坚硬岩石、有水孔	抗水性能好，不易结块，爆轰稳定，但保存期短；密度 0.8～1.0 g/mL；猛度 12～18 mm；爆力 250～300 mL；殉爆距离 5 cm；爆速 3 300～3 800 m/s
煤矿许用炸药	有瓦斯和矿尘爆炸危险的隧道	爆炸产生的爆热、爆温、爆压相对较低；有较好的起爆感度和传爆能力；排放的有毒气体含量符合国家标准；炸药成分中不含金属粉末；容许含水率不大于0.3%；密度 0.85～1.1 g/mL；猛度 8～12 mm；爆力 230～290 mL；浸水前殉爆距离 3～6 cm；浸水后殉爆距离 2～4 cm；爆速 3 262～3 675 m/s

注：各种炸药均为系列产品，因型号不同其性能指标有所差异。

6.2.2.3 起爆方法

设置传爆、起爆系统的目的是在装药（药包或药卷）以外的安全距离处发爆（点火、通电或激发枪）和传递，使安装在药包或药卷中的雷管起爆，并引发药包或药卷爆炸，从而爆破岩石。

1. 导火索与火雷管起爆

用导火索传递火焰给火雷管，并使火雷管在火焰作用下爆炸。雷管号数按其起爆能量的大小分为 10 个等级（号数），号数愈大，起爆能力愈强。隧道工程常用 8 号和 10 号雷管。目前，隧道施工中已基本上不再使用导火索+火雷管起爆系统，而使用非电起爆系统。

2. 电雷管起爆

电雷管是在火雷管中加设电发火装置而成的，它是用导电线传输电流使装在雷管中的电阻发热而引起雷管爆炸的。电雷管可分为即发电雷管和迟发电雷管。迟发电雷管按其延期时间差可分为秒迟发和毫秒迟发系列，延期时间长短均用段数来表示。国产迟发电雷管的名义

延期时间见表 6-2。

表 6-2　迟发雷管的名义延期时间

段别	第 1 毫秒系列/ms	第 2 毫秒系列/ms	第 3 毫秒系列/ms	第 4 毫秒系列/ms	1/4 秒系列/s	半秒系列/s	秒系列/s
1	0	0	0	0	0	0	0
2	25	25	25	1	0.25	0.50	1.00
3	50	50	50	2	0.50	1.00	2.00
4	75	75	75	3	0.75	1.50	3.00
5	110	100	100	4	1.00	2.00	4.00
6	150		125	5	1.25	2.50	5.00
7	200		150	6	1.50	3.00	6.00
8	250		175	7		3.50	7.00
9	310		200			4.00	8.00
10	380		225			4.50	9.00
11	460		250				10.00
12	550		275				
13	650		300				
14	760		325				
15	880		350				
16	1 020		375				
17	1 200		400				
18	1 400		425				
19	1 700		450				
20	2 000		475				
21			500				

3. 塑料导爆管起爆

塑料导爆管是在聚乙烯塑料管的内壁涂有一层高能炸药，管壁上的高能炸药在冲击波作用下可以沿着管道方向连续稳定爆轰，从而将爆轰传播到非电雷管使雷管起爆。弱爆轰在管内的传播速度为 1 600 ~ 2 000 m/s，但因其微弱，所以不致炸坏塑料导爆管。塑料导爆管抗电、抗火、抗冲击性能好,起爆、传爆性能稳定。

塑料导爆管不能直接起爆炸药，应与非电毫秒雷管配合使用。导爆管可用 8 号火雷管、导火索、击发枪、专用激发器发爆。其连接和分支可集束捆扎雷管继爆。

导爆管起爆系统包括 4 个组成部分：起爆元件、传爆元件、连接与分流元件和末端起爆元件。其爆破过程是：击发起爆雷管，从而使传爆元件中的导爆管起爆传爆，当导爆管传爆到连接元件中的传爆雷管时，雷管起爆，再引起周围的导爆管起爆和传爆，这样连续传爆下去，进而使所有的炮眼炸药起爆。其连接网络如图 6-16、图 6-17 所示。

4. 导爆索起爆

导爆索是以单质猛炸药黑索金或泰安作为索芯的传爆材料，主要分为普通导爆索和安全导爆索两种。

普通导爆索是目前生产和使用较多的一种，具有一定的防水性能和耐热性能，但在爆轰传播过程中火焰强烈，所以只能用于露天爆破和没有瓦斯的地下爆破。安全导爆索是在普通导爆索的药芯或外壳内加了适量的消焰剂，使爆轰过程中产生的火焰小、温度低，不会引爆瓦斯或矿尘，专供有瓦斯或矿尘爆炸危险的地下爆破作业使用。

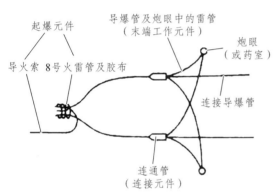

图 6-16　导爆管起爆网络之一

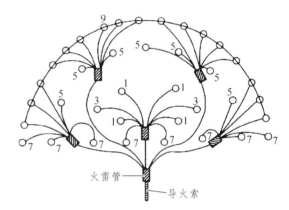

图 6-17　导爆管连接网络之二
（炮眼旁数字为毫秒雷管的段别）

5. 电子雷管起爆

电子雷管，又称数码雷管或数码智能雷管，即采用电子控制模块对起爆过程进行控制的电雷管。其中电子控制模块是指置于数码电子雷管内，具备雷管起爆延期时间控制、起爆能量控制功能，内置雷管身份信息码和起爆密码，能对自身功能、性能以及雷管点火元件的电性能进行测试，并能和起爆控制器及其他外部控制设备进行通信的专用电路模块。电子雷管的基本原理与传统延期药雷管相同，可以看作由传统瞬发雷管外挂电子电路构成。电子雷管能够实现高精度起爆时序控制，而且具有抗水、抗压、抗杂散电流等优点，但目前价格稍贵。

6.2.2.4　隧道爆破设计

隧道钻爆开挖前，应根据工程地质条件、开挖断面、开挖方法、掘进循环进尺、钻眼机具和爆破器材等做好钻爆设计，合理地确定炮眼布置、数目、深度和角度、装药量和装药结构、起爆方法、起爆顺序，安排好循环作业等，用以指导钻爆施工。

1. 炮眼布置

（1）炮眼的种类和作用。

隧道开挖爆破的炮眼，按所在位置、爆破作用、布置方式和有关参数可分为如下几种：

① 掏槽眼：针对隧道开挖爆破只有一个临空面的特点，为提高爆破效果，宜先在开挖断面的适当位置（一般在中央偏下部）布置几个装药量较多的炮眼，如图 6-18 中的 1~6 号炮眼。其作用是先在开挖面上炸出一个槽腔，为后续炮眼的爆破创造新的临空面。

② 辅助眼：位于掏槽眼与周边眼之间的炮眼称为辅助眼，如图 6-18 中的 7~19 号和 38~44 号炮眼。其作用是扩大掏槽眼炸出的槽腔，为周边眼爆破创造临空面。

③ 周边眼：沿隧道周边布置，如图 6-18 中 20~36、37、45~54 号炮眼（46~54 号眼又称底眼）。其作用是炸出较平整的隧道断面轮廓。

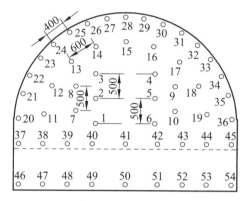

图 6-18　炮眼布置图（尺寸单位：mm）

（2）炮眼的布置原则和方法。

布置炮眼时，必须保证获得良好的爆破效果，并考虑钻眼效率。一般按照下列原则和方法布置。

① 先布置掏槽眼，其次布置周边眼，最后布置辅助眼。掏槽眼一般应布置在开挖面中央偏下部位，其深度应比其他眼深 15~20 cm。为爆出平整的开挖面，除掏槽和底部炮眼外，所有掘进眼眼底应落在同一平面上。底部炮眼深度一般与掏槽眼相同。

② 周边眼的位置一般是沿着设计轮廓线均匀布置。周边眼间距和最小抵抗线长度应比辅助眼小，目的是使爆破出的坑道的轮廓较为平顺和控制超欠挖量。周边眼眼口应放在设计轮廓线以内，眼底则应根据岩石抗爆破性来确定位置，应将炮眼方向以 0.03~0.05 的斜率外插。对于坚硬岩石可将眼底放在设计轮廓线以外 10~15 cm；中硬岩层则放在设计轮廓线上；软弱围岩落在轮廓线以内 10~15 cm。底眼都应将眼底放在设计轮廓线以外 10~15 cm。

③ 辅助眼的布置由施工经验决定。辅助眼的布置主要是解决炮眼间距 E 和最小抵抗线 W 的问题，这可以由施工经验决定，一般抵抗线 W 为炮眼间距的 60%~80%，取 0.6~0.9 m。

（3）掏槽形式。

掏槽效果的好坏，直接影响整个隧道爆破的成败。根据掏槽眼与开挖面的关系、掏槽眼的布置方式、掏槽深度以及装药起爆顺序的不同，可将掏槽方式分为如下几类。

① 斜眼掏槽：掏槽眼与开挖断面斜交，充分利用原有的唯一自由面，以实现掏槽爆破。

133

在一次爆破深度较大时，往往需要采用多重斜眼掏槽。斜眼掏槽的形式如图 6-19 所示。常用的掏槽形式为楔形掏槽。这种掏槽眼只要钻眼精确，按设计装药，一般均能取得良好的效果，适用于中硬岩、硬岩的中深眼爆破。

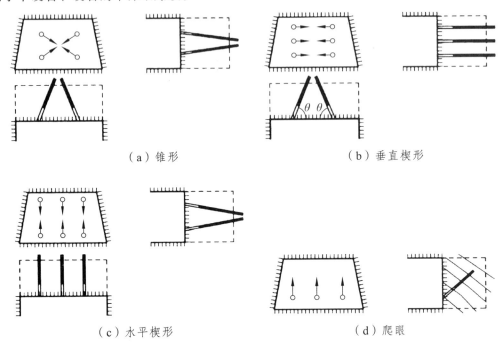

（a）锥形　　　　　　　　　　　（b）垂直楔形

（c）水平楔形　　　　　　　　　　（d）爬眼

图 6-19　斜眼掏槽形式

斜眼掏槽的优点是可以按岩层的实际情况选择掏槽方式和掏槽角度，容易把石渣抛出，掏槽眼的个数较少；缺点是眼深受到坑道断面尺寸的限制，也不便于多台钻机同时钻眼，钻眼方向不够准确。

② 直眼掏槽。

直眼掏槽如图 6-20 所示，由若干个垂直于开挖面的炮眼所组成，掏槽深度不受围岩软硬和开挖断面大小的限制，可以实现多台钻机同时作业、深眼爆破和钻眼机械化施工，从而为提高掘进速度提供了有利条件。

直眼掏槽形式很多，有龟裂掏槽、五眼梅花掏槽和螺旋掏槽。近年来，由于重型凿岩机械的使用，尤其是能钻大于 100 mm 直径炮孔的液压钻机投入施工以后，直眼掏槽多采用大直径的空眼，其作用相当于为掏槽提供了临空面，并取得了良好的掏槽效果。

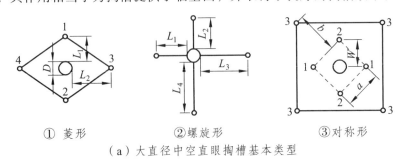

① 菱形　　　　　　②螺旋形　　　　　　③对称形

（a）大直径中空直眼掏槽基本类型

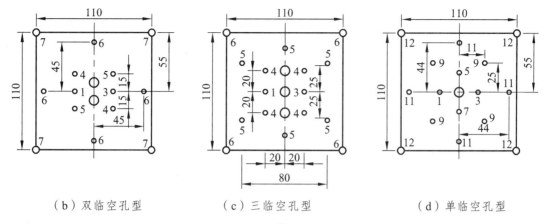

（b）双临空孔型　　　　　（c）三临空孔型　　　　　（d）单临空孔型

图 6-20　直眼掏槽（单位：cm）

一般在中硬岩层中，当设计循环进尺在 3.5 m 左右时，采用双空孔形式最佳；当孔眼深度为 3.5~5.5 m 时，采用三空孔形式最好；对于 3.0 m 以下的浅眼掏槽，则采用单孔形式较好。

直眼掏槽的优点是：便于多机同时钻眼和不受断面尺寸对爆破进尺的限制；可采用深孔爆破，从而为加快掘进速度提供有利条件；掏槽石渣抛掷距离较短。但其炮眼个数较多，炸药单耗值较大，炮眼位置和方向要求有较高的精度，才能保证良好的爆破效果。

2. 爆破设计

（1）确定炮眼数量。

炮眼数量主要与开挖断面、炮眼直径、岩石性质和炸药性能有关，过少会影响爆破效果，过多会增加钻眼工作量，影响掘进速度。炮眼数量可采用式（6-1）估算：

$$N = kS / \alpha\gamma \qquad\qquad\qquad (6-1)$$

式中　N——炮眼数量，不包括未装药的空眼数；

　　　k——单位炸药消耗量，kg/m^3；

　　　S——开挖断面面积，m^2；

　　　α——装药系数，即装药长度与炮眼全长的比值，可参考表 6-3；

　　　γ——每米药卷的炸药质量，kg/m，2 号岩石铵梯炸药的 γ 值见表 6-4；

表 6-3　装药系数 α 值

围岩级别		I	II	III	III~IV	IV	V
炮眼名称	掏槽眼	0.80	0.70	0.65	0.60	0.55	0.50
	辅助眼	0.70	0.60	0.55	0.50	0.45	0.40
	周边眼	0.75	0.65	0.60	0.55	0.45	0.40

表 6-4　2 号岩石铵梯炸药 γ 值

药卷直径/mm	32	35	38	40	44	45	50
γ/（kg/m）	0.78	0.96	1.10	1.25	1.52	1.59	1.90

炮眼数目也可参考表 6-5 的经验数值确定，适用于炮眼直径为 38～46 mm 的导坑爆破，不装药炮眼未计入。当采用小直径炮眼或大直径炮眼时，炮眼数目应相应增减。此外，炮眼数目还可根据类似工程爆破条件采用经验类比法确定，即根据经验先布置掏槽眼，再根据地质情况及开挖断面的大小均匀布置周边眼和辅助眼。

表 6-5　炮眼数目参考值 N

围岩级别	开挖断面面积/m²				
	4～6	7～9	10～12	13～15	40～43
软石（Ⅴ）	10～13	15～16	17～19	20～24	—
次坚石（Ⅳ、Ⅲ）	11～16	16～20	18～25	23～30	75～90
坚石（Ⅱ、Ⅲ）	12～18	17～24	21～30	27～35	80～100
特坚石（Ⅰ）	18～25	28～33	37～42	38～43	—

（2）炮眼深度。

炮眼深度决定了一个循环的钻眼、装渣工作量，循环时间以及施工组织和掘进进度。随着掘进速度的提高，炮眼深度应该也相应加深，一般可以参照经验值确定。

炮眼深度通常以循环进尺作为眼深，对于软弱岩层，掏槽眼另加 10%～20%，软弱岩层的循环进尺一般在 0.8～1.5 m 内考虑，通常在 1.1 m 左右较合适。硬岩的循环进尺一般为 3～5 m，为减少对围岩的扰动，钻眼深度一般不大于 3.5 m。但是，炮眼深度还应该根据钻眼机械的最大钻眼深度、钻眼效率和与之相配套的装运机械设备的装运能力等情况综合考虑。

（3）装药量的计算及分配。

炮眼装药量的多少是影响爆破效果的重要因素。药量不足，会出现炸不开，炮眼利用率低和石渣块度过大的现象；装药量过多，则会破坏围岩稳定，崩坏支撑和机械设备，使抛渣过散，对装渣不利，且增加洞内有害气体，增加排烟时间和供风量等。

目前多先用体积公式计算出一个循环的总用药量，然后按各种类型炮眼的爆破特性进行分配，再通过试爆进行检验和修正，直到取得良好的爆破效果为止。

计算总用药量 Q 的公式为

$$Q = kV \qquad (6-2)$$

式中　Q—— 一个爆破循环的总用药量，kg；

　　　k——爆破每立方米岩石所需炸药的消耗量，kg/m³，见表 6-6；

　　　V—— 一个爆破循环进尺所爆落的岩石总体积，m³，且 $V = LS$；

　　　L——计划循环进尺，m；

　　　S——开挖断面面积，m²。

表 6-6 爆破岩石所需的单位耗药（kg/m³）（2 号岩石铵梯炸药）

开挖部位和开挖断面面积/m²		围岩级别			
		VI	IV ～ V	III ～ IV	II ～ III
一个自由面的水平和倾斜隧道	4 ～ 6	1.5	1.8	2.3	2.9
	7 ～ 9	1.3	1.6	2.0	2.5
	10 ～ 12	1.2	1.4	1.8	2.25
	13 ～ 15	1.2	1.4	1.7	2.1
	16 ～ 20	1.1	1.3	1.6	2.0
	40 ～ 43			1.1	1.4
多个自由面部位	扩大	0.6	0.74	0.95	1.2
	挖底	0.52	0.62	0.79	1.0

总的炸药量应分配到各个炮孔中去，由于各炮眼的作用不同，因而各部位炮眼的装药量也不相同。掏槽眼的装药量最多，其次是底眼，然后是辅助眼，周边眼的装药量最少。

周边眼、掏槽眼按规定选取药量，其他炮眼的装药量可按式（6-3）计算，最后再从施工方便出发，对装药量作适当调整，以单眼装药量为半卷、整卷计量为宜。

$$Q_1 = k\alpha WL\lambda \tag{6-3}$$

式中　Q_1——单眼装药量，kg；

　　　k——炸药单耗，kg/m³；

　　　α——炮眼间距，m；

　　　W——炮眼爆破方向抵抗线，m；

　　　L——炮眼深度，m；

　　　λ——炮眼所在部位系数，一般取 0.8 ～ 2.0。

（4）装药结构。

装药结构是指继爆药卷和起爆药卷在炮眼中的布置方法。

装药结构按起爆药卷在炮眼中的位置可分为正向装药（起爆）和反向装药（起爆），按装药的连续性则可分为连续装药和间隔装药。

① 正向装药（起爆）：将起爆药卷放在眼口第二个药卷位置上，雷管及药卷聚能穴能量向眼底传递，并用炮泥堵塞眼口（图 6-21）。

② 反向装药（起爆）：将起爆药卷放在眼底第二个药卷位置上，保证最大限度地利用炸药能，既可保证不破坏眼底岩石，还因雷管及药卷聚能穴朝外，可取得好的效果（图 6-22）。

掏槽眼首段采用正向装药起爆，其他炮眼采用反向起爆装药。

③ 连续装药：这种装药方式就是把药卷一个紧接一个地装入炮眼，直至把该炮眼的需用量装完。

④ 间隔装药：在炮眼底部先装入 1 个起爆药卷，然后间隔一定距离装半个药卷，再隔一定距离再装 1 个药卷，直到预计药量装填完毕。间隔装药通常将药卷绑扎在木棍或竹片上。

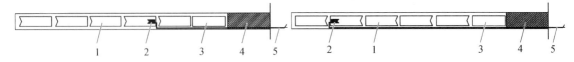

图 6-21　正向装药结构

1—药卷；2—雷管；3—水炮泥；
4—土炮泥；5—雷管脚线

图 6-22　反向装药结构

1—药卷；2—雷管；3—水炮泥；
4—土炮泥；5—雷管脚线

掏槽眼和辅助眼多采用大直径药卷连续装药，周边眼可采用小直径药卷连续装药或是大直径药卷间隔装药。

（5）起爆方法和顺序。

隧道开挖爆破一般采用导爆管起爆法，既经济又安全。要想取得比较好的爆破效果，除合理布置炮眼及装药外，还应根据各种炮眼所起的作用来确定起爆顺序，一般是按掏槽眼、辅助眼、底板眼、周边眼的顺序起爆。

3. 控制爆破

采用普通爆破方法，不仅对围岩扰动大，而且难以爆出理想的开挖轮廓与尺寸，故目前隧道多采用控制爆破技术进行爆破，即光面爆破和预裂爆破。

（1）光面爆破。

① 特点与标准。

光面爆破是一种控制岩体开挖轮廓的爆破技术，是通过一系列措施对开挖部位的周边实行正确的钻孔和爆破，并使周边眼最后起爆的爆破方法。其主要标准为：开挖轮廓成形规则，岩面平整；围岩壁上保存有 50% 以上的半面炮眼痕迹，无明显的爆破裂缝；超欠挖符合规定要求，围岩壁上无危石等。

光面爆破对围岩扰动小，又尽可能保存了围岩自身承载能力，从而改善了衬砌结构的受力状况；由于围岩壁面平整，减少了应力集中和局部落石现象，增加了施工安全，减少了超挖和回填量，若与锚喷支护相结合，能节省大量混凝土，降低工程造价，加快施工进度。

② 主要参数。

光面爆破的成功与否主要取决于爆破参数的确定。其主要参数包括：周边炮眼的间距，光面爆破层的厚度，周边眼密集系数和装药集中度等。影响光面爆破参数选择的因素很多，主要有岩石的爆破性能、炸药品种、一次爆破的断面大小、断面形状、凿岩设备等。

其中影响最大的是地质条件。光面爆破参数的选择，通常是采取简单的计算并结合工程类比加以确定，在初步确定后，一般都要在现场爆破实践中加以修正改善。

周边炮眼间距 E。一般取 $E = (10 \sim 18)d$；当炮眼直径为 $32 \sim 40$ mm 时，$E = 300 \sim 700$ mm。一般情况软质或完整的岩石 E 宜取大值，隧道跨度小、坚硬和节理裂隙发育的岩石 E 宜取小值，装药量也需相应减少。还可以在两个炮眼间增加导向空眼，导向眼到装药眼间的距离一般控制在 400 mm 以内。注意炸药的品种对 E 值也有影响。

光面层厚度及炮眼密集系数。所谓光面层就是周边眼与最外层辅助眼之间的一圈岩石层。其厚度就是周边眼的最小抵抗线 W（图 6-23）。周边眼的间距 E 与光面层厚度 W 有着密切关系，通常以周边眼的密集系数 K（$K=E/W$）表示，其大小对光面爆破效果有较大影响。必须使应力波在两相邻炮眼间的传播距离小于应力波至临空面的传播距离，即 $E<W$。实践表明，K 在 0.8 左右较为适宜，光面层厚度 W 一般取 50~80 cm。

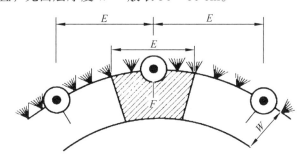

图 6-23　光面爆破参数示意图

装药量。周边眼的装药量通常以线装药密度表示。恰当的装药量应是既具有破岩所需的能量，又不造成围岩的过度破坏。施工中应根据孔距、光面层厚度、石质及炸药种类等综合考虑确定装药量。表 6-7 给出了光面爆破一般参考数值。

③ 技术措施。

为了获得良好的光面爆破效果，可采取以下技术措施：

使用低爆速、低猛度、低密度、传爆性能好、高爆力的炸药。

采用不耦合装药结构。光面爆破的不耦合系数最好大于 2，但药卷直径不应小于该炸药的临界直径，以保证稳定传爆。当采用间隔装药时，相邻炮眼所用的药卷位置应错开，以充分利用炸药效能。

严格掌握与周边眼相邻的内圈炮眼的爆破效果，为周边眼爆破创造临空面。

周边眼应尽量做到同时起爆。

严格控制装药集中度。为克服眼底岩石的夹制作用，通常在眼底需加强装药。

表 6-7　光面爆破一般参考数值

岩石类别	炮眼间距 E /cm	抵抗线 W / (cm)	密集系数 ($K=E/W$)	装药集中度 q / (kg/m)
极硬岩	50~60	55~75	0.8~0.85	0.25~0.4
硬岩	40~55	50~60	0.8~0.85	0.15~0.25
软岩	30~45	45~60	0.75~0.80	0.04~0.15

注：① 表列参数适用于炮眼深度 1.0~3.5 m，炮眼直径 40~50 mm，药卷直径 20~35 mm 的情况。② 断面较小或围岩软弱、破碎或对开挖成形要求较高时，周边眼间距 E 应取较小值。③ 周边眼最小抵杭线 W 值应大于周边眼间距 E 值。软岩取较小值，W 值应适当增大。E/W：软岩取小值，硬岩及小断面取大值。④ 装药集中度 q 以装药长度的平均线装药密度计，施工中应根据炸药类型和爆破试验确定。

（2）预裂爆破。

预裂爆破是首先起爆周边眼，在其他炮眼未爆破之前先沿着开挖轮廓线预先爆破出一条用以反射爆破地震应力波的裂缝。预裂爆破的爆破目的同光面爆破，只是在炮眼的爆破顺序上，光面爆破是先引爆掏槽眼，再引爆辅助眼，最后引爆周边眼；而预裂爆破则是首先引爆周边眼，使沿周边眼的连心线炸出平顺的预裂面。这个预裂面的存在，对后爆的掏槽眼、辅助眼的爆轰波能起反射和缓冲作用，可以减轻爆轰波对围岩的破坏影响，保持岩体的完整性，爆破后的开挖面整齐规则。

由于成洞过程和破岩条件不同，在减轻对围岩的扰动程度上，预裂爆破较光面爆破的效果更好一些。所以预裂爆破很适用于稳定性较差而又要求控制开挖轮廓的软弱围岩，但预裂爆破的周边眼距和最小抵抗线都要比光面爆破的小，相应地要增多炮眼数量，钻眼工作量增大。

理想的预裂效果应保证在炮眼连线上产生贯通裂缝，形成光滑的岩壁。但由于预裂爆破只受到一个临空面条件的制约，因此，其爆破技术较光面爆破更为复杂。影响预裂爆破效果的因素很多，如钻孔直径、孔距、装药量、岩石的物理力学性质、地质构造、炸药品种、装药结构及施工因素等，而这些因素又是相互影响的。

目前，确定预裂爆破主要参数的方法有理论计算法、经验公式计算法和经验类比法三种。

就目前的状况来说，对预裂爆破的理论研究还很欠缺，设计计算方法也很不完善，多半须通过经验类比初步确定爆破参数，再由现场试验调整，才能获得满意的结果。表 6-8 给出了隧道预裂爆破的参数值。

表 6-8   预裂爆破的参数值

岩石级别	炮眼间距 E /cm	至内排崩落眼间距 /cm	装药集中度 /（kg/m）
硬岩	40～50	40	0.30～0.40
中硬岩	40～45	40	0.2～0.25
软岩	35～40	35	0.07～0.12

4. 水压爆破

（1）水压爆破原理。

水压爆破是由我国著名的爆破专家何广沂教授在 20 世纪 90 年代提出来的，其爆破设计与传统的光面爆破设计方案基本相同，只是在装药结构和炮孔堵塞上进行了适当的调整。隧道掘进水压爆破是采用在炮眼中先注水，后用炮泥回填堵塞的新技术。它利用在水中传播的爆破应力波对水的不可压缩，使爆炸能量经过水传递到炮眼围岩中。同时，水在爆炸气体膨胀作用下产生的"水楔"效应有利于岩石进一步破碎。另外，炮眼中有水可以起到雾化降尘作用，大大降低粉尘对环境的污染。

水压爆破与普通以空气为耦合介质的爆破在爆破机理上没有太大区别，但是在爆破作用特征上，由于两者物理性质不同表现出明显差异。钻孔水耦合装药爆破具有以下特点：

① 基于水的不可压缩性和较高的密度、较大的流动黏度，水中爆轰产物的膨胀速度慢，在耦合水中激起爆炸冲击波的作用强度高和作用时间长。

② 在炮孔周围岩石中产生的爆炸应力波强度高，衰减慢，作用时间较长，即有较高的爆炸压力峰值，因此，对岩石造成的破坏作用强。

③ 因为水具有不可压缩性和较高的能量传递效率，同时相对于炮泥，水又具有一定的堵

塞作用，因此，传递给岩石的爆破能量分布更加均匀、利用率高。

④ 在爆破破碎质量上，能使破碎块度更加均匀；在爆破安全方面，能够有效地控制爆破震动、爆破飞石、空气冲击波及爆生有毒气体的强度和数量，降低爆破粉尘。

⑤ 能够降低孔壁岩面上的初始冲击压力，利于提高光面爆破、预裂爆破的成形质量。

（2）水压爆破工艺。

水压爆破工艺流程与普通光面爆破基本相同，不同之处在于要事先加工好爆破所需的炮泥及水袋，装药时按照设计的装药结构分次序装入水袋、炸药、水袋后，用炮泥堵塞，如图6-24所示。

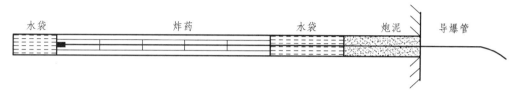

图 6-24　水压爆破装药结构

水压爆破成功解决了工程爆破中多年存在的不能充分利用炸药能量和爆破产生的粉尘严重污染环境两大难题。水压爆破具有明显的三提高一保护作用，即提高炸药能量利用率（节省炸药），提高施工效率（加快施工进度），提高经济效益（节约成本），保护环境（大大降低粉尘含量，保护环境和人身健康，减轻对作业人员和机械的伤害）。

6.3　隧道出渣

隧道开挖后，要把开挖的石渣运出洞外，还要把支护材料运进洞内，这种工作叫装渣运输，可以分为装渣、运渣、卸渣三个环节。装渣运输在整个掘进循环中，其所占的比重相当大，一般为35%～50%，因此要非常重视装渣运输环节。

按装运机具和设备不同，装渣运输工作可分为三类：有轨装渣-有轨运输、无轨装渣-无轨运输、无轨装渣-有轨运输。有轨装渣-有轨运输工种干扰大，机械效率低，掘进速度较慢，目前已较少使用这种方式。无轨装渣-无轨运输运输管理及调度较简单，效率高，干扰小，但污染洞内空气，目前此种方式使用较多。无轨装渣-有轨运输综合了前两者的优点，克服了各自的缺点，在铁路隧道施工中有发展的趋势。此外，还有采用皮带结合翻斗车运输的。

6.3.1　装运机具

装渣机械的装载能力应满足作业循环所规定的时间要求，能装载开挖中设计最大岩石块度的需要。翻斗式装岩机在工程中常采用的有轨式装岩机、无轨装岩机，按行走部分分为履带式（又分为立爪式和蟹爪式）和轮胎式两种。

无轨运输一般采用自卸汽车运输，有轨运输一般用斗车和梭式矿车运输。

1. 翻斗式装岩机

翻斗式装岩机又称铲斗后卸式装岩机，如图 6-25 所示。它是利用机体前方的铲斗铲起石渣，经机体上方将石渣投入机后的车斗内。装完一个斗车后，将其推出，把另一个空车推进，才能继续装渣，是非连续型装岩机械。该机具有构造简单、操作方便的特点，但装载宽度受限制，一般只有 1.7 ~ 2.2 m。

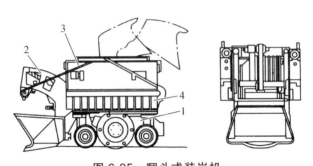

图 6-25 翻斗式装岩机
1—行走部分；2—铲斗；3—操纵箱；4—回转部分

2. 立爪式装岩机

立爪式装岩机由履带行走架、链条刮板式输送机以及爪臂三大部分组成。工作时爪臂将石渣扒进输送链板上，然后，链板输送机将石渣输送到运输车辆上。输送链板是可以升降的，以适应不同高度的接载运输车。机械的三大部分可以分解为独立的单元，以便运输和提升。

立爪式装岩机的工作特点是扒渣、运渣、卸渣连续而平稳地运行且无冲击，生产效率也较高，利用装渣板还可以对隧道进行清道。但立爪式装岩机不管是采用压缩空气还是电力，都要拖着一根风管或电缆，这对较长距离自行行走不方便，而且立爪只宜用于水平挖掘，往链板上堆装石渣而渣堆较高时，这种作业受到影响，爪齿也容易损坏，因此只适用于小断面坑道。

3. 蟹爪式装岩机

蟹爪式装岩机是一种连续装渣机械，在前端装有倾斜接料盘，其上装有一对蟹爪（也称双臂），如图 6-26 所示。装渣时全机向前低速推进，将接料盘插入渣堆，两个蟹爪连续交错扒取石渣，经皮带（或链条）输送机将石渣装入车辆。

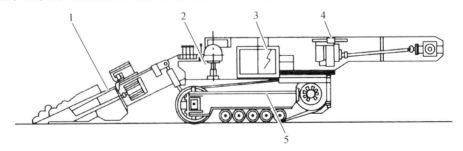

图 6-26 蟹爪式装岩机
1—机头；2—液压系统；3—电气系统；4—运输；5—行走部分

蟹爪式装岩机装渣效率高，耗工较少，能够连续装载，工作方式较为合理，大大简化了铲斗后卸式的铲装、扬斗、卸渣、返回以及前进、后退等繁复循环动作，可配以大容积运输车辆进行装运，提高效率。该类机具多为电动履带式，也有轮胎式和轨道式。

4. 轮胎式装岩机

轮胎式装岩机机动性好、操作方便、装载效率高，应用广泛，但轮胎消耗费用较高。图6-27 所示是一种轮胎式装岩机。

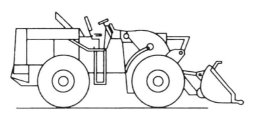

图 6-27　轮胎式装岩机

5. 斗　　车

国产斗车种类很多，按其断面形状分为 V 形、U 形、箱形及箕斗形等，按其卸渣方式分为侧倾、前倾及三方向倾等。隧道施工中为配合高效率的大铲斗装岩机和减少单个斗车的调车时间，一般采用大容量的斗车如 4.25 m³、6 m³乃至 30 m³的大斗车。

6. 梭式矿车

梭式矿车是放在两个转向架上的大斗车，车底设有链板式或刮板式输送带，石渣从前端接入，依靠传送机传递到后端，石渣就可布满整个矿车的底部。输送机的动力有气动和电动两种。单个梭式矿车的容积为 5 ~ 15 m³。梭车可单个使用，也可以成列使用，即梭车之间有可以搭接部分，前车的卸渣端伸入后车的接渣端的车厢内。前车装满石渣后，连续开动运输机，将石渣从前车转送至后车，可以正向卸渣，也可以侧向卸渣。梭式矿车由机车牵引，在全断面开挖或分部开挖的隧道施工中均可使用。其特点是结构合理，制造方便，容积较大，操作方便，劳动强度低。图 6-28 为 8.5 m³底盘回转式梭式矿车。

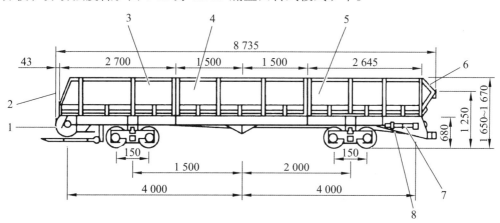

图 6-28　底盘回转式梭式矿车（单位：mm）

1—主动链轮；2—卸渣端口；3—前车帮；4—中车帮；
5—后车帮；6—装渣端；7—张紧装置；8—后轴支座板

6.3.2 装渣运输

6.3.2.1 渣 量

装渣数量可按下式确定：

$$Z = K \Delta d S \qquad (6\text{-}4)$$

式中　Z——石渣数量，m^3；

　　　K——土石松胀系数（表6-9）；

　　　Δ——超挖系数，一般取1.15-1.25；

　　　d——一个循环的开挖进尺，m；

　　　S——开挖断面积，m^2。

表6-9　土石松胀系数

围岩级别	土石名称	松胀系数
Ⅰ	石质	1.90
Ⅱ	石质	1.80
Ⅲ	石质	1.70
Ⅳ	石质	1.60
Ⅴ	硬黏土	1.35
	夹卵石	1.3
Ⅵ	黏性土	1.25
	砂砾	1.15

6.3.2.2 装渣生产率

装渣生产率，按坑道掘进月进度计划要求的平均装渣生产率计算，其计算式为：

$$A_b = K \Delta D S / 720 R \lambda \qquad (6\text{-}5)$$

式中　A_b——需要的装渣生产率，m^3/h；

　　　D——坑道月计划进度，m/30 d；

　　　R——掘进循环，R = 计划全月的循环次数/本月日历公天应有的循环次数；

　　　λ——装渣占掘进时间的百分比；

　　　720——一个月的小时数，即 $24 \times 30 = 720$ h。

选择装岩机时，装岩机的实际生产率应略大于需要的装渣生产率。因为装岩机理论生产率是根据装岩机不停顿装渣计算的，而施工中实际装渣能力受很多因素影响而有所下降，故装岩机的实际生产率仅为理论生产率的 1/5 ~ 1/3。

6.3.2.3 运　输

运输是指运出石渣、运进临时支护和衬砌材料等工作。运输方式分为有轨运输、无轨运输和接力运输。有轨运输多用于铁路隧道，公路隧道多采用无轨运输，接力运输多用于长大隧道。

1. 有轨运输

（1）轨道铺设要求。

① 坡度：洞内轨道坡度与隧道设计坡度相同，洞外可不同，但最大不得超过 2%。

② 曲线半径：洞内应不小于机车或车辆轴距的 7 倍，洞外应不小于 10 倍。

③ 线间距：双道的线间距应保持两列车间净距大于 20 cm，在错车线上应大于 40 cm。

④ 道岔标准：不得小于 6 号（辙叉角 α 的余切值为道岔号）。

⑤ 钢轨类型：不宜小于 38 kg/m 的钢轨。

⑥ 道床：可利用不易风化的隧道石渣作为道砟。道床层厚度不小于 20 cm。

⑦ 轨距及轨缝允许误差：轨距一般为 600 mm 或 762 mm，轨距允许误差为 +6 mm、－4 mm。曲线地段应按规定加宽和超高，必要时加设轨距拉杆。轨缝不大于 5 mm，相邻轨头高低差应小于 2 mm，左右错开小于 2 mm，轨缝应位于两枕木之间，连接配件应齐全牢固。

⑧ 车辆至坑道壁或支撑边缘的净距应不小于 20 cm。单道旁的人行道宽不应小于 70 cm。

（2）洞内轨道布置。

洞内轨道布置应根据隧道长度、工期要求及地质条件等合理选择单车道或双车道。

① 单车道。

单车道用于地质条件较差的短隧道中，运输能力较低。在导坑地段，每隔 20 ~ 30 m 设置临时错车岔线，以容纳 1 ~ 2 辆斗车。在成洞地段，每 80 ~ 100 m 设错车线（接通原临时错车岔线而成），其有效长度应能容纳一列列车，一般为 25 ~ 50 m，如图 6-29 所示。

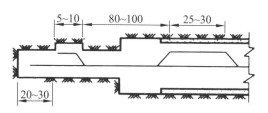

图 6-29　单车道（单位：m）

② 双车道。

轨道运输一般铺设双车道，列车出入各占一股道，互不干扰，调车灵活，车辆周转快，轨道随掘进延伸，一次铺成。双车道布置如图 6-30 所示。每隔 100 ~ 200 m 设一渡线，每隔 2 ~ 3 个渡线铺设一反向渡线。在施工地段，为了方便施工作业，可在轨道正式渡线布置间增设临时渡线（即在其间加设一副道岔），以缩短调车时间。

③ 有平行导坑的轨道布置。

平行导坑内轨道一般为单道，每隔 2 ~ 3 个横通道设一会让车及列车编组所用的车站，站线有效长度一般为 50 ~ 60 m。横通道内一般铺设单道，成洞后可拆除或留作存车线。正洞的施工地段一般铺设双道。其轨道布置如图 6-31 所示。

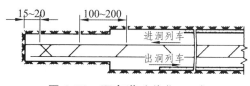

图 6-30　双车道（单位：m）

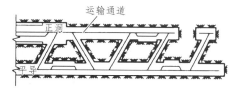

图 6-31　有平行导坑的轨道布置

（3）运输组织。

隧道施工工序很多，每个工序之间关系非常密切，因此，加强运输组织工作非常重要。如运输工作组织不好，就会造成混乱，堵塞轨道，积压车辆，使石渣运不出，材料运不进，直接影响各道工序的正常施工。运输组织工作有两个重要环节：一个是编好列车运行图，以加强运输工作的组织计划性；另一个是要建立健全调度制度，以加强日常的运输管理。

① 列车运行图。

编制列车运行图是根据隧道的施工方法、各工序的进度、轨道布置、机车车辆配备及运距等情况，来确定列车数量、列车在工作面装车和调车、编组、运行、错车、卸车、列车解体编组等所需的时间。图 6-32 所示为 1 座隧道的出渣列车运行图。共有 3 组出渣列车，洞内设有会让站 1 个，洞外设有编组站 1 个，每列车编连重车 10 min，重车在区间运行 20 min，卸渣 10 min，空车返回编组站 5 min，在编组站停留 5 min，运行 10 min，错车 5 min，再运行 5 min，空车解体 5 min，每列车往返一次需 75 min。

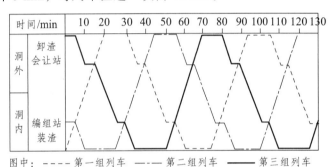

图 6-32　列车运行图

注：横坐标表示时间；纵坐标表示距离；斜线表示列车运行；水平线表示停车、装载、卸载。

在实际的隧道施工中，运行图中所需要的时间应实测确定，随着隧道施工的不断向前推进和卸渣线的不断向前延伸，运输距离愈来愈长，因此运行图也要定期修正。

② 运输调度制度。

建立健全运输调度制度，就是要建立健全调度指挥系统，以进行运输工作中的日常指挥和解决出现的问题，如及时调配车辆，及时消除运输障碍，以及运行图被打乱时统一指挥列车运行等。

2. 无轨运输

无轨运输一般用铲斗为 2～5 m³ 的三向倾斜式装载机，将石渣铲装在后卸式自卸汽车内，运出洞外卸掉。自卸汽车容量一般按装载机斗容量的 3 倍考虑，如斗容量为 2.5～3 m³ 的装载机，则可配用 8～9 m³ 即载质量为 15～20 t 的自卸汽车。

对于短距离（一般在 300 m 以内）的无轨运输，可采用一种 LHD 型的装运卸机，斗容量为 6～8 m³，是用于地下工程的特种机械，装渣后即行驶至洞外卸渣。

无轨运输车在洞内施工作业段、视线不良的曲线上以及通过岔道和洞口平交道等处时，其行车速度不得大于 10 km/h，其他地段在采取有效安全措施后，行车速度不应大于 20 km/h。有轨运输施工作业地段的行车速度不得大于 15 km/h，成洞地段不得大于 25 km/h。

无轨运输的主要优点是免除轨道铺设、减少装运设备、简化运输管理组织与调度、减少干扰、使用方便、进度快、效率高。其缺点为：一是无轨运输多为内燃机械，废气中含有 CO 及氮氧化合物，对人体有害，必须安装废气净化装置，同时必须配备强大的通风机械，才能使空气中有害成分的含量符合卫生标准要求。二是装载机和自卸汽车多采用轮胎式，轮胎磨损很严重，轮胎耗费占机械维修费比重很大。三是要特别注意洞内排水，否则易破坏隧道底面，并影响运输效率，且会给今后的道路构造造成很大影响。

3. 接力运输

接力运输主要用于长大隧道，即先把洞内弃渣运到洞口，再集中运到弃渣场，也有的把掌子面处的弃渣，先运到距掌子面一定距离的后方，及早把掌子面弃渣运出，以便开始下一循环的作业，而后集中运出洞外。

6.3.3 卸 渣

洞内的石渣运至洞外渣场卸掉称为卸渣。无轨运输中采用自卸翻斗汽车卸渣，较为简单。本节主要讲述有轨运输中洞外轨道的布置和卸渣作业。

6.3.3.1 洞外轨道布置

洞外应布置卸渣线、错车线、编组线及各种专用线（运料线）等，如图 6-33 所示。

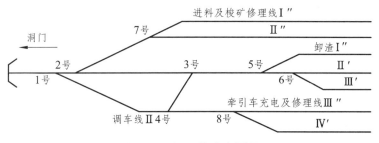

图 6-33　洞口轨道布置图

卸渣线应不少于两条，以便使重载列车尽快卸渣回空，避免因等待卸渣而延误时间。错车线是为解决洞外错车问题而设置的，要求道岔设置合理，并有足够的有效长度，以减少列车运行中的相互干扰。编组线是供混合列车编组之用的，应选择在适当地点铺设。

砂石场、水泥库、混凝土搅拌台、木料堆放场、木工房、机修房、充电房等均需设置专用线。专用线的布置应力求紧凑，并与运输线路分开，互不干扰。

6.3.3.2 卸 渣

在隧道洞口，要根据地形特点考虑弃渣的利用和处理，进行全面的规划，合理安排卸渣。要注意节约用地，不占或少占农田。洞口有桥涵而又必须弃渣时，要事先制订可靠措施，避免对洞口桥墩台造成偏压而使之移位、变形；沿河弃渣要注意避免堵塞河道。

根据洞口地形线路布置卸渣线，路线要短，堆渣场地势要低。应尽量避免倒运弃渣，并充分考虑卸渣场地的伸展。对于可利用洞内弃渣作路基及衬砌材料的卸渣场地，还要考虑到取用时的方便。如洞口附近地势平坦，弃渣困难，可根据机械设备情况，采用绞车牵引至高

147

台卸渣或远运。

卸渣码头的设置应不少于两个，码头要搭设牢固，并备有挂钩、栏杆、车挡等。

可根据不同的地形条件、机具设备及材料情况选择卸渣方式。

1. 延伸轨道侧式卸渣

这种卸渣方式可沿地形等高线或傍山较陡山坡及沟坎铺设卸渣线路，逐段卸渣，亦可填筑傍山路堤。码头边缘（即外侧路肩）宜用片石砌成适当高度的陡坎。卸渣轨道可一次铺够，亦可逐段延长。可使成列车辆同时卸渣，不需拨道，易于保持码头及轨道处于良好状态。

2. 横移扩展侧式卸渣

这种卸渣方式是在渣堆上铺设卸渣轨道，随渣堆的扩展拨道使卸渣线位于渣堆边缘，用于凹地弃渣场，在洞口地形陡窄，需利用弃渣堆作为洞外工作场地时最宜采用。但采用这种方式需经常扒平轨道旁余渣，且轨道不易保持良好状态，拨道时也对卸渣有干扰。

3. 换装码头卸渣

弃渣需要远运、利用或废弃时，采用换装码头。此种码头多为固定式，其构造视地形条件、卸渣方式及接运车辆等因素而定，有倒装平台、漏斗棚架、立交桥、推土装载机换装场等。对前三种位置的选择，应考虑卸渣线与转运线间的高差需进行的展线及有关洞口的布置。码头设施的构造及数量应与掘进速度和出渣量相匹配，并留有发展余地。如接通尽头线为闭合线，则扩大汽车调车场，加长或增设平台、棚架、梭槽及漏斗等。推土装载机换装场，应考虑堆渣、装渣及汽车回旋余地。卸渣轨道宜高于集渣场，翻卸侧的路肩宜砌筑，使线路尽量靠近坎边，以减少清、扒工作。

6.4 初期支护

锚喷支护是目前隧道初期支护的主要形式，是喷混凝土、锚杆、钢筋网、喷射钢纤维混凝土、钢支撑等结构组合起来的支护形式。根据不同围岩的稳定状态，可采用锚喷支护中的一种或几种结构的组合以适应围岩的状况。

6.4.1 喷混凝土

6.4.1.1 喷混凝土的支护机理

喷混凝土是利用压缩空气或者其他动力，将按照一定配比拌制的混凝土混合物沿管路输送至喷头处，以较高速度垂直喷射于受喷面，依赖喷射过程中水泥与骨料的连续撞击，压密而形成的一种混凝土。喷混凝土应有足够的强度（特别是早期强度）、厚度、密实度、附着力才能起到良好的支护效果。其支护作用效果有以下几个方面：

（1）喷混凝土和围岩的附着力，可分散作用在喷混凝土上的外力，同时也加强隧道周边裂隙的抗剪能力，并可在岩面形成承载拱防止局部掉块。

（2）可约束围岩的变形，给围岩以支护力（内压），使围岩保持近于三维的应力状态，控制了围岩应力释放。同时在软岩和土砂围岩中封闭掌子面或铺设临时仰拱使断面临时封闭，更好地发挥支护效果。

（3）将土压传递到钢支撑和锚杆上。

（4）填平围岩的凹面，覆盖弱层，防止应力集中而加强了软弱层。

（5）覆盖壁面，可防止围岩风化、止水和颗粒流出等。

6.4.1.2 喷射方式选择

喷混凝土的喷射方式，大体上分干式和湿式两种。

1. 干 喷

干喷是在水泥和集料拌和后加入速凝剂，用压缩空气压送，在喷嘴处加压力水的喷射方式。在喷嘴处是干拌和料与水混合，W/C 可以小些，对初期强度有利，但混凝土品质受喷射手的熟练程度和能力左右。粉尘和回弹量较大，但压送距离比较大，适合于岩面比较湿润或者涌水的工况。其工艺流程如图 6-34 所示。

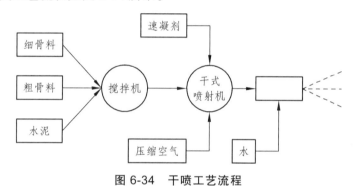

图 6-34 干喷工艺流程

2. 湿 喷

湿喷是预先将包括水在内的混凝土原材料准确计量、充分拌和，然后用湿喷机压送拌和好的混凝土，在喷嘴处添加液态速凝剂的方式。与干喷方式相比，混凝土的品质管理比较容易，粉尘和回弹量较小，但不能长距离输送，机械、管路清理必须用水。拌和料放置时间管理很重要。在大断面隧道使用机械手，其施工能力还是较强。其工艺流程如图 6-35 所示。

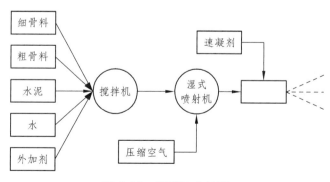

图 6-35 湿喷工艺流程

湿喷与干喷两种作业方式，各有特点，应根据现场规模、状况和喷射量分别使用。选择喷射方式时，要充分考虑隧道长度、喷射厚度、断面大小、开挖方法及涌水等。

6.4.1.3 喷混凝土的材料及其组成

1. 喷混凝土的材料

（1）水泥：一般优先采用硅酸盐水泥或普通硅酸盐水泥，强度不宜低于 42.5 MPa。遇到含有较高可溶性硫酸盐的地层或地下水段时，应按侵蚀类型和侵蚀程度采用相应的抗硫酸盐水泥；水泥的安定性、凝结时间均应合格。掺入速凝剂后凝结快、保水性好、早期强度增加快、收缩小。必要时可采用特种水泥。

（2）砂子：宜选用Ⅱ区砂，细度模数宜为 2.5～3.2；干拌法喷射时，含水率不宜大于 6%。天然砂的含泥量和泥块含量以及人工砂的石粉含量应符合《喷射混凝土应用技术规程》（JGJ/T 372—2016）的要求。

（3）石子：喷混凝土采用坚硬、耐久的卵石或碎石，严禁选用具有潜在碱活性的集料。当用碱性速凝剂时，不能使用含有活性二氧化硅的石料。石子的最大粒径不宜超过 15 mm。石子的级配宜采用连续级配，可参考图 6-36 使用。但喷钢纤维混凝土所用的石子，其粒径宜小于 10 mm。石子的含泥量不得大于 1%，泥块含量不应大于 0.25%。

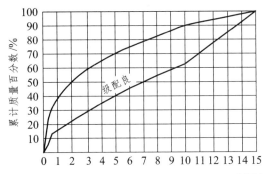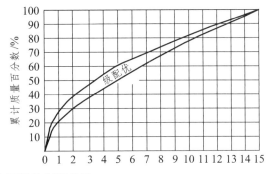

图 6-36 喷混凝土石子的级配曲线

（4）速凝剂：掺入速凝剂的目的在于加速喷混凝土的凝结、硬化，提高早期强度，减少回弹，防止喷混凝土的流淌或脱落，增大一次喷射厚度，缩短分层喷射的时间间隔。速凝剂对后期强度无明显损失，不腐蚀混凝土和钢材，不污染环境，对人体无害，一般采用低碱或无碱速凝剂。

在使用速凝剂前，应做与水泥的相容性试验及水泥净浆凝结效果试验，严格控制掺量；并要求水泥浆初凝时间应不大于 5 min，终凝时间应不大于 10 min。

（5）水：喷混凝土用水的要求与普通混凝土相同，水中不应含有影响水泥正常凝结与硬化的有害杂质。不得使用污水、pH 值小于 4.5 的酸性水和含硫酸盐量（按硫酸根离子计算）超过水的质量 1% 的水。

2. 喷混凝土的配合比

（1）配合比是指每 1 m³ 喷混凝土中水泥、砂子和石子的质量比例。配合比的选择，应通过试验确定。应满足混凝土的强度和其他物理力学性能（抗剪、黏结、耐久性）的要求，同时还应满足喷射工艺（减少回弹，不发生离析、分层，和易性好）的要求，且水泥用量为最小。

为了减少回弹，一般含砂率要在 45%～60%。含砂率提高，水泥用量大，又势必增加混凝土收缩、开裂，其强度也相应降低。较佳的含砂率在 50%～55%，水泥用量 375～400 kg，不宜超过 450 kg，胶骨比 1∶4～1∶5。

工程实践表明，从喷射口出来的喷混凝土配比与附着在围岩表面上的配比是不一样的，前者称为喷射配比，后者称为附着配比。设计规定的喷混凝土强度如 C25、C20 等由附着配比决定，因此为了满足附着配比（即设计强度）的要求，就应适当提高现场配比强度等级以确保附着在围岩表面的喷混凝土达到设计强度。

（2）水灰比也是影响喷混凝土强度和其他物理力学性能的重要因素。若水灰比过小，不仅料束分散，回弹量增多，粉尘大，而且喷层上会出现干斑、砂窝等现象，影响喷混凝土的密实度。当水灰比过大时，会造成喷层流淌、滑移，甚至大片塌落，影响混凝土的强度及速凝效果。根据经验，喷混凝土的水灰比一般为 0.4～0.5。此时，喷混凝土表面光泽，粗骨料分布均匀，回弹料少。

6.4.1.4　喷混凝土的机械设备

喷混凝土作业的机械设备主要包括：混凝土喷射机、上料机、搅拌机、机械手、混凝土运送搅拌车、混凝土喷射三联机等。

1. 混凝土喷射机

目前国内使用的国产喷射机，根据其构造特点和使用物料的干湿程度不同，有以下几种：双罐式混凝土喷射机、转体式混凝土喷射机、螺旋式混凝土喷射机、转盘式混凝土喷射机。这几种喷射机均为干式喷射机，所需的水由喷射人员凭经验在喷嘴处加入。由于喷射时水泥水化作用不充分而易造成粉尘大、回弹物多的现象，质量较难保证。

现在已研制多种不同类型的湿喷机，可利用微电脑控制多台电机的开关，具有较大的生产能力，在降低粉尘量、减少回弹率、保证质量等方面均能达到较好效果。

2. 搅拌机

采用干式喷射机时，喷射的混合料是干料，拌和时极易产生粉尘。因此，应采用涡轮桨强制式混凝土搅拌机。这类搅拌机搅拌时间短，密封性能好，粉尘少，虽然体积大但可用汽车拖运，转移方便。另外，也有适合于洞内使用的小型搅拌机。

3. 空气压缩机

空气压缩机（简称空压机）是混凝土喷射机的动力设备。为了防止压缩空气中的油水混入喷混凝土中，在高压风进入混凝土喷射机前必须先通过油水分离器（有过滤式和拆板式两种），把油水过滤排掉，避免喷混凝土产生结块、堵管等现象。

4. 机械手

为了减轻工人把持喷枪的劳动强度和改善喷射的工作条件，许多工地采用了喷混凝土机械手（图 6-37）。喷枪具备前后俯仰、左右摆动或画圈，臂杆伸缩、升降或旋转等功能，满足喷射工艺要求。

图 6-37 混凝土喷射机械手

6.4.1.5 喷混凝土施工

1. 喷混凝土的施工准备

为使喷混凝土作业顺利进行，在施喷前应做好如下两方面的准备工作。

（1）材料、机械（具）的准备，如：核实水泥和速凝剂的品种、标号和出厂日期以及储备量是否足够；检验砂、石料是否符合质量要求，并有足够储备量；保证施喷用水的水量和压力；检查发电机、空压机运转是否正常；检查搅拌机、上料机、喷射机就位是否恰当，试车运转是否良好；检查风、水、电线路是否处于良好状态。施喷前应进行试风、通水，情况正常才能开始喷射作业。

（2）施喷场地的准备：检查隧道开挖的净空尺寸，凿除欠挖部分；清除松动危岩浮石和墙脚处的弃渣；用高压水（风）冲洗受喷岩面（易潮解、泥化的岩面只能用高压风清扫）；对滴、漏水处应采取措施进行处理；设置喷混凝土的厚度的标志（如利用锚杆的外露长度等）；做好回弹物的回收及利用的安排。

2. 喷射作业

喷射作业过程中要求各施工环节如备料、拌和、运输、上料，风、水供应，照明、喷射等能紧密配合，要掌握好如下几个问题：

（1）喷嘴与受喷岩面之间的距离和角度。通常在喷头上接一个直径为 100 mm、长为 0.8～1.0 m 的塑料拢料管。它使水泥充分水化，且喷混凝土集中束及回弹石子不致伤害喷射手。喷嘴与受喷岩面之间的最优距离是按喷混凝土的最高强度和最小回弹量来确定的，一般以 1.5～2.0 m 为宜。

喷嘴与受喷岩面的角度，一般应垂直或稍微向刚喷射过的部位倾斜（不大于 10°），以使回弹物受到喷射束的约束，抵消部分弹回的能量，则回弹量最小、效果最好。喷射拱部时应沿径向喷射。

（2）一次喷射厚度及各喷层之间的间歇时间。喷层较厚需分层喷射时，一次喷射的厚度应根据喷射效率、回弹损失、混凝土颗粒间的黏聚力和喷层与受喷面间的黏着力等因素确定。

喷混凝土的一次喷射厚度：拱部为 60～100 mm，侧壁为 80～150 mm。各喷层间的间歇时间与水泥品种、施工温度（施工最低温度不应低于+5 ℃）和有无掺速凝剂等因素有关。喷混凝土紧跟开挖时，从混凝土喷完到下一循环放炮的时间间隔，一般应不小于 3 h，以使喷混凝土的强度不致因爆破震动而受到影响。

（3）喷射分区与喷射顺序。为了减少喷混凝土因重力作用而滑动或脱落的现象，喷射时应按照分段、分片、分层、由下而上的顺序进行。图 6-38 为一个 6 m 长的基本段，其中又分为 2 m 长的 3 个小段，每段高 1.5 m（边墙），顺次横向推移，从"1"向"3"喷射，待"3"喷完 20 ~ 30 min 以后，"1"部混凝土已终凝，就可进行下一高度的喷射作业。如需在其上进行第二层喷射，也不会造成第一层混凝土被冲坏的现象，不论边墙还是拱部都是如此。

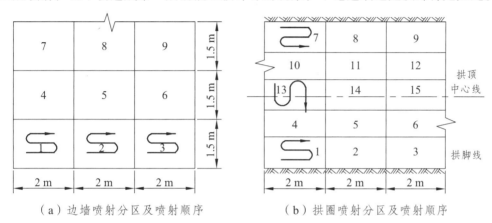

（a）边墙喷射分区及喷射顺序　　　　（b）拱圈喷射分区及喷射顺序

图 6-38　喷射分区及喷射顺序

喷混凝土时，喷头要正对受喷岩面，均匀缓慢地按顺时针方向作螺旋形移动，一圈压半圈，绕圈直径为 20 ~ 30 cm，以使混凝土喷射密实。

对凸凹悬殊的岩面，喷射时应注意喷射次序要先下后上，先两头后中间，以减少回弹量。正常状态下喷混凝土的回弹率拱部不超过 25%，边墙不超过 15%。

突然断水、断料时，喷头应移开受喷面，严禁用高压风、高压水冲击刚喷好的混凝土。受喷面敷设有金属网时，水灰比宜稍大，喷嘴与受喷面的距离也要相应缩短到 0.7 m 左右。

3. 堵管问题的处理

堵管原因是多方面的，如粗集料粒径过大、水泥硬块或其他杂物、干喷时混合料（主要是砂）湿度过大（大于 6%）致使摩擦力增大、输料软管弯头过小及风压偏低等。另外，操作不对也会引起堵管，如先开电动机后给风、混合料未吹完就停风、误开放气阀而停风等。

堵管时，操作员应立即关闭电动机，随后关闭风源，喷射手将软管拉直，然后用手锤敲击以寻找堵管处。当敲击钢管时有发硬感觉处，即为堵管部位。找到堵管部位后，可将风压升到 0.3 ~ 0.4 MPa（不超过 0.5 MPa），并用锤击堵塞部位，使其畅通。排除堵管时喷嘴前方严禁站人，以免被喷伤。

4. 喷混凝土的养护

为了使水泥充分水化，喷混凝土的强度均匀增长，减少或防止混凝土的收缩开裂，确保混凝土质量，喷后要进行良好的养护。喷混凝土终凝后 2 h 起即应开始洒水养护。洒水次数以能保持混凝土具有足够的湿润状态为度。养护期不得少于 14d。黄土或其他土质隧道喷混凝土以采用喷雾养护为宜，防止洒水软化下部土层。

5. 喷混凝土强度、厚度检验

喷混凝土必须满足设计的初期强度、长期强度、厚度及其与围岩黏结力的要求。

（1）用喷大板切割试块（100 mm 的立方体），在标准养护条件下进行养护，喷射混凝土 3 h 强度应达到 1.5 MPa，24 h 应达到 10.0 MPa，28d 用测得的极限抗压强度乘以 0.95。

（2）当不具备制作抗压强度标准块条件时，可喷制混凝土大板，在标准条件下养护 7d 后，用钻芯机取芯制作试块，芯样边缘至大板周边最小距离不小于 50 mm。

（3）可直接向边长 150 mm 的无底标准试模内喷混凝土制作试块，抗压加载方向应与试块喷射成型方向垂直，其抗压强度换算系数应通过试验确定。

（4）喷层厚度。可用插针、凿孔等方法检查。喷射时可插入长度比设计厚度大 5 cm 的粗铁丝，纵、横向 1 ~ 2 m 设一根作为施工控制用。衬砌完成后单线隧道每 20 延长米、双线隧道每 10 延长米至少检查一个断面，从拱顶中线起每隔 2 m 凿孔检查一个点。

6.4.1.6 喷混凝土工艺流程

喷混凝土工艺流程如图 6-39 所示。

6.4.2 钢纤维喷混凝土

钢纤维喷混凝土（SFRC）是在普通砂浆或混凝土中掺入分布均匀且离散的钢纤维，使钢纤维均匀分布在混凝土中，显著改善混凝土的抗

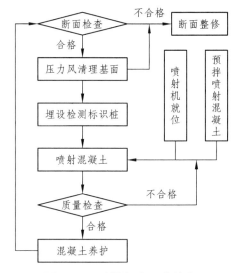

图 6-39 喷混凝土工艺流程

拉、抗弯、抗裂、延性、韧性及抗冲击性，可以减少甚至完全免除开裂引起的破坏。湿喷钢纤维混凝土回弹率低（5% ~ 10%），质量均一，弯曲拉伸及抗剪强度大，耐冲击、抗冻融性好。

1. 钢纤维喷混凝土的原材料及其配合比

钢纤维用于喷混凝土中，其直径一般为 0.3 ~ 0.5 mm，长为 20 ~ 25 mm，长径比为 40 ~ 60。截面形状为平直或端头带弯钩。常用的钢纤维为碳素钢纤维，而用于耐高温混凝土的为不锈钢纤维。其抗拉强度不得小于 380 MPa。

水泥一般采用强度等级不得低于 42.5 的普通硅酸盐水泥，单位水泥用量 380 ~ 450 kg；细骨料一般选用干净中砂为宜，砂率一般在 60% ~ 80%；粗骨料石子最大粒径以不超过 10 mm 为佳。

钢纤维混凝土中，钢纤维的掺量宜为混合料质量的 3% ~ 6%。

2. 钢纤维的搅拌

钢纤维喷混凝土混合料可使用强制式搅拌机或自落式搅拌机搅拌。

使用强制式搅拌机搅拌混合料，必须配合使用钢纤维播料机，将钢纤维均匀添加到强制式搅拌机中与砂、石、水泥混合，边搅拌边添加钢纤维，以保证钢纤维在混合料中拌和分布均匀。目前，钢纤维播料机主要有电磁振动插播机和振动筛式播料机两种。

使用自落式搅拌机搅拌混合料时，可将纤维过筛后（一般通过 15~20 mm 孔径的筛子）连同砂、石、水泥一起放进上料斗进入搅拌机内进行搅拌。

不论使用哪种搅拌方法，都要求钢纤维在混合料中分布均匀，不得有成团现象，以确保施工的顺利和混凝土质量。

6.4.3 锚 杆

6.4.3.1 锚杆的支护机理

锚杆加固围岩的作用主要有以下几个方面：

1. 悬吊作用

用锚杆把隧道洞壁上松动的岩块悬吊固定在深层的稳固岩体上，防止掉落，在有裂隙、节理发育的围岩中与喷混凝土并用，效果更好，如图 6-40 所示。

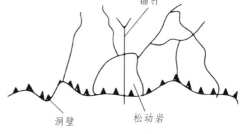

2. 组合梁效应

锚杆可将隧道周边的层状岩体或节理发育的岩体串联在一起，形成叠合梁结构，阻止岩层的滑移和坍塌，如图 6-41 所示。

图 6-40 锚杆悬吊效果示意

3. 加固效应

在隧道周边按一定间距布置放射状的系统锚杆，可使一定厚度范围内有节理、裂隙的破裂岩体或软弱岩体紧压在一起形成连续压缩带，使围岩接近于三向受力状态，围岩的承压能力和稳定性都得到提高，锚杆施加预应力时效果更明显，如图 6-42 所示。

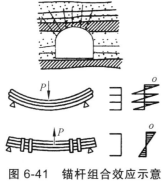

图 6-41 锚杆组合效应示意

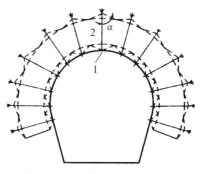

图 6-42 锚杆加固效应示意

155

6.4.3.2 锚杆的种类

我国使用较多的锚杆，按锚固方式大致分为如下几种：

1. 机械式锚固锚杆

锚杆端部锚头锚固在围岩中，另一端通过垫板同岩面接触，拧紧螺母使垫板紧压在岩面上，对围岩产生预加压应力，以增强围岩的稳定性和阻止围岩的变形。这种锚杆结构构造简单，容易加工，施工安装方便，施作后能立即提供支护抗力，并能对围岩施加不大的预应力，故适合于坚硬裂隙岩体中的局部支护和系统支护。但由于爆破震动可能引起锚头滑动，掌子面推进后，应将螺母重复拧紧。

2. 黏结式锚固锚杆

黏结式锚固锚杆分为端部黏结式锚固锚杆（如快硬水泥卷端部锚固锚杆、树脂端部锚固锚杆）和全长黏结式锚固锚杆（如水泥砂浆全长黏结式锚固锚杆、树脂全长黏结式锚固锚杆）。图6-43是我国使用最多的全长黏结的砂浆钢筋锚杆，这种锚杆一般不带锚头，施工时先用风动灌浆器向锚杆孔灌注早强水泥砂浆，然后插入锚杆使之与围岩黏结在一起。砂浆锚杆在整个钻孔壁上岩体与杆体紧密连接，锚固力较高，抗冲击和抗震动性能好，对围岩适应性强，价格便宜，施作简单。

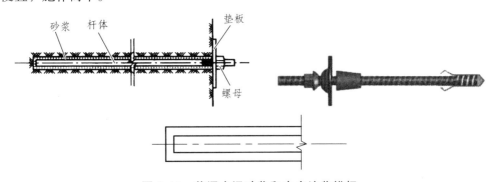

图 6-43　普通水泥砂浆和中空注浆锚杆

3. 混合式锚固锚杆

图6-44是一种端部锚固与全长黏结锚固相结合的混合式锚杆，既可以施加预应力，又具有全长锚杆的优点。当锚杆较长时，采用先灌浆后插锚杆的安装方法较困难，可以先安锚杆再灌浆。

图 6-44　混合式锚杆——胀壳中空砂浆锚杆

4. 摩擦式锚固锚杆

当隧道通过软弱围岩、破碎带、断层带、有水地段时，机械式锚杆锚固容易失效，全长黏结式砂浆锚杆施工不便，且不能及早提供支护能力，而采用摩擦式锚杆则可立即提供抗力。

摩擦式锚杆有管缝锚杆、楔管锚杆和水胀锚杆等。

图 6-45 为管缝式锚杆，它由前端冠部制成锥体的开缝钢管杆体、挡环及托板组成。锚杆的外径一般比围岩钻孔直径大 1 ~ 2 mm，锚杆被强行打入围岩钻孔后，管体受到挤压，与孔壁锚之间产生摩擦阻力，阻止围岩的松动、变形。

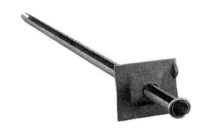

图 6-45　管缝式锚杆

6.4.3.3　锚杆的布置

锚杆的布置分为局部布置和系统布置。

锚杆局部布置主要指将锚杆用在坚硬而裂隙发育或有潜在龟裂及节理的围岩中，重点加固不稳块体。锚杆系统布置则是指将锚杆用于软弱破碎围岩中，对围岩进行整体加固。

系统锚杆宜垂直于隧道周边轮廓布置，水平成层岩层应尽可能与层面垂直或大角度相交，倾斜成层的岩层与层面呈斜交布置。锚杆宜成菱形排列，纵、横间距 0.8 ~ 1.5 m，其密度为 0.6 ~ 3.6 根/m^2。为使系统布置的锚杆形成连续均匀的压缩带，其间距不宜大于锚杆长度的 1/2，围岩稳定性越差锚杆间距越小。

6.4.3.4　锚杆施工

1. 钢筋砂浆锚杆

（1）材料及配合比。

钢筋：锚杆杆体宜用 HRB335、HRB400 级带肋钢筋，直径不宜小于 22 mm，使用前应平直、除锈、除油。

水泥：选用强度等级不低于 32.5 的普通硅酸盐水泥。

砂子：宜用中细砂，粒径不应大于 2.5 mm，使用前严格过筛。

速凝剂：速凝剂使用前应作速凝效果试验，一般要求初凝时间不大于 5 min。

砂浆配合比：水泥砂浆强度等级不应低于 M20，砂胶比宜为 1:1 ~ 1:2（质量比），水灰比为 0.38 ~ 0.45。

（2）灌浆设备。

灌浆通常采用牛角形灌浆器，它由伞形阀门、牛角形罐体、注浆管等组成。罐体上部设有进风管和排气管，近风端装有气压表。

（3）钻孔。

按锚杆支护的设计要求来确定钻杆孔位、间距、与岩面交角、孔深及孔径等，用凿岩机进行钻孔。锚杆与岩面、层面或裂隙面的交角，一般以 90°为宜。孔径应大于锚杆直径 15 ~

20 mm，以保证锚杆与孔壁之间充填一定数量的砂浆。

（4）注浆及安装锚杆。

注浆前应用高压风将孔眼吹净。注浆时将注浆管插入到距孔底 50～100 mm，在注浆的同时，将注浆管徐徐向外拔出，待注浆管口距钻孔口 20～30 cm 时，停止注浆，然后将锚杆插入至孔底部将砂浆挤满钻孔。为防止锚杆滑出，用木楔临时固定，待砂浆初凝后去掉木楔。

（5）安装垫板。

锚杆必须安装垫板，垫板应与混凝土面密贴。垫板一般用厚 6～10 mm 的钢板制成，规格为 150 mm×150 mm 或 200 mm×200 mm。

（6）锚杆的质量检查。

锚杆质量检查，包括长度、间距、角度、方向、抗拔力等。其中主要是作抗拔力试验，对于重要工程可增作灌浆密度试验。如抗拔力不符合设计要求时，可用加密锚杆予以补强。

钢筋砂浆锚杆施工工艺流程见图 6-46。

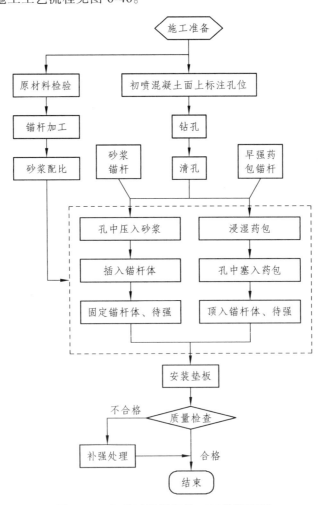

图 6-46　钢筋砂浆锚杆施工工艺流程图

158

2. 中空注浆锚杆

中空注浆锚杆主要有普通中空注浆锚杆、组合式中空注浆锚杆和自进式中空注浆锚杆三种，常用的型号有 $\phi 20\ mm$、$\phi 22\ mm$、$\phi 25\ mm$，长度一般为 2 ~ 3.5 m。

（1）钻孔：按设计位置沿拱部开挖轮廓上标出锚杆位置；用锚杆钻机或风枪钻孔，钻孔保持直线并与所在部位岩层结构面尽量垂直，孔径 42 mm，孔深大于锚杆设计长度 10 cm，钻至设计深度后，用水或高压风清孔，经检查后进行锚杆安设。

（2）锚杆安装：中空锚杆按设计要求制作，使用前先检查锚杆孔中有无异物堵塞，如有异物应清理干净。锚杆由人工安设，应保持锚杆的外露长度 10 ~ 15 cm，然后安装孔口帽（止浆塞）。

（3）注浆准备：为了保证连续不间断注浆，注浆前应认真检查注浆泵的状况是否良好；检查制浆的原材料是否备齐，质量是否合格。

（4）注浆作业：将锚杆、注浆管及注浆泵用快速接头连接好。开动注浆泵注浆，直至浆液从孔口周边溢出或压力表达到设计压力值为止。浆液严格按配合比配制，注浆过程中若出现堵管现象，及时清理锚杆、注浆软管和注浆泵。为保证注浆效果，严格控制注浆压力，橡胶止浆塞打入孔口不小于 30 cm，而且要待排完气之后立即封闭止浆塞以外的钻孔。

中空锚杆施工工艺流程如图 6-47 所示。

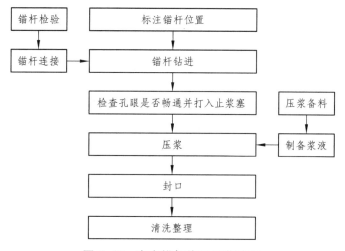

图 6-47 中空锚杆施工工艺流程

6.4.4 钢支撑

钢支撑又称钢架，钢架架设后立即受力，其强度和刚度均较大，可承受开挖时引起的松动压力，阻止围岩的过度变形。

1. 型钢钢架

工程上采用的型钢钢架有工字型钢、H 型钢、槽钢、U 型钢及钢管等，需要在工地使用专用设备集中加工制作。钢架可以提供较大的早期支护刚度，但与喷混凝土结合不良，黏结力较小，与围岩的接触面之间不易保证喷混凝土充填密实。

2. 格栅钢架

格栅钢架，又称为"花拱"，质量轻，现场加工制作容易，安装架设方便，对隧道断面变化的适应性好；可以很好地与锚杆、钢筋网、喷混凝土相结合，构成联合支护，增强支护的有效性，且受力条件好；易与超前锚杆、小导管形成整体，进一步增强支护作用。但格栅钢架制作费工费时。

钢架的纵向间距应根据所支护的围岩而定，一般为 0.75 ~ 1.2 m，两榀钢架之间设置直径为 20 ~ 22 mm 的纵向钢拉杆，钢架结构构造如图 6-48 所示。

图 6-48　型钢钢架和格栅钢架

3. 施工要点

（1）钢架的截面高度应与喷混凝土厚度相适应，一般常用为 16 ~ 20 cm，且要有一定厚度的保护层。钢拱架通常是在初喷之后架设的，初喷混凝土厚度约 4 cm。

（2）安装前应清除底脚下的虚渣及杂物。

（3）各节钢架间应以螺栓连接，连接板应密贴。

（4）沿钢架外缘每隔 2 m 用钢楔或混凝土预制块楔紧。

（5）钢架底脚应置于牢固的基础上。钢架应尽量密贴围岩并与锚杆焊接牢固，钢架之间应按设计纵向连接。

（6）钢拱架的拱脚应有一定的埋置深度，以保证拱架脚的稳定（少沉降、少挤入）。一般可以采取的措施有垫石、垫板、纵向托梁、锁脚锚杆等。

（7）钢拱架应尽可能多地与锚杆露头及钢筋网焊接，以增强其联合支护效应。

（8）可缩性钢拱架的可缩性节点不宜过早喷混凝土，应待其收缩合拢后，再补喷。

（9）喷混凝土时，应注意将钢架与岩面之间的间隙喷射密实，先喷射钢架与围岩间的空隙，再喷射钢架与钢架间的混凝土，钢架与喷混凝土形成整体，钢架应全部被喷混凝土覆盖，保护层厚度不得小于 40 mm。

（10）喷混凝土应分层分次喷射完成，初喷混凝土应尽早进行，复喷混凝土应在量测指导下进行，以保证其适时、有效。

钢架施工工艺流程如图 6-49 所示。

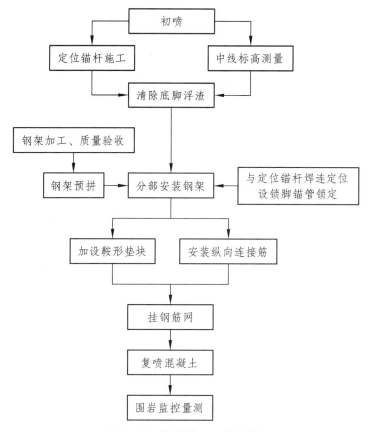

图 6-49 钢架施工工艺流程

6.5 防水层施工

隧道防排水应遵循"防、排、截、堵相结合，因地制宜，综合治理"的原则，本节主要学习隧道防水层和施工缝、变形缝的防水施工。

6.5.1 防水层施工

围岩如有淋水，应先采用注浆措施将大的淋水或集中出水点封堵，然后在围岩表面设排水管或排水板竖向盲沟局部引排。初期支护如有淋水，在初期支护与二次衬砌之间设置竖向排水。竖向排水在拱脚处用硬聚乙烯排水管穿过二次衬砌排入侧沟中。在初期支护与二次衬砌之间铺设土工布、防水板，变形缝、施工缝采用中埋式橡胶止水带或其他止水措施。

1. 基面处理（图 6-50）

（1）喷射混凝土基面的表面应平整，两凸出体高度与间距之比，拱部不大于 1/8，其他部位不大于 1/6，否则应进行基面处理。

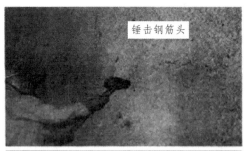

图 6-50　基面处理

（2）拱墙部分自拱顶向两侧将基面外露的钢筋头、铁丝、锚杆、排水管等尖锐物切除锤平，并用砂浆抹成圆曲面。

（3）欠挖超过 5 cm 的部分需进行凿除。

（4）仰拱部分用风镐修凿，清除回填渣土和喷射混凝土回弹料。

（5）隧道断面变化或突然转弯时，阴角应抹成半径大于 10 cm 的圆弧，阳角处应抹成半径大于 5 cm 的圆弧。

（6）检查各种预埋件是否完好。

（7）喷射混凝土强度要求达到设计强度。

2. 缓冲垫层的铺设

缓冲垫层常用土工布和聚乙烯泡沫塑料，铺设过程如下：

用带热塑性圆垫圈的射钉将土工布平整顺直地固定在基层上，土工布搭接宽度 50 mm，可用热风焊枪点焊，每幅防水板布置适当排数垫圈，每排垫圈距防水板边缘 40 cm 左右。垫圈间距：侧壁 80 cm，2 ~ 3 个垫圈/m^2；顶部 40 cm，3 ~ 4 个垫圈/m^2。如图 6-51。

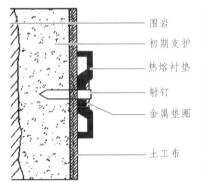

图 6-51　暗钉圈固定土工布示意及施工现场

3. 防水板铺设

防水板铺设多采用无钉（暗钉）铺设法，无钉铺设法是先将喷射混凝土表面用明钉铺设法固定缓冲层，然后将防水板热焊在固定缓冲层垫圈上，使防水板无穿透钉孔，如图 6-52 所示。防水板铺设要点如下：

（1）防水板需环向铺设，相邻两幅接缝错开，结构转角处错开不小于规定值。

（2）防水板短长边的搭接均以搭接线为准。防水板搭接处采用双缝焊接，焊缝宽度不得小于 10 mm，且均匀连续，不得有假焊、漏焊、焊焦、焊穿等现象。

（3）防水板宜采用从下向上的顺序铺设，松紧应适度并留有余量（实铺长度与弧长的比值为 10∶8）检查时要保证防水板全部面积均能抵到围岩。

（4）在检查焊接质量和修补质量时，严禁在热的情况下进行，更不能用手撕。

（5）铺设防水板地段距开挖工作面不应小于爆破安全距离。

（6）防水板铺设可采用自制台车进行。

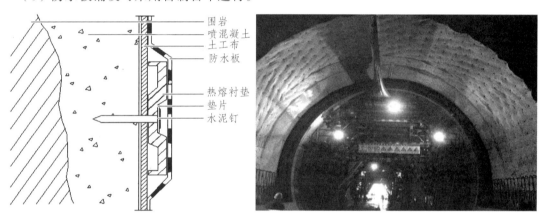

图 6-52　无钉铺设防水板示意及施工现场

4. 防水板搭接

防水板通常采用自动爬行热合机双缝焊接，防水板焊接在热熔垫片表面，焊接前将防水板铺设平整、舒缓，并将焊接部位的灰尘、油污、水滴擦拭干净，焊缝接头处不得有气泡、褶皱及空隙，而直接头处要牢靠，强度不得小于同一种材料；防水板焊接时，要严格掌握焊接速度和焊接时间，防止过焊或焊穿防水材料；防水板之间搭接宽度为 15 cm，双缝焊接的每条缝宽 1 cm，两条焊缝间留不小于 1.5 cm 宽的空腔作为充气检查用。如图 6-53 所示。焊缝处不允许有漏焊、假焊，烤焦、焊穿处必须用同种材料片焊贴覆盖。防水板搭接要求成鱼鳞片状，以利排水。

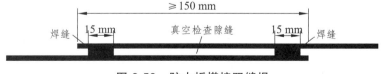

图 6-53　防水板搭接双缝焊

5. 质量检查

（1）在洞外检查防水板及土工布的颜色、厚度、合格证是否符合要求。

（2）防水板焊接质量检测。防水板的搭接缝焊接质量检查应按充气法检查，将 5 号注射针与压力表相接，用打气筒进行充气，当压力表达到 0.25 MPa 时停止充气，保持 15 min，压力下降在 10%以内，说明焊缝合格；如压力下降过快，说明有未焊好处。用肥皂水涂在焊缝上，有气泡的地方重新补焊，直到不漏气为止。

6. 混凝土施工时防水板保护

（1）底板防水层可用细石混凝土保护。

（2）衬砌结构钢筋绑扎时不得划伤或戳穿防水板，钢筋头采用塑料帽保护。焊接钢筋时，用非燃物隔离。

（3）浇筑混凝土时，振动棒不得接触防水层。

（4）二次衬砌灌注混凝土时，不得损坏防水板。

6.5.2　变形缝、施工缝施工

变形缝、施工缝是防水的薄弱环节，必须按规范规定和设计要求严格认真施作。

1. 施工缝

施工缝采用止水带或止水条防水，设置在结构厚度的 1/2 处。

（1）施工时要对其材质、性能、规格进行检查，符合设计要求，无裂纹和气泡。

（2）先施工结构中预埋的一半止水带，应用止水带钢筋夹固定或通过止水带边孔的钢丝固定在结构钢筋骨架上，并用两块挡头板牢牢固定住，避免混凝土灌注过程中止水带移位。止水带不得打孔或用钢钉固定。

（3）拆模时和进行施工缝凿毛处理时，应仔细保护止水带，以防被破坏。后施工的结构在灌注前，必须对止水带进行清洗。

2. 变形缝

变形缝是由于考虑结构不均匀受力和混凝土结构胀缩而设置允许变形的缝隙，是防水处理的难点，也是结构自防水中的关键环节。

变形缝宽度一般为 20~30 mm，防水材料可选用橡塑钢片止水带、双组分聚硫橡胶、四油两布双组分聚氨酯、聚苯板、EVA 防水砂浆等，结构中间埋入钢边橡胶止水带[图 6-54(a)]，止水带两侧分别用聚苯乙烯泡沫板填充。

（a）钢边止水带　　　　　（b）背贴止水带　　　　　（c）中埋止水带

图 6-54　止水带类型

164

具体操作方法:用特制钢筋箍夹紧橡塑钢片止水带,使其准确居中,在封口处开宽90 mm、深35 mm的槽,与缝交接处放双组分聚硫橡胶,其余部分填聚苯板。在嵌双组分聚硫橡胶前,将缝两边基面的表面松动物及浮渣等凿除,清扫干净并用砂浆找平,使其与变形缝两侧黏结牢固。槽体的两帮涂四油两布双组分聚氨酯,槽体填充EVA防水砂浆。

3. 变形缝、施工缝的质量保证措施

(1)保证施工缝粘贴止水条处混凝土表面光滑、平整、干净,施工缝凿毛时不被破坏。

(2)止水条的安装确保"密贴、牢固、混凝土浇筑前无膨胀失效",使用氯丁胶粘贴并加钢钉固定,接头用氯丁胶斜面粘贴紧密。

(3)止水带的安装确保"居中、平顺、牢固、无裂口脱胶",并在浇筑混凝土的过程中注意随时检查,防止止水带移位、卷曲,塑料止水带接头采取焊接。

(4)各种贯通的施工缝、变形缝的止水条、止水带的安装确保形成全封闭的防水网。

(5)灌注混凝土前,先将混凝土基面充分凿毛并清洗干净。采用手工凿毛时,对施工缝的清洗必须彻底,必要时还要用钢刷刷干净。

(6)混凝土浇筑时,确保新旧混凝土结合良好,使混凝土结合处有20～30 mm厚的水泥砂浆。水平施工缝可先铺设厚20～30 mm的与混凝土等强度的防水砂浆。

4. 背贴式橡胶止水带施工

(1)背贴式橡胶止水带[图6-54(b)]设置在衬砌结构施工缝、变形缝的外侧,施工时按设计要求先在需要安装止水带的位置放出安装线。

(2)施工缝处设计有防水板的,如止水带材质与防水板相同,则采用热焊机将止水带固定在防水板上;如设计为橡胶止水带时,则采用黏结法将其与防水板黏结。

5. 中埋式橡胶止水带施工

中埋式橡胶止水带[图6-54(c)]施工时,将加工的ϕ10 mm钢筋卡由待模筑混凝土一侧向另一侧穿入,卡紧止水带一半,另一半止水带平结在挡头板上,待模筑混凝土凝固后弯曲ϕ10 mm钢筋卡套上止水带,模筑下一循环混凝土。

(1)止水带安装的横向位置,用钢卷尺量测内模到止水带的距离,与设计位置相比,允许偏差±5 cm。

(2)止水带安装的纵向位置,通常以施工缝或伸缩缝为中心两边对称,用钢卷尺检查,偏离中线的允许偏差为±3 cm。

(3)用角尺检查止水带与衬砌端头模板是否正交,不正交时会降低止水带的有效长度。

(4)检查接头处上下止水带的压茬方向,此方向应以排水通畅、将水外引为正确方向,即接茬部位下部止水带压住上部止水带。

(5)用手轻撕接头来检查接头强度,观察接头强度和表面打毛情况。接头外观应平整、光洁,抗拉伸强度不低于母材,不合格时应重新焊接。

6. 遇水膨胀橡胶止水条的施工

(1)选用的遇水橡胶止水条应具有缓胀性能,其7d的膨胀率不大于最终膨胀率的60%。

(2)遇水止水条应牢固地安装在缝表面或预留槽内。先将预留槽清洗干净,然后涂一层胶黏剂，将止水条嵌入槽内，并用钢钉固定。止水条连接应采用搭接方法，搭接长度大于50 mm，搭接头要用水泥钉钉牢。止水条应沿施工缝回路方向形成闭合回路，不得有断点。

（3）止水条安装位置、接头连接应符合设计要求。

（4）止水条表面没有开裂、缺胶等缺陷，无受潮提前膨胀现象。

（5）止水条与槽底密贴，没有空隙。

6.6　二次衬砌施工

6.6.1　二次衬砌混凝土施工

目前，隧道二次衬砌施工大多采用仰拱超前，墙、拱随后由下至上整体浇筑的施工顺序。边墙基础高度的位置（水平施工缝）应避开剪应力最大的截面，并按设计要求做好防水处理。二次衬砌混凝土应采用具有自动计量装置的拌和站集中拌和，混凝土输送罐车运输，轨道自动行走液压起臂整体模板衬砌台车、混凝土输送泵车灌注的方法进行。隧道内的混凝土施工比露天的混凝土施工有一定的难度，拱部混凝土浇筑和捣固，衬砌背后空洞的回填都是重点，要做到"内实外美"，需要严格按照施工工艺施工。

1. 模板类型与选择

隧道内常用模板类型有整体移动式模板台车、分体移动式模板台车、拼装式拱架模板。

（1）整体移动式模板台车：主要适用于全断面一次开挖成形或大断面开挖成形的隧道衬砌施工中。它采用大块曲模板、机械或液压脱模、背负式振捣设备集装成整体，并在轨道上走行，有的还设有自行设备，从而缩短立模时间，墙拱连续灌注，加快衬砌施工速度。

整体移动式模板台车生产能力大，可配合混凝土输送泵联合作业，是一种先进的模板设备。但其尺寸较固定，可调范围小，影响其适用性，且一次性设备投资较大。

（2）分体移动式模板台车：这种台车将走行机构与整体模板分离，一套走行机构可以解决几套模板的移动问题，既提高了走行机构的利用率，又可以多段衬砌同时施作。

（3）拼装式拱架模板：拼装式拱架模板的拱架可采用型钢制作或现场用钢筋加工成桁架式拱架。为便于安装和运输，常将整榀拱架分解为 2～4 节，进行现场组装；为减少安装和拆卸工作量，可以做成简易移动式拱架，即将几榀拱架连成整体，并安设简易滑移轨道。

拼装式拱架模板的一次模筑长度，应与围岩地质条件、施工进度要求、分离生产能力以及开挖后围岩的动态等情况相适应。一般分段长度为 2～9 m，松软地段最长不超过 6 m。

拼装式拱架模板灵活性大，适应性强，尤其适用于曲线地段。因其安装架设较费时费力，故生产能力较模板台车低，在中小型隧道及分部开挖时使用较多。

2. 二衬施工准备工作

（1）断面检查。

根据隧道中线和水平测量，检查开挖断面是否符合设计要求，欠挖部分按规范要求进行凿除，并做好断面检查记录。

（2）放线定位。

根据隧道中线、高程及断面设计尺寸，测量确定衬砌立模位置，并放线定位。放线定位时，为了保证衬砌不侵入建筑限界，须预留误差量和沉落量，并注意曲线地段的加宽。预留误差值是考虑到放线测量和拱架模板就位等可能存在误差，为保证隧道衬砌净空尺寸，一般将衬砌内轮廓尺寸扩大 5 cm。预留沉落量是考虑到未凝混凝土的荷载作用会使拱架模板变形和下沉，后期围岩压力作用和衬砌自重也会使衬砌变形和下沉，故须预留沉落量，这部分数值可根据实测数据确定或参照经验确定。预留误差量和沉落量应在拱架模板定位放线时一并考虑确定，并按此架设拱架模板和确定模板的加工尺寸。

（3）清除浮渣，整平墙脚基面。

墙脚地基应挖至设计高程，并在灌筑前清除虚渣、排除积水、找平支承面。

（4）拱架模板整备。

使用拼装式拱架模板时，立模前应在洞外样台上试拼拱架和模板，检查其尺寸、形状，不符合要求的应予修整。配齐配件，模板表面要涂抹防锈剂。洞内重复使用时亦应注意检查修整，并注意曲线加宽后的衬砌及模板尺寸。

使用整体移动式模板台车时，在洞外组装并调试好各机构的工作状态，检查好各部尺寸，保证进洞后投入正常使用。每次脱模后应予检修。

（5）立模。

根据放线位置，架设安装拱架模板或模板台车就位，安装和就位后，应做好各项检查，包括位置、尺寸、方向、高程、坡度、稳定性等。

3. 混凝土浇筑施工

准备工作完成，即可浇筑混凝土。隧道衬砌混凝土的浇筑应注意以下几点：

（1）保证捣固密实，使衬砌具有良好的抗渗防水性能，尤其应处理好施工缝。

（2）整体模筑时，应注意对称浇筑，两侧同时或交替进行，以防止未凝混凝土对拱架模板产生偏压而使衬砌尺寸不合要求。

（3）衬砌混凝土浇筑应分段进行，混凝土浇筑时的自由倾落高度不宜超过 2 m。

（4）混凝土应分层浇筑，每层厚度根据拌和能力、运输条件、浇筑速度、捣固能力等决定，一般为 15～30 cm。

（5）拱脚及墙脚以上 1 m 范围内的超挖，应用同级混凝土进行回填灌注。

（6）混凝土浇筑必须保证其连续性。浇筑层之间的间隔，应能使混凝土在前一层初凝前浇筑完毕。若因故不能连续灌注，则应按照施工接缝进行处理，使衬砌具有较好的整体性。

（7）衬砌的分段施工缝应与设计沉降缝、伸缩缝及设备洞位置统一考虑，合理确定位置。

（8）浇筑完成后达到规定强度方能拆模，养护时间不得少于 14d。

4. 机械化浇筑模筑混凝土

机械化浇筑模筑混凝土是把配料、混凝土搅拌、运输、立模、灌注、捣固等主要施工过程的机械进行配套，也即采用机械化搅拌站、全断面金属模板台车、混凝土泵和输送管道所进行的综合模筑施工作业。机械化作业可以加快施工进度，提高工作效率，简化封口等，见图 6-55。

图 6-55　二次衬砌台车

6.6.2　压浆、仰拱和底板

1. 压　浆

模筑混凝土施工，由于超挖回填不密实和混凝土坍落度的影响，往往在衬砌背后与防水板或喷层之间留有空隙，不密贴，拱顶背后尤为明显，需要进行充填压浆使之密贴，以改善衬砌结构受力工作状态。压浆工作宜与衬砌作业区保持 70 ~ 100 m 的距离，同时向前推进。

一般只在拱顶部位进行压浆，可采用注浆导管法（预留注浆孔法、纵向预留管道法）或者防水板焊接注浆底座法，施工中按照设计要求或实际需要选用。压浆浆液材料多采用单液水泥浆。

2. 仰拱和底板

若设计无仰拱，则底板通常是在开挖完毕且拱墙修筑好后进行，以避免与开挖和拱墙衬砌作业相互干扰。若设计有仰拱，则说明侧压和底压较大，仰拱应超前施工。但仰拱和底板施工占用洞内运输道路，对前方开挖和衬砌作业的出渣、进料造成干扰。因此，应对仰拱和底板的施作时间、分块施工顺序和与运输的干扰问题进行合理安排。

仰拱应优先选择各段一次成型，避免分部灌注；灌注仰拱和底板时，必须把隧道底部的虚渣、杂物及淤泥清除干净，排除积水。超挖部分应用同级混凝土回填密实。长大隧道仰拱施工，可以使用机械化程度较高的仰拱台车栈桥，仰拱台车栈桥上可通过各种施工运输车辆，紧跟前方掌子面，可实现仰拱的全幅整体超前施工；仰拱施工期间，不会影响隧道开挖所需配套设备（如风管、电缆等）的正常工作，完全实现了仰拱与开挖运输平行作业的施工模式；设计浮动装置，保证混凝土养护期间，运输车辆通过栈桥不会影响仰拱混凝土品质；混凝土养护加速了仰拱施工进程，确保了足够的混凝土强度。仰拱模板与栈桥见图 6-56。

图 6-56　仰拱模板与栈桥

6.6.3　混凝土养护与拆模

一般情况下,衬砌混凝土灌注后 10~20 h 即应开始浇水养护。养护延续时间和每天洒水次数,应根据衬砌灌注地段的气温、相对湿度和所用水泥的品种确定。使用普通硅酸盐水泥时一般应连续养护 7~14d。在严寒地区冬季灌注混凝土时,应采取防寒措施,防止冻坏衬砌。

在围岩及初期支护变形基本稳定条件下施作的二次衬砌,可在混凝土强度达到 8 MPa 以后拆模。初期支护未稳定提前施作的二衬混凝土应在强度达到设计强度 100% 以后拆模。

复习思考题

1. 传统矿山法和新奥法有什么不同?

2. 简述隧道洞口施工的要求。

3. 简述明洞的施工方法及施工要求。

4. 简述全断面法的优缺点及适用条件。采用全断面法施工时应注意哪些问题?

5. 简述台阶法的分类、优缺点及适用条件。

6. 简述分部开挖法的分类、优缺点及适用条件。

7. 简述选择隧道开挖方法应考虑的因素。

8. 隧道开挖中常用的凿岩机具有哪些?自己上网查询凿岩机具类型及各自的技术参数。

9. 简述隧道常用炸药的类型、特性和适用范围。

10. 隧道爆破常用的起爆方法有几种?各有什么特点?工程中常用什么起爆方法?

11. 什么叫装药结构?隧道爆破中常用的装药结构有几种形式?

12. 炮眼分为几种?各起什么作用?如何进行布置?

13. 爆破时有几种掏槽形式?各有何特点?如何选用?

14. 什么是光面爆破、预裂爆破?光面爆破和预裂爆破有何区别?各用于何种情况?爆破参数如何选择?

15. 何谓水压爆破?与一般爆破有什么区别?有何优点?

16. 什么叫装渣运输?有哪几种方式?

17. 如何计算渣量及装渣生产率？为何装渣时计算的装渣生产率与装岩机的实际生产率有很大的差别？

18. 洞口卸渣应注意什么问题？有哪些卸渣方式？

19. 什么是初期支护？我国初期支护有哪几种结构形式？

20. 简述锚杆和喷混凝土的支护原理。

21. 锚杆有哪几种类型？各有什么特点？

22. 简述防水层的施工工艺。

23. 如何处理变形缝的防水问题？

24. 型钢钢架和格栅钢架有何不同？

25. 二次衬砌的作用是什么？如何确定二衬的施工时间？

26. 简述二次支护的施工工艺过程。

第7章　特殊地质地段隧道施工

【知识目标】

1. 了解各种特殊地质地段隧道的特点，知道相应的施工处理方法；
2. 熟悉隧道坍方的原因和处理方案；
3. 熟悉松散地层施工采用的超前支护类型；
4. 了解瓦斯性质和瓦斯隧道施工的安全技术措施。

【技能目标】

1. 能够制定隧道坍方的预防措施和坍方后的处理方案；
2. 能够借助文献资料初步确定黄土隧道、岩溶隧道、松散地层隧道、瓦斯隧道的施工方案。

7.1　特殊地质概述

在隧道施工过程中常遇到一些不利于施工的特殊地质地段，如膨胀土围岩、黄土、溶洞、断层、松散地层、流沙、瓦斯、煤与瓦斯突出、岩爆等。隧道在开挖、支护和衬砌过程中，由于各种因素的影响可能发生土石坍塌、坑道支撑变形、衬砌结构断裂等情况，严重影响施工进度、安全和质量。隧道穿越含有瓦斯的地层、具有煤与瓦斯突出危险性的煤系地层和具有岩爆危险性的地层时，可能发生瓦斯爆炸、煤与瓦斯突出和岩爆等事故，更严重地威胁着施工安全。

隧道通过特殊地质地段施工时应注意以下几点：

（1）施工前应对设计所提供的工程地质和水文地质资料进行详细分析了解，深入细致地作施工调查，制订相应的施工方案和措施，配备相应的技术管理人员，备足有关机具及材料，认真编制和实施施工组织设计，使工程达到安全、优质、高效的目的。反之，即便地质并非不良，也会因准备不足、施工方法不当或措施不力导致施工事故，延误施工进度。

（2）特殊地质地段隧道施工，以"先治水（抽排瓦斯、消除煤与瓦斯突出危险性、消除岩爆危险性）、短开挖、弱爆破、强支护、早衬砌、勤检查、稳步前进"为指导原则。在选择和确定施工方案时，应以安全为前提，综合考虑隧道工程地质及水文地质条件、断面形式、尺寸、埋置深度、施工机械装备、工期和经济的可行性等因素而定。同时应考虑围岩变化时施工方法的适应性及其变更的可能性，以免造成工程失误和增加投资。

（3）施工前首先要做好隧道施工过程中的超前地质预测预报工作（物探、钻探及超前炮孔探测），探明有突水（瓦斯、煤与瓦斯突出、岩爆）可能的施工地段，应编制防治水（瓦斯、煤与瓦斯突出、岩爆）专项施工方案，实施超前排放水（超前排放瓦斯、超前防突措施消除突出危险、超前卸压措施消除岩爆危险），严防突水（瓦斯爆炸、煤与瓦斯突出、岩爆）事故发生。

（4）采用新奥法施工。为了掌握施工中围岩和支护的力学动态及稳定程度，以及确定施工工序，保证施工安全，应实施现场监控量测，充分利用监控量测指导施工。对松软岩层及浅埋隧道须进行地表下沉观测，及时预报洞体稳定状态，修正施工方案。

（5）隧道开挖方式，无论是采用钻爆开挖法、机械开挖法，还是采用人工和机械混合开挖法，应视地质、环境、安全等条件来确定。如用钻爆法施工时，光面爆破和预裂爆破技术，既能使开挖轮廓线符合设计要求，又能减少对围岩的扰动破坏。爆破应严格按照钻爆设计进行施工，如遇地质变化应及时修改完善设计。

（6）隧道通过自稳时间短的软弱破碎岩体、浅埋软岩和严重偏压、岩溶流泥地段，砂层、砂卵（砾）石层、断层破碎带以及大面积淋水或涌水地段时，为保证洞体稳定可采用超前支护（超前锚杆、超前小套管、超前管棚）以及地表预加固地层、围岩预注浆（注水泥砂浆或化学浆液）等辅助施工措施，对地层进行预加固或止水。必要时应当采用构件支撑作临时支护时，临时支撑要有足够的强度和刚度，能承受开挖后的围岩压力。

（7）特殊地质地段隧道衬砌。

① 为防止围岩松弛，地压力作用在衬砌结构上，这会导致衬砌出现开裂、下沉等不良现象。因此，采用模筑衬砌施工时，除遵守隧道施工技术规范的有关规定施工外，还应注意当拱脚、墙基松软时，灌筑混凝土前应采取措施加固基底。衬砌混凝土应采用高强度等级或早强水泥，提高混凝土等级，或采用掺速凝剂、早强剂等措施，提高衬砌的早期承载能力。仰拱施工，应在边墙完成后抓紧进行，或根据需要在初期支护完成后立即施作仰拱，使衬砌结构尽早封闭，构成环形改善受力状态，以确保衬砌结构的长期稳定坚固。

② 瓦斯隧道段隧道衬砌一是采用气密性混凝土现浇支护，二是在二衬壁后预埋瓦斯排放盲管将围岩瓦斯引入隧道永久瓦斯排放系统,确保瓦斯隧道在运营期间围岩瓦斯不涌入隧道。

7.2 膨胀土围岩隧道施工

7.2.1 膨胀土围岩

膨胀土系指土中黏土矿物成分主要由亲水性矿物组成，同时具有吸水显著膨胀软化和失水收缩硬裂两种特性，且具有湿胀干缩往复变形的高塑性黏性土。决定膨胀性的亲水矿物主要是蒙脱石黏土矿物。

1. 膨胀土围岩的特性

穿过膨胀土地层的隧道，常常可以见到开挖后不久围岩因开挖而产生变形，或者因浸水

172

而膨胀，或因风化而开裂等现象，使坑道的顶部及两侧向内挤入，底部鼓起（底鼓），随着时间的增长导致围岩失稳，支撑、衬砌变形和破坏。这些现象说明膨胀土围岩性质是极其复杂的，它与一般土质的围岩性质有着根本的区别。膨胀土围岩的基本特性，主要有以下三方面：

（1）膨胀土围岩大多具有原始地层的超固结特性，使土体中储存有较高的初始应力。当隧道开挖后，引起围岩应力释放，强度降低，产生卸荷膨胀。因此，膨胀土围岩常常具有明显的塑性流变特性，开挖后将产生较大的塑性变形。

（2）膨胀土中有各种形态发育的裂隙，形成土体的多裂隙性。膨胀土围岩实际上是土块与各种裂隙和结构面相互组合形成的膨胀土体。由于膨胀土体在天然原始状态下具有高强度特性，隧道开挖后洞壁土体失去边界支撑而产生胀缩，同时因风干脱水使原生隐裂隙张弛，使围岩强度急剧衰减。因此，隧道施工开挖过程中，常有初期围岩变形大、发展速度快等现象。

（3）膨胀土围岩因吸水而膨胀，失水而收缩，土体中干湿循环产生胀缩效应。一是使主体结构破坏，强度衰减或丧失，围岩压力增大。二是造成围岩应力变化，无论膨胀压力或收缩压力，都将破坏围岩的稳定性，特别是膨胀压力将对增大围岩压力起叠加作用。

2. 膨胀土围岩对隧道施工的危害

由于膨胀土围岩的特殊工程地质性质及其围岩压力特性，膨胀土隧道围岩具有普遍外裂、内挤、坍塌和膨胀等变形现象。膨胀土隧道围岩变形常具有速度快、破坏性大、延续时间长和整治较困难等特点。膨胀性围岩对隧道施工的影响简述如下：

（1）围岩普遍开裂。隧道开挖后，开挖面上膨胀土体由于原始应力释放而产生开裂，表层土体又因外露风干而失水产生收缩裂缝。这两种因素促使膨胀土围岩裂缝宽度扩大，尤其拱部围岩更容易产生张拉裂缝与上述裂缝贯通，形成拱顶局部变形区——脱离区。

（2）坑道下沉。由于坑道下部膨胀土体的承载力较低，加之坑道上部围岩压力过大，坑道下沉变形明显。另外，隧道只能采用分部开挖，若后部工序开挖暴露的围岩出现风化膨胀，产生较大的收缩地压力，加上坑道下沉变形，则会使支撑过度变形或折断、失效、破坏，从而引起围岩土体坍塌、挤压和膨胀变形等。

（3）围岩膨胀凸出和坍塌。隧道坑道开挖过程中和开挖后，围岩产生膨胀变形，周边膨胀土体向洞内膨胀凸出，造成开挖断面缩小。在膨胀土体丧失支撑（支撑失效）或支撑力度不够的状态下，围岩压力与膨胀压力的叠加作用，使围岩土体产生局部破坏形成坍塌现象。

（4）隧道底部隆起（底鼓）。坑道底部开挖后，洞底围岩的上部竖向压力解除，尚无仰拱支护体约束时，由于膨胀地压力释放，洞底围岩产生卸荷膨胀；又因坑道易积水，洞底土体产生浸水膨胀：因此造成洞底隆起变形。

（5）衬砌变形和破坏。模筑混凝土衬砌中，常发生下列影响：

① 拱顶受挤压下沉，也有向上凸起。拱顶外缘经常出现纵向贯通张拉裂缝（一般是在拱圈封顶后几小时到几天内出现），而拱内缘出现鱼鳞状挤裂、脱皮、掉块现象。

② 在拱腰部位出现纵向裂缝，这些裂缝有时可逐渐发展到张开、错台。

③ 当采用直墙式边墙时，边墙常受膨胀侧压而开裂，甚至张开、错台，少数曲边墙也有出现水平裂缝的情况。

④ 当底部未做仰拱或未做一般铺底时，有时会出现底部隆起，铺底被破坏。

7.2.2 膨胀土围岩隧道的施工要点

1. 加强调查、量测围岩的压力和流变

在膨胀土地层中开挖隧道，除了认真实施设计文件所提出的技术要求外，在施工过程中还应对围岩压力及其流变情况进行充分的调查和量测，分析其变化规律。对地下水亦应探明分布范围及规律，了解水对施工的影响程度，以便根据围岩动态采取相应的施工措施。如原设计难以适应围岩动态情况，也可据此作适当修正。

2. 隧道防排水

水是膨胀岩隧道产生病害的主要根源，对围岩的强度和体积有较大的影响。所以膨胀岩隧道的防排水，应采用以防为主，防、堵、截、排相结合的原则，并结合当地的气象、水文、地质条件，因地制宜地进行。隧道防排水施工时应采取下列措施：

（1）膨胀岩隧道浅埋地段的地表低洼处必须填平，小河沟（槽）可采用浆砌片石封闭，防止地表水下渗。

（2）在断层破碎带、节理发育、地下水丰富地段应及时施作盲沟或采用弹性软式透水管，将水归入沟槽，引排至洞内水沟。

（3）膨胀岩隧道施工期间顺坡排水时，应设置专门的防渗漏排水沟槽，严禁在岩体上直接挖沟排放。利用反坡排水时，必须有完善的排水设施并保证抽排水设备的完好，严禁水渗流至开挖掌子面。

（4）二次衬砌的施工缝、变形缝应根据防水要求，结合地下水情况、防水材料特点等因素合理设置。

3. 膨胀围岩隧道开挖

膨胀土隧道围岩压力的施工效应是导致隧道变形病害的主要原因。采用合理的施工方法，对隧道的稳定性有着十分重要的作用。施工应根据断面大小采用台阶法、双侧壁导坑法、中隔壁法、交叉中隔壁法等分部开挖法。膨胀岩隧道开挖应符合下列要求：

（1）膨胀土隧道围岩开挖尽量采用非爆破开挖（如机械、人工开挖），减少对围岩的扰动。

（2）采用钻爆法开挖时，应短进尺、多循环，以减少对围岩的扰动。围岩较好时，宜采用全断面一次开挖；特别软弱时，采用分部开挖法。

（3）开挖断面应圆顺，宜采用圆形或接近圆形的卵形或马蹄形断面。隧道周边宜采用风镐开挖，中间部分可用钻爆法开挖。

（4）膨胀岩地段开挖后，应及时封闭暴露的围岩，防止空气中水分侵入围岩。

（5）为了适应膨胀岩变形大的要求，应当预留较大的变形量，可根据围岩量测结果或工程类比的方法确定。

4. 膨胀岩隧道支护

膨胀围岩隧道的初期支护宜采用喷射混凝土、锚杆、钢筋网、钢架等相结合的支护形式，必要时可采用钢纤维混凝土。膨胀岩隧道应采用先柔后刚、先让后顶、分层支护的原则。

（1）膨胀岩隧道初次支护。根据具体情况加大预留变形量（一般为 20～30 cm），避免因侵限而造成初期支护的拆除，即设置可伸缩钢架或活动接头。初期支护可分层施作、逐层加强，并尽早初喷混凝土封闭岩面。初期支护的施作原则是"宁加勿拆"，即在支护上加支护，尽量控制变形的发展。支护体系应及时封闭成环、逐步限制变形。根据地层压力，隧道断面可采用圆形断面或椭圆形断面；宜加强初期支护，采用纤维混凝土、长锚杆和重型钢架组合的支护结构。

（2）衬砌结构及早闭合。膨胀土围岩隧道开挖后，围岩向内挤压变形一般是在四周同时发生，所以施工时要求隧道衬砌及早封闭。从理论上讲，拱部、边墙及仰拱宜整体完成，衬砌受力条件最好，但受施工条件的限制往往难以实现。因此，在灌筑拱圈部分时，应在上台阶的底部先设置临时混凝土仰拱或喷射混凝土作临时仰拱，以使拱圈在边墙、仰拱未完成前，自身形成临时封闭结构；然后，当进行下部台阶施工时，再拆除临时仰拱，并尽快灌筑永久性仰拱。

7.3 黄土围岩隧道施工

7.3.1 黄土围岩

黄土是在干燥气候条件下形成的一种具有褐黄、灰黄或黄褐等颜色，并有针状大孔、垂直节理发育的特殊性土。黄土在我国分布较广。黄河中游的河南西部、山西南部、陕西和甘肃的大部分地区为我国黄土和湿陷性黄土的主要分布区。这些地区的黄土分布厚度大、地层全而连续，发育亦较典型。

1. 黄土对隧道施工的影响

（1）黄土节理。红棕色或深褐色的古土壤黄土层，常具有各方向的构造节理，有的原生节理呈 X 形，成对出现，并有一定延续性。在隧道开挖时，土体容易顺着节理张松或剪断。如果这种地层位于坑道顶部，则极易产生"塌顶"；如果位于侧壁，则普遍出现侧壁掉土，若施工时处理不当，常会引起较大的坍塌。

（2）黄土冲沟地段。在黄土冲沟或塬边地段施工时，隧道在较长的范围内沿着冲沟或塬边平行走向，而覆盖较薄或偏压很大的情况下，容易发生较大的坍塌或滑坡现象。

（3）黄土溶洞与陷穴。黄土溶洞与陷穴，是黄土地区经常见到的不良地质现象。隧道若修建在其上方，则有基础下沉的危害。隧道若修建在其下方，则常有发生冒顶的危险。隧道若修建在其邻侧，则有可能承受偏压。

2. 水对黄土隧道施工的影响

（1）在含有地下水的黄土层中修建隧道时，由于黄土在干燥时很坚固，承压力也较高，施工可顺利进行。但当其受水浸湿，呈不同程度的湿陷后，会突然发生下沉现象，使开挖后的围岩迅速丧失自稳能力，如果支护措施满足不了变化后的情况，极容易造成坍塌。

（2）施工中洞内排水不良，洞内道路会泥泞难行，不论是无轨还是有轨运输都会给道路的维护、机械的使用与保养、隧道的铺底或仰拱施工作业等方面带来很大的困难。

7.3.2 黄土围岩的隧道施工要点

1. 黄土隧道施工防排水

进洞前按设计做好洞顶、洞门及洞口的防排水系统，排水沟应进行铺砌，防止地表水下渗；雨季前应做好隧道洞门，对地表冲沟、陷穴、裂缝等应采取回填夯实、填土反压、改变地表水径流等措施，将水排至隧道范围以外；洞口浅埋段地表冲沟、陷穴、裂缝等除采用上述方法处理外，还应用砂浆抹面，以免下渗水影响结构安全；地层含水量大时，上、下台阶开挖掌子面附近宜开挖横向水沟，将水引至隧道中部纵向排水沟（宜采用管、槽）排出洞外，以免浸泡拱脚；必要时应配合井点降水等措施将地下水位降至隧道仰拱底部以下 1.5 m，确保施工顺利进行。

2. 施工方法

黄土隧道的施工应根据隧道断面大小、围岩级别采用台阶法、三台阶弧形导坑法、双侧壁导坑法、CRD 法等采用机械或人工挖掘，应优先采用机械开挖。

（1）施工中应参考设计文件采用适宜的预留变形量。

（2）黄土地层隧道施工，应做好黄土中构造节理的产状与分布状况的调查。对因构造节理切割而形成的不稳定部位，在施工时应加强支护措施，防止坍塌，以策安全施工。

（3）严格控制施工用水，采用湿喷工艺，拌和用水在拌和站控制，喷完后用高压风代替水吹洗湿喷机；喷射混凝土和仰拱、填充、二衬混凝土均采用喷雾器喷雾养护取代洒水养护；严格控制混凝土拌和用水，避免混凝土泌水浸泡黄土隧道基底。

3. 黄土隧道支护

施工中如发现掌子面有失稳现象，应及时用喷射混凝土封闭、加设锚杆、架立钢支撑等加强支护。试验表明，在黄土隧道中喷射混凝土和砂浆锚杆作为施工临时支护效果良好；施工时特别注意拱脚与墙脚处断面，如超挖过大，应用浆砌片石回填。如发现该处主体承载力不够，应立即采取相应措施进行加固；黄土隧道施工，宜先作仰拱，当不能先作仰拱时，可在开挖与灌筑仰拱前，为防止边墙向内位移，加设横撑；施工中如发现不安全因素时，应暂停开挖，加强临时支护，以便采取适应性的工序安排。初期支护施工应采取的措施有：

（1）黄土围岩开挖后不能暴露时间过长，否则围岩周壁风化至内部，围岩体松弛会加快，进而造成塌方。因此，宜采用复合式衬砌，在开挖时应少扰动，开挖坑道后及时喷射混凝土，并以锚杆、钢筋网和支撑作初期支护，以快速形成严密的支护体系。必要时可采用超前锚杆、管棚预支护加固围岩，并应在初期支护基本稳固后，进行永久支护衬砌的施工。衬砌背后尤其是拱顶回填要密实。

（2）仰拱开挖前应先拆除下部水平横撑，拆除长度应与仰拱长度一致，按先左后右，先上后下顺序进行，不得超长度拆除。

（3）当洞身黄土含水量较大时，应采用煤矿螺旋钻成孔；锚杆宜采用药包式或早强砂浆式锚杆，各种锚杆必须设置垫板。

（4）钢架基脚或分部开挖基脚等处设置注浆锁脚锚杆（管）或设置垫板，以控制钢架沉降。钢架每侧应施作锁脚锚杆（管）不少于 2~4 根，锁脚锚杆直径不小于 22 mm，长度不小于 3.5 m。

7.4 溶洞地段隧道施工

7.4.1 溶洞地段隧道

溶洞是以岩溶水的溶蚀作用为主，间有潜蚀和机械塌陷作用而造成的基本水平方向延伸的通道。溶洞是岩溶现象的一种。岩溶是指可溶性岩层，如石灰岩、白云岩、白云质灰岩、石膏、岩盐等，受水的化学和机械作用产生沟槽、裂缝和空洞以及由于空洞的顶部塌落使地表产生陷穴、洼地等类现象和作用。我国石灰岩分布极广，常会遇到溶洞。因此，在这些地区修建隧道，必须予以注意。

溶洞的类型及对隧道施工的影响：溶洞一般有死、活、干、湿、大、小几种。死、干、小的溶洞比较容易处理；而活、湿、大的溶洞，处理方法则较为复杂。

当隧道穿过可溶性岩层时，有的溶洞岩质破碎，容易发生坍塌。有的溶洞位于隧道底部，充填物松软且深，使隧道基底难于处理。有时遇到填满饱含水分的充填物溶槽，当坑道开挖至其边缘时，含水充填物不断涌入坑道，难以遏止，甚至使地表开裂下沉，山体压力剧增。有时遇到大的水囊或暗河，岩溶水或泥砂夹水大量涌入隧道。有的溶洞、暗河迂回交错、分支错综复杂、范围宽广，处理十分困难。

7.4.2 溶洞隧道施工要点

1. 超前地质预测预报

施工中采取长期、短期结合的方法，短期探测 30~50 m，长期探测 200~400 m。分别采用超前水平钻孔探测、地质雷达、TSP 地质预报系统、利用平导超前探明地质情况等手段，搞好超前地质预报，并对探测到的地质情况进行综合分析，作出判断，提出地质预报成果，作为（防坍方、突水、突泥）指导施工和动态设计的依据。

隧道通过岩溶区，应查明溶洞分布范围和类型，岩层的完整稳定程度、填充物和地下水情况，据以确定施工方法。对尚在发育或穿越暗河水囊等地质条件复杂的岩溶区，应查明情况审慎选定施工方案。对有可能发生突然大量涌水、流石流泥、崩坍落石等的地段，必须事先制定措施，确保施工安全。

2. 预防突水措施

隧道施工中会遇到溶洞、地下暗河，可能会出现突水现象，施工中应本着"先探后挖，以排为主，先排干后开挖"的原则处理。施工中可采取如下措施：

（1）超前钻孔排水。在可能进入突水地段前 10~30 m 的掌子面上布置超前钻孔，用坑道钻机深孔钻眼探水和排水。

（2）开挖过程中采用超前炮孔探放水。

（3）开凿迂回侧洞排水。在单纯用钻孔不能满足排水需要时，在衬砌完成或围岩坚硬稳定地段开挖迂回侧洞排水。

（4）超前帷幕注浆封堵。超前帷幕注浆适用于溶洞规模较大、内部充填了大量的泥沙且含有丰富的地下水或富水的断裂带，一旦揭穿可能发生大规模突水突泥的情况。注浆加固的范围为隧道开挖轮廓线以外 1~2 倍洞径，每循环注浆段长 30 m，孔径 90~180 mm，注浆压力为水压力的 2~3 倍，浆液扩散半径为 2 m。根据注浆压力，第一循环混凝土止浆墙为 2 m 厚。注浆方式可根据水压大小、成孔难易程度，采取袖阀管后退式或孔口管分段前进式注浆。注浆材料可根据溶洞内充填物的情况选用水泥浆、TGRM 浆、HSC 浆等。注浆后检验注浆效果，当达到开挖效果时，每循环开挖 22 m，留 8 m 作为止浆墙。如开挖后存在薄弱部位，采用长管或短管进行局部补充注浆（补注浆）。超前帷幕注浆封堵具体做法见图 7-1。

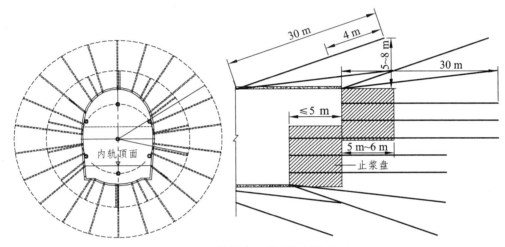

图 7-1　超前帷幕注浆封堵溶洞示意

3. 隧道过溶洞段的处理方法

先要解决施工中的排水问题，一般可采用平行导坑的施工方案，以超前钻探方法，向前开挖。当出现大量涌水、流石流泥、崩坍落石等情况时，平导可作为泄水通道，正洞堵塞时也可利用平导在前方开辟开挖掌子面，不致正洞停工。岩溶地段隧道常用处理溶洞的方法，有"引、堵、越、绕"四种。

（1）引：遇到暗河或溶洞有水流时，宜排不宜堵。应在查明水源流向及其与隧道位置的关系后，用暗管、涵洞、小桥等设施宣泄水流或开凿泄水洞将水排出洞外（图 7-2）。当岩溶水流的位置在隧道顶部或高于隧道顶部时，应在适当距离处，开凿引水斜洞（或引水槽）将水位降低到隧底标高以下，再行引排。当隧道设有平行导坑时，可将水引入平行导坑排出。

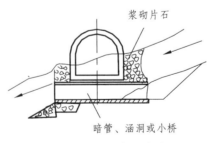

图 7-2　桥涵宣泄水流

（2）堵：对已停止发育、跨径较小、无水的溶洞，可根据其与隧道相交的位置及其充填情况，采用混凝土、浆砌片石或干砌片石予以回填封闭；或加深边墙基础，加固隧道底部（图

178

7-3）。当隧道拱顶部有空溶洞时，可视溶洞的岩石破碎程度在溶洞顶部采用锚杆或锚喷网加固，必要时可考虑注浆加固并加设隧道护拱及拱顶回填进行处理（图7-4）。

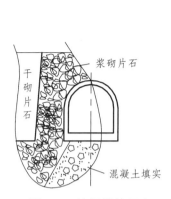 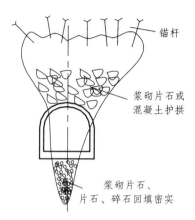

图 7-3 溶洞堵填示意　　　　　图 7-4 喷铺加固与护拱示意

（3）越：当隧道一侧遇到狭长而较深的溶洞时，可加深该侧的边墙基础通过（图7-5）。隧道底部遇有较大溶洞并有流水时，可在隧道底部以下砌筑圬工支墙，支承隧道结构，并在支墙内套设涵管引排溶洞水（图7-6）。隧道边墙部位遇到较大、较深的溶洞，不宜加深边墙基础时，可在边墙部位或隧底以下筑拱跨过（图7-7）。当隧道中部及底部遇有深狭的溶洞时，可加强两边墙基础，并根据情况设置桥台架梁通过（图7-8）。隧道穿过大溶洞，情况较为复杂时，可根据情况，采用边墙梁、行车梁等，由设计单位负责特殊设计后施工。

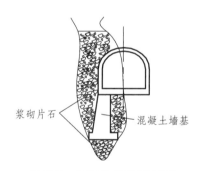 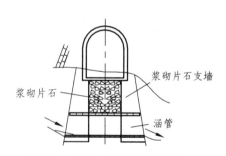

图 7-5 加深边墙基础示意　　　　图 7-6 支墙内套设涵管示意

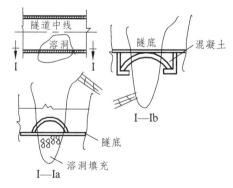 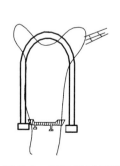

图 7-7 筑拱跨过示意　　　　　图 7-8 架梁跨过示意

179

（4）绕：在岩溶区施工，个别溶洞处理耗时且困难时，可采取迂回导坑绕过溶洞，继续进行隧道前方施工，并同时处理溶洞，以节省时间，加快施工进度。绕行开挖时，应防止洞壁失稳。

4. 溶洞地段隧道施工措施

（1）在溶洞充填体中开挖，如充填物松软，可用超前支护施工。如充填物为极松散的砾石、块石堆积或流塑状黏土及砂黏土等可于开挖前采用地表注浆、洞内注浆或地表和洞内注浆相结合加固。如遇颗粒细、含水量大的流塑状土壤，可采用劈裂注浆技术，注入水泥浆或水泥水玻璃双液浆进行加固。

（2）开挖方法宜采用台阶法，必要时采用 CD 法。在Ⅱ、Ⅲ级围岩条件下，且溶洞仅穿过隧道底部一小部分断面时，可采用全断面法。爆破开挖时，按"密布眼、少装药"的原则进行，遇有渗漏水时应小心施爆。当隧道只有一侧遇到溶洞时，应先开挖该侧，待支护完成后再开挖另一侧。

（3）溶洞未做出处理方案前，岩溶地段的溶洞空腔、暗河的处理应首先选择疏导、连通方案，不应改变地下水总的流动趋势。不要将弃渣随意倾填于溶洞中。因弃渣覆盖了溶洞，不但不能了解其真实情况，反而会造成更多困难。

（4）岩溶地区隧道支护和二次衬砌应根据溶洞情况予以加强，二次衬砌施工前，应采用物探手段检查隧道周边环形加固层及层外围岩情况，重点检查拱部、底板、侧边墙 5 m 以内是否存在有害空洞，隧道底部是否密实。

7.5 隧道坍方处理

7.5.1 隧道坍方

隧道开挖时，导致坍方的原因有多种，概括起来可归结为：一是自然因素，即地质状态、受力状态、地下水变化等；二是人为因素，即不适当的设计，或不适当的施工作业方法等。由于坍方往往会给施工带来很大困难和很大经济损失，因此，需要尽量注意排除会导致坍方的各种因素，尽可能避免坍方的发生。发生坍方主要有以下原因：

1. 不良地质及水文地质条件

（1）隧道穿过断层及其破碎带，或在薄层岩体的小曲褶、错动发育地段，一经开挖，潜在应力释放快、围岩失稳，小则引起围岩掉块、坍落，大则引起坍方。当通过各种堆积体时，由于结构松散，颗粒间无胶结或胶结差，开挖后引起坍塌。在软弱结构面发育或泥质充填物过多处，均易产生较大的坍塌。

（2）隧道穿越地层覆盖过薄地段，如在沿河傍山、偏压地段、沟谷凹地浅埋和丘陵浅埋地段极易发生坍方。

（3）水是造成坍方的重要原因之一。地下水的软化、浸泡、冲蚀、溶解等作用加剧岩体

180

的失稳和坍落。岩层软硬相间或有软弱夹层的岩体，在地下水的作用下，软弱面的强度大为降低，因而发生滑坍。

2. 隧道设计考虑不周

（1）隧道选定位置时，地质调查不细，未能作详细的分析，或未能查明可能坍方的因素，没有绕开可以绕避的不良地质地段。

（2）缺乏较详细的隧道所处位置的地质及水文地质资料，引起施工指导或施工方案的失误。

3. 施工方法和措施不当

（1）施工方法与地质条件不相适应；地质条件发生变化，没有及时改变施工方法；工序间距安排不当；施工支护不及时，支撑架立不合要求，或抽换不当"先拆后支"；地层暴露过久，引起围岩松动、风化，导致坍方。

（2）锚喷支护不及时，喷射混凝土的质量、厚度不符合要求。

（3）按新奥法施工的隧道，没有按规定进行量测，或信息反馈不及时，决策失误、措施不力。

（4）围岩爆破用药量过多，因震动引起坍塌。

（5）对危石检查不重视、不及时，处理危石措施不当，引起岩层坍塌。

7.5.2　预防坍方的施工措施

（1）隧道施工预防坍方，选择安全合理的施工方法和措施至关重要。在开挖到地质不良围岩破碎地段，应采取"先排水、短开挖、弱爆破、强支护、早衬砌、勤量测"的施工方法。必须制订出切实可行的施工方案及安全措施。

（2）加强坍方的预测。为了保证施工作业安全，及时发现坍方的可能性及征兆，并根据不同情况采用不同的施工方法及控制坍方的措施，需要在施工阶段进行坍方预测。预测坍方常用的几种方法：

① 观察法。

在开挖掌子面采用探孔对地质情况或水文情况进行探查，同时对开挖掌子面应进行地质素描，分析判断开挖前方有无可能发生坍方的超前预测。定期或不定期地观察洞内围岩的受力及变形状态；检查支护结构是否发生了较大的变形；观察是否岩层的层理、节理裂隙变大，坑顶或坑壁松动掉块，喷射混凝土是否发生脱落，以及地表是否下沉，等。

② 一般量测法。

按时量测观测点的位移、应力，测得数据进行分析研究，及时发现不正常的受力、位移状态及有可能导致坍方的情况。

③ 微地震学测量法和声学测量法。

前者采用地震测量原理制成的灵敏的专用仪器；后者通过测量岩石的声波分析确定岩石的受力状态，并预测坍方。通过上述预测坍方的方法，发现征兆应高度重视及时分析，采取有力措施处理隐患，防患于未然。

（3）加强初期支护，控制坍方：当开挖出掌子面后，应及时有效地完成锚喷支护或锚喷网联合支护，并应考虑采用早强喷射混凝土、早强锚杆和钢支撑支护措施等。这对防止局部坍塌，提高隧道整体稳定性具有重要的作用。

（4）隧道坍方的处理措施。

① 隧道发生坍方，应及时迅速处理。处理时必须详细观测坍方范围、形状、坍穴的地质构造，查明坍方发生的原因和地下水活动情况，经认真分析，制订处理方案。

② 处理坍方应先加固未坍塌地段，防止继续发展，并可按下列方法进行处理：

小坍方，纵向延伸不长、坍穴不高，首先加固坍体两端洞身，并抓紧喷射混凝土或采用锚喷联合支护封闭坍穴顶部和侧部，再进行清渣。在确保安全的前提下，也可在坍渣上架设临时支架，稳定顶部，然后清渣。临时支架待灌筑衬砌混凝土达到要求强度后方可拆除。

大坍方，坍穴高、坍渣数量大，坍渣体完全堵住洞身时，宜采取先护后挖的方法。在查清坍穴规模大小和穴顶位置后，可采用管棚法和注浆固结法稳固围岩体和渣体，待其基本稳定后，按先上部后下部的顺序清除渣体，采取短进尺、弱爆破、早封闭的原则挖坍体，并尽快完成衬砌（图7-9）。

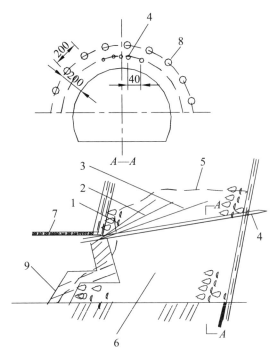

图7-9 大规模坍方处理实例示意图（单位：mm）

1—第一次注浆；2—第二次注浆；3—第三次注浆；4—管棚；5—坍线；
6—坍体；7—初期支护；8—注浆孔；9—混凝土封堵墙

坍方冒顶，在清渣前应支护陷穴口，地层极差时，在陷穴口附近地面打设地表锚杆，洞内可采用管棚支护和钢架支护。

洞口坍方，一般易坍至地表，可采取暗洞明作的办法。

③ 处理坍方的同时，应加强防排水工作。坍方往往与地下水活动有关，治坍应先治水。防止地表水渗入坍体或地下，引截地下水防止渗入坍方地段，以免坍方扩大。具体措施：

地表沉陷和裂缝，用不透水土壤夯填紧密，开挖截水沟，防止地表水渗入坍体。

坍方通顶时，应在陷穴口地表四周挖沟排水，并设雨棚遮盖穴顶。陷穴口回填应高出地面并用黏土或圬工封口，做好排水。

坍体内有地下水活动时，应用管槽引至排水沟排出，防止坍方扩大。

④ 坍方地段的衬砌，应视坍穴大小和地质情况予以加强。衬砌背后与坍穴洞孔周壁间必须紧密支撑。当坍穴较小时，可用浆砌片石或干砌片石将坍穴填满；当坍穴较大时，可先用浆砌片石回填一定厚度，其以上空间应采用钢支撑等顶住稳定围岩；特大坍穴应作特殊处理。

⑤ 采用新奥法施工的隧道或有条件的隧道，坍方后要加设量测点，增加量测频率，根据量测信息及时研究对策。浅埋隧道，要进行地表下沉测量。

7.6 松散地层施工

松散地层结构松散，胶结性弱，稳定性差，在施工中极易发生坍塌，如极度风化破碎已失岩性的松散体，漂卵石地层、砂夹砾石和含有少量黏土的土壤以及无胶结松散的干沙等。隧道穿过这类地层时，应减少对围岩的扰动，一般采取先护后挖，密闭支撑，边挖边封闭的施工原则，必要时可采用超前注浆改良地层和控制地下水等措施。下面简述几种主要施工方法：

1. 超前支护

隧道开挖前，先向围岩内打入钎、管、板等构件，用以预先支护围岩，防止坑道开挖时岩体发生坍塌，主要方法有超前锚杆、超前小钢管注浆和超前管棚法。

2. 超前小导管预注浆

超前小导管预注浆是沿开挖外轮廓线，以一定角度打入管壁带孔的小导管，并以一定压力向管内压注水泥或化学浆液的措施。它既能将洞周围岩体预加固，又能起超前预支护作用。此法适用于自稳时间很短的砂层、砂卵（砾）石层等松散地层施工。

3. 降水、堵水

松散地层中含水，对隧道施工的危害极大。排除施工部位的地下水，有利于施工。降水、堵水的方法较多，如降水可在洞内或辅助坑道内井点降水。在埋深较浅的隧道中，可用深井泵降水，在洞外地面隧道两侧布点进行。

在地下水丰富，而且排水条件或排水费用太高时，经过技术、经济比选，可采用注浆堵水措施。注浆堵水又分地面预注浆和洞内开挖掌子面预注浆。采用哪种方法，应根据隧道埋深、工程地质和水文地质情况，钻孔和压浆设备能力，以及技术、经济、工期等方面进行综合分析后采用。

4. 施工技术措施

（1）采用台阶法开挖，并及时施作锚杆、挂网、喷射混凝土、钢架等支护结构，严格控制进尺；仰拱超前，及时施作二次衬砌，形成闭合环。

（2）小断面隧道宜采用台阶法预留核心土环形开挖；大断面隧道宜采用中隔壁法、交叉中隔壁法或双侧壁导坑法，并尽早使初期支护封闭成环。开挖循环进尺宜为 0.5～1.5 m。

（3）二次衬砌在初期支护完成后应尽快施作，并予以加强。仰拱必须超前施作，尽早形成闭合结构。

7.7　流沙层隧道施工

7.7.1　流沙层

流沙是沙土或粉质黏土在水的作用下丧失其内聚力后形成的，多呈糊浆状，对隧道施工危害极大。由于流沙可引起围岩失稳坍塌，支护结构变形，甚至倒塌破坏，因此，治理流沙必先治水，以减少沙层的含水量为主。

7.7.2　施工要点

1．超前地质预报和探测

在施工扰动下，沙层的工程性质会更加恶化，但现有的勘探手段和物探技术很难查明其特性。因此，施工中要综合多种手段进行超前探测。流沙层隧道超前地质预报和探测所采用的仪器设备、方法和技术要求与前文所述岩溶隧道类似。

2．加强调查，制订方案

施工中应调查流沙特性、规模，了解地质构成、贯入度、相对密度、粒径分布、塑性指数、地层承载力、滞水层分布、地下水压力和透水系数等，并制订出切实可行的治理方案。

3．因地制宜，综合治水

隧道通过流沙地段，处理地下水的问题，是解决隧道流沙、流泥施工难题中的首要关键技术。施工时，因地制宜，采用"防、截、排、堵"的治理方法。

（1）防——建立地表沟槽导排系统及仰坡地表局部防渗处理，防止降雨和地表水下渗。

（2）截——在正洞之外水源一侧，采用深井降水，将储藏丰富的构造裂隙水，通过深井抽水排走，减少正洞的静水和动水压力，对地下水起到拦截作用。

（3）排——有条件的隧道在正洞水源下游一侧开挖一条洞底低于正洞仰拱的泄水洞，用以降排正洞的地下水，或采用水平超前钻孔真空负压抽水的办法，排除正洞的地下水。

（4）堵——采用注浆方法充填裂隙，形成止水帷幕，减少或堵塞渗水通道。

以上几种施工方法，应根据工程地质、水文地质条件和地下水的性质、类型、赋存部位以及工期要求和经济效益等因素综合分析，合理选用。

4. 先护后挖，加强支护

开挖时必须自上而下分部进行，先护后挖，密闭支撑，边挖边封闭，遇缝必堵，严防沙粒从支撑缝隙中逸出。也可采用超前注浆，以改善围岩结构，用水泥浆或水泥水玻璃为主的注浆材料注入或用化学药液注浆加固地层，然后开挖。

在施工中应观测支撑和衬砌的实际沉落量的变化，及时调整预留量。架立支撑时应设底梁并纵横、上下连接牢固，以防箱架断裂倾倒。拱架应加强刚度，架立时设置底梁并垫平楔紧，拱脚下垫铺牢固。支撑背面用木板或槽型钢板遮挡，严防流沙从支撑间逸出。在流沙逸出口附近较干燥围岩处，应尽快打入锚杆或施作喷射混凝土，加固围岩，防止逸出扩大。

5. 尽早衬砌，封闭成环

流沙地段，拱部和边墙衬砌混凝土的灌筑应尽量缩短时间，尽快与仰拱形成封闭环。这样，即使围岩中出现流沙也不会对洞身衬砌造成破坏。

7.8 瓦斯隧道施工

7.8.1 瓦斯隧道

1. 瓦　斯

瓦斯是地下坑道内有害气体的总称，其成分以甲烷（CH_4）为主。当隧道穿过煤层、油页岩或含沥青等岩层，或从其附近通过而围岩破碎、节理发育时，可能会遇到瓦斯。如果洞内空气中瓦斯浓度已达到爆炸限度与火源接触，就会引起爆炸，给隧道施工带来很大的危害和损失。所以，在有瓦斯的地层中修建隧道，必须采取相应措施，才能安全顺利施工。

2. 瓦斯的性质

瓦斯为无色、无臭、无味的气体，与碳化氢或硫化氢混合在一起，产生类似苹果的香味，由于空气中瓦斯浓度增加，氧气相应减少，很容易使人窒息或死亡。

瓦斯比重为 0.554，仅占空气一半，所以在隧道内，瓦斯容易存在坑道顶部，其扩散速度比空气大 1.6 倍，很容易透过裂隙发达、结构松散的岩层。

瓦斯不能自燃，但极易燃烧，其燃烧的火焰颜色，随瓦斯浓度的增大而变淡，空气中含有少量瓦斯时火焰呈蓝色，浓度在 5% 左右时，火焰呈淡青色。

3. 瓦斯隧道分类

瓦斯隧道分为低瓦斯隧道、高瓦斯隧道及瓦斯突出隧道三种，瓦斯隧道的类型按隧道内瓦斯工区的最高级确定。瓦斯隧道工区分为非瓦斯工区、低瓦斯工区、高瓦斯工区、瓦斯突出工区共四类。

低瓦斯工区和高瓦斯工区可按绝对瓦斯涌出量进行判定。当全工区的瓦斯涌出量小于 0.5 m^3/min 时，为低瓦斯工区；大于或等于 0.5 m^3/min 时，为高瓦斯工区。

瓦斯隧道只要有一处有突出危险，该处所在的工区即为瓦斯突出工区。判定瓦斯突出必须同时满足下列 4 个指标：

瓦斯压力 $P > 0.74$ MPa；

瓦斯放散初速度 $\Delta p \geqslant 10$；

煤的坚固性系数 $f < 0.5$；

煤的破坏类型为Ⅲ类及以上。

7.8.2 瓦斯隧道施工要点

1. 地质勘探与瓦斯测定

（1）瓦斯隧道勘测时，应调查、收集邻近煤矿和油气田的既有资料，其内容包括：区域性地质、矿产地质、水文地质、有害气体的实测资料，油气田、气井资料及有关瓦斯赋存、突出的其他地质资料（含地质平面图、剖面图、煤系柱状图、煤层对比图、钻孔资料、隧道勘察报告、各阶段地质报告等）；隧道所在区域的井田的分布、开采水平、通风方式、瓦斯等级、采空区范围、采煤及顶板管理办法、接替采区和规划采区的位置及范围等资料；有关瓦斯矿井通风和煤与瓦斯突出的历史记载和实测资料；等。

（2）瓦斯隧道的地质工作除查明一般地形、地貌、工程地质、水文地质条件外，应着重调查和确定以下内容：隧道的瓦斯来源；隧道通过的地层层序、年代、岩层种类及含煤地层的分布，煤层数及顶底板特征和位置，煤层厚度、倾角，隧道穿煤里程及长度；煤层的主要物理性质和指标以及工业成分分析，包括颜色、光泽、重度、硬度、水分、挥发分、固定碳、灰分、瓦斯含量、瓦斯压力、瓦斯放散初速度等；煤的自燃及煤尘爆炸性判断，煤与瓦斯突出危险性判断；隧道区域煤矿采空区形态，接替及规划采区位置及压煤量；煤层的瓦斯带和瓦斯风化带位置；形成瓦斯的地质构造，包括煤层、油页岩层所处的构造部位，天然气的生成、运移、储集、封闭条件及影响因素，地下水对天然气运移、储存的影响。

瓦斯隧道除应按一般隧道布置勘探工作外，尚应适当增加钻孔，采取煤样和气样进行成分分析，并在现场进行瓦斯及天然气含量、涌出量、压力等测试工作。工程地质报告应有专门篇章评述煤层、瓦斯和天然气的情况，以及瓦斯地质分析、采空区及压煤量、邻近的煤矿和油气田、气井情况、隧道瓦斯严重程度预测及对工程的影响、建议技术措施等。瓦斯隧道施工期间，应进行地质复查工作。对于揭露的煤层，应取样复测煤层的瓦斯含量和其他有关参数，必要时应钻孔埋管实测瓦斯压力，以及通过通风和瓦斯检测计算全坑道的瓦斯涌出量，根据检测结果核对施工工区和煤系地层的瓦斯等级，必要时应进行修正，同时应相应修改设计。

（3）瓦斯预测与评估。

勘测阶段应根据煤与瓦斯参数，结合施工方案、进度安排，分段或分煤层预测隧道及辅助坑道的绝对瓦斯涌出量。勘测阶段应根据煤体结构及有关参数，进行煤层突出危险性预测和瓦斯隧道的瓦斯工区、含瓦斯地段的等级划分。高瓦斯隧道和瓦斯突出隧道的设计阶段应编制指导性专项施工组织设计，内容包括探煤（瓦斯）、揭煤（瓦斯）和防突的方法及措施、施工通风布置和必要的技术装备，以及施工阶段的瓦斯检测、煤与瓦斯突出参考指标及要求等。

2. 瓦斯隧道开挖

采用机械开挖必须选用具有防爆电气设备的隧道开挖机或盾构机。目前，国内大多采用钻爆法施工，宜采用全断面开挖，因其工序简单、面积大、通风好，随开挖随衬砌，能够很快缩短煤层（油气层）的瓦斯放出时间和缩小围岩暴露面，有利于排除瓦斯。

（1）钻爆作业应符合下列要求：

① 瓦斯工区钻孔作业应符合下列规定：开挖掌子面附近20 m风流中瓦斯浓度必须小于0.5%；必须采用湿式钻孔；炮眼深度不应小于0.6 m。

② 爆破地点20 m内车辆、碎石、煤渣等物体阻塞开挖断面不得大于1/3；通风应风量足，风向稳，局扇无循环风；炮眼内煤、岩粉应清除干净；炮眼封泥不足或不严不应进行爆破。

瓦斯工区的爆破作业必须采用煤矿许用炸药，有突出地段采用安全等级不低于三级的煤矿许用的含水炸药。瓦斯工区必须采用电力起爆，并使用煤矿许用电雷管。严禁使用秒或半秒级电雷管。使用煤矿许用毫秒延期电雷管时，最后一段的延期时间不得大于130 ms。瓦斯工区采用电雷管起爆时，严禁反向装药。采用正向连续装药结构时，雷管以外不得装药卷。在岩层内爆破，炮眼深度不足1.0 m时，装药长度不得大于炮眼深度的1/2；炮眼深度为1.0 m以上时，装药长度不得小于炮眼深度的1/2；炮眼深度超过2.5 m时，封泥长度不得小于1 m。所有炮眼的剩余部分应用炮泥封堵。炮泥应用水炮泥，水炮泥外剩余的炮眼部分应用黏土炮泥填满封实，严禁用煤粉、块状材料或其他可燃性材料作炮泥。

（2）爆破网络和连线，必须符合下列要求：

必须采用串联连接方式。线路所有连接接头应相互扭紧，明线部分应包覆绝缘层并悬空。母线与电缆、电线、信号线应分别挂在巷道的两侧，若必须在同一侧时，母线必须挂在电缆下方，并应保持0.3 m以上间距。母线应采用具有良好绝缘性和柔软性的铜芯电缆，并随用随挂，严禁将其固定。母线的长度必须大于规定的爆破安全距离。必须采用绝缘母线单回路爆破。严禁将瞬发电雷管与毫秒电雷管在同一串联网络中使用。电力起爆必须使用防爆型起爆器作为起爆电源，一个开挖掌子面不得同时使用两台及以上起爆器起爆。在低瓦斯工区和高瓦斯工区进行爆破作业时，爆破后15 min（突出工区30 min）应巡视爆破地点，检查通风、瓦斯、煤尘、瞎炮、残炮等情况，遇有危险必须立即处理。在确认瓦斯浓度小于1%、二氧化碳浓度小于1.5%，解除警戒后，工作人员方可进入开挖掌子面工作。

3. 衬砌结构

瓦斯地段应采用复合式衬砌，其初期支护和二次衬砌应根据埋置的深度、围岩级别、工程地质和水文地质条件、瓦斯严重程度按全封闭原则进行设计和施工。瓦斯隧道的衬砌结构应有防瓦斯措施，确定防瓦斯处理范围时，高瓦斯、突出地段应向低瓦斯地段适当延长，低瓦斯地段应向无瓦斯地段适当延长。

含瓦斯地段的喷射混凝土厚度不应小于15 cm，模筑混凝土衬砌厚度不应小于40 cm。喷射混凝土、模筑混凝土中掺用气密剂，模筑混凝土衬砌施工缝应进行气密处理，其封闭瓦斯性能不应小于衬砌本体。

（1）掺气密剂的混凝土施工材料应符合下列规定：水泥宜选用强度等级为32.5的硅酸盐和普通硅酸盐水泥，不得采用其他水泥；砂的细度模数 $M_x \geq 2.7$，含泥量不大于3%，不得使用细砂；石子的最大粒径 $D_{max} \leq 40$ mm，级配宜为 2 ~ 3 级，含泥量不大于 1%，不得有泥土块，或泥土包裹石子表面，针片状颗粒含量不大于 15%；气密剂宜选用 FS-KQ 型，掺量应符合设计要求，气密剂为硅灰、粉煤灰及高效减水剂的复合剂。

（2）掺气密剂的混凝土施工应符合下列要求：C20 混凝土配合比宜为 1：2.5：3.5，水灰比宜取 0.48；原材料应按以上配合比进行称量，水的允许偏差为 ±1%，水泥及气密剂的允许偏差为 ±2%，砂石允许偏差为 ±3%；原材料应按采用强制式搅拌机搅拌，不得采用人工拌和；水泥、气密剂及砂应先干拌 1 ~ 1.5 min，达到颜色均匀后，再加入石子及水搅拌 1.5 ~ 2.0 min，形成均匀的拌和物；混凝土拌和物从搅拌机卸出至灌注完毕所需时间宜为 40 ~ 60 min；应采用机械振捣，不得用人工振捣；连续养护时间不得少于 28 d，并应避免在 5 ℃以下施工。

当衬砌内设置瓦斯隔离层时，其垫层应采用闭孔型泡沫塑料，厚度不应小于 4 mm。全封闭防瓦斯地段有地下水时，宜采取在左右边墙下部外侧铺设纵向透水管，将地下水引离含瓦斯地段的排水措施。透水管终点宜设置气水分离装置，分离出的瓦斯气体可用管道引出洞外在高处放散。从隧道内引出瓦斯的金属管，其上端管口距地面不应小于 10 m，并应妥善接地，防止雷击。瓦斯放空管的接地电阻不得大于 5Ω，其周围 20 m 内禁止有明火火源及易燃易爆物品。当隧道内含瓦斯地段较长且初始瓦斯压力大于 0.74 MPa 时，宜在衬砌背后预埋通向大气的降压管；有平行导坑时，可从平行导坑向正洞施钻瓦斯降压孔，防止隧道建成后瓦斯压力回升。

4. 辅助坑道

瓦斯隧道辅助坑道的设置，应按瓦斯工区与非瓦斯工区，结合施工通风需要，综合研究，确定方案。在确定斜井、竖井、横洞位置时，应避免通过或靠近煤层，不能避免时，宜减少通过或靠近煤层的长度。高瓦斯工区和瓦斯突出工区宜设置平行导坑，采用巷道式通风，设置灾害避难所，进行远距离爆破等安全措施。

瓦斯隧道的斜（竖）井作为抽出式通风井时，不得兼作提升井。井内应设方便检修人员工作及避难行走的人行台阶（竖井为梯子间）。瓦斯隧道的辅助坑道，当在运营期间予以利用时，应设置永久性支护。隧道竣工交付运营前，在辅助坑道洞口及与正洞相交处、含瓦斯地段两端等位置，宜修建永久性防瓦斯密闭门和采取其他防瓦斯措施，并应定期维修。隧道竣工后，必要时应在辅助坑道内设置专供运营期间使用的瓦斯检测仪表和通风设备，保障辅助坑道维修管理工作的安全。

7.8.3 防治瓦斯爆炸

1. 瓦斯的燃烧和爆炸性

当坑道中的瓦斯浓度小于 5% 时，若遇到火源时，瓦斯只是在火源附近燃烧而不会爆炸；瓦斯浓度在 5% ~ 6% 到 14% ~ 16% 时，遇到火源具有爆炸性；瓦斯浓度大于 14% ~ 16% 时，一般不爆炸，但遇火能平静地燃烧。瓦斯浓度爆炸界限见表 7-1。

表 7-1　瓦斯爆炸浓度界限

瓦斯浓度 / %	爆炸界限
5 ~ 6	瓦斯爆炸下界限
14 ~ 16	瓦斯爆炸上界限
9.5	爆炸最强烈
8.0	最易点燃
低于 5.0、大于 14 ~ 16	不爆炸,与火焰接触部分燃烧

瓦斯燃烧时,遇到障碍而受压缩,即能转燃烧为爆炸。爆炸时能产生高温,封闭状态的爆炸(即容积为常数),温度可为 2 150 ℃ ~ 2 650 ℃;能向四周自由扩张时的爆炸(即压力为常数),温度可达 1 850 ℃。坑道中发生瓦斯爆炸后,坑道中完全无氧,而充满氮气、二氧化碳及一氧化碳气。这些有害气体很快会传布到邻近的坑道和掌子面,凡是来不及躲避的人,都会遭到中毒窒息,甚至死亡。

瓦斯爆炸时,爆炸波运动造成暴风在前,火焰在后,暴风遇到积存瓦斯,使它先受到压力,然后火焰点燃发生爆炸。第二次瓦斯受到的压力比原来的压力大,因此爆炸后的破坏力也更剧烈。

2. 瓦斯放出的类型

从岩层中放出瓦斯,可分为三种类型:

(1)瓦斯的渗出:它是缓慢地、均匀地、不停地从煤层或岩层的暴露面的空隙中渗出,延续时间很久,有时带有一种嘶音。

(2)瓦斯的喷出:比上述渗出强烈,从煤层或岩层裂缝或孔洞中放出,喷出的时间有长有短,通常有较大的响声和压力。

(3)瓦斯的突出:在短时间内,从煤层或岩层中,突然猛烈地喷出大量瓦斯,喷出的时间,可能从几分钟到几小时,喷出时常有巨大轰响,并夹有煤块或岩石。

以上三种瓦斯放出形式,以第一种放出的瓦斯量为大。

3. 防止瓦斯爆炸

隧道穿过瓦斯溢出地段,应预先确定瓦斯探测方法,并制订瓦斯稀释措施、防爆措施和紧急救援措施等。

(1)加强通风系统管理,防止瓦斯积聚。

① 隧道施工通风。

非瓦斯工区的施工通风方式宜采用压入式或混合式。低瓦斯工区的施工通风方式应采用压入式,也可采用巷道式。高瓦斯工区和瓦斯突出工区,施工通风方式宜采用巷道式。瓦斯隧道各工区在贯通前,应做好风流调整的准备工作。贯通后,隧道各工区必须调整通风系统,防止瓦斯超限,待通风系统风流稳定后,方可恢复工作。

瓦斯隧道各开挖掌子面必须采用独立通风,严禁任何两个掌子面之间串联通风。瓦斯隧道需要的风量,必须按照爆破排烟、同时工作的最多人数以及瓦斯绝对涌出量分别计算,并按允许风速进行检验,采用其中的最大值。

189

按瓦斯绝对涌出量计算风量时，对于低瓦斯工区，应将洞内各处的瓦斯浓度稀释到 0.5% 以下；对于高瓦斯工区和瓦斯突出工区，其长度较大的独头坑道，应将开挖掌子面风流中的瓦斯浓度稀释到 0.5% 以下；平行导坑仅作巷道式通风的回风道时，其瓦斯浓度应小于 0.75%。

瓦斯隧道施工中防止瓦斯积聚的风速不宜小于 0.25 m/s。瓦斯隧道施工中，对瓦斯易于积聚的空间和衬砌模板台车附近区域，可采用空气引射器、气动风机等设备，实施局部通风的方法，消除瓦斯积聚。瓦斯隧道在施工期间，应实施连续通风。因检修、停电等原因停风时，必须撤出人员，切断电源。恢复通风前，必须检查瓦斯浓度。当停风区中瓦斯浓度不超过 1%，并在压入式局部通风机及其开关地点附近 20 m 以内风流中的瓦斯浓度均不超过 0.5 % 时，方可人工开动局部通风机。当停风区中瓦斯浓度超过 1% 时，必须制定排除瓦斯的安全措施。回风系统内还必须停电撤人。只有经检查证实停风区中瓦斯浓度不超过 1% 时，方可人工恢复局部通风机供风的坑道中一切电气设备的供电。采用平行导坑作回风道时，除用作回风的横通道外，其他不用的横通道应及时封闭。留作运输用的横通道应设两道风门，防止风流短路。

② 通风设备。

压入式通风机必须装设在洞外或洞内新鲜风流中，避免污风循环。瓦斯工区的通风机应设两路电源，并应装设风电闭锁装置。当一路电源停止供电时，另一路应在 15 min 内接通，保证风机正常运转。瓦斯工区，必须有一套同等性能的备用通风机，并经常保持良好的使用状态。

瓦斯突出隧道开挖掌子面附近的局部通风机，均应实行专用变压器、专用开关、专用线路供电、风电闭锁、瓦斯电闭锁装置。瓦斯隧道应采用抗静电、阻燃的风管。风管口到开挖掌子面的距离应小于 5 m，风管百米漏风率不应大于 2%。

（2）杜绝洞内火源。

① 电气设备与作业机械。

隧道内非瓦斯工区和低瓦斯工区的电气设备与作业机械可使用非防爆型，其行走机械严禁驶入高瓦斯工区和瓦斯突出工区。

隧道内高瓦斯工区和瓦斯突出工区的电气设备与作业机械必须使用防爆型。高瓦斯工区和瓦斯突出工区供电应配置两路电源。工区内采用双电源线路，其电源线上不得分接隧道以外的任何负荷。

瓦斯工区内各级配电电压和各种机电设备的额定电压等级应符合下列要求：高压不应大于 10 000 V；低压不应大于 1 140 V；照明、手持式电气设备的额定电压和电话、信号装置的额定供电电压，在低瓦斯工区不应大于 220 V；在高瓦斯工区和瓦斯突出工区不应大于 127 V；远距离控制线路的额定电压不应大于 36 V。

瓦斯工区内的配电变压器严禁中性点直接接地。严禁由洞外中性点直接接地的变压器或发电机直接向瓦斯隧道内供电。凡容易碰到的、裸露的电气设备及其带动机械外露的传动和转动部分，都必须加装护罩或遮拦。

② 电缆。

电缆选择。瓦斯工区内高压电缆的选用应符合下列规定：固定敷设的电缆应根据作业环

190

境条件选用；移动变电站应采用监视型屏蔽橡套电缆；电缆应采用铜芯。瓦斯工区内低压动力电缆的选用应符合下列规定：固定敷设的电缆应采用铠装铅包纸绝缘电缆、铠装聚氯乙烯电缆或不延燃橡套电缆；移动式或手持式电气设备的电缆，应采用专用的不延燃橡套电缆；开挖面的电缆必须采用铜芯。瓦斯工区内固定敷设的照明、通信、信号和控制用的电缆应采用铠装电缆、不延燃橡套电缆或矿用塑料电缆。

电缆的敷设。电缆应悬挂，悬挂点间的距离，在竖井内不得大于 6 m，在正洞、平行导坑和斜井内不得大于 3 m。电缆不应与风、水管敷设在同一侧，当受条件限制需敷设在同一侧时，必须敷设在管子的上方，其间距应大于 0.3 m。高、低压电力电缆敷设在同一侧时，其间距应大于 0.1 m。高压与高压、低压与低压电缆间的距离不得小于 0.05 m。

电缆的连接。电缆与电气设备连接，必须使用与电气设备的防爆性能相符合的接线盒。电缆芯线必须使用齿形压线板或线鼻子与电气设备连接。在高瓦斯工区和瓦斯突出工区内，电缆之间若采用接线盒连接时，其接线盒必须是防爆型的。高压纸绝缘电缆接线盒内必须灌注绝缘充填物。

③ 电器与保护。

瓦斯工区内的电气设备不应大于额定值运行。瓦斯工区内的低压电气设备，严禁使用油断路器、带油的起动器和一次线圈为低压的油浸变压器。

瓦斯工区照明灯具的选用，应符合下列规定：已衬砌地段的固定照明灯具，可采用 EM Ⅱ 型防爆照明灯；开挖掌子面附近的固定照明灯具，必须采用 EXd Ⅰ 型矿用防爆照明灯；移动照明必须使用矿灯。

隧道内高压电网的单相接地电容电流不得大于 20 A。瓦斯工区内禁止高压馈电线路单相接地运行，当发生单相接地时，应立即切断电源。低压馈电线路上，必须装设能自动切断漏电线路的检漏装置。

高瓦斯工区和瓦斯突出工区内的局部通风机和开挖掌子面的电气设备，必须装设风电闭锁装置。当局部通风机停止运转时，应立即自动切断局部通风机供风区段的一切电源。

为了防止雷电波及隧道内引起瓦斯爆炸，必须遵守下列规定：经由地面架空线路引入隧道内的供电线路，必须在隧道洞口处装设避雷装置；由地面直接进入隧道内的轨道和露天架空引入（出）的管路，必须在隧道洞口附近对金属体进行不少于 2 处的集中接地；通信线路必须在隧道洞口处装设熔断器和避雷装置。

隧道内 36 V 以上和由于绝缘损坏可能带有危险电压的电气设备的金属外壳、构架等，都必须有保护接地，其接地电阻值应满足下列要求：接地网上任一保护接地点的接地电阻值不得大于 2 Ω；每一移动式或手持式电气设备与接地网间的保护接地，所用的电缆芯线的电阻值不得大于 1 Ω。

④ 防止其他火源。

瓦斯隧道洞口设置值班房和门禁系统，必须坚持 24 h 值班，值班房设洞内工序状态揭示牌，所有进洞人员分工序挂牌上岗、下班摘牌离岗，其他人员进洞须经过批准后方可进入，并建立详细记录台账。做好洞口检身，瓦斯隧道严禁火源进洞并防止火源的出现，严禁穿化纤衣服入井。

7.8.4 防治煤与瓦斯突出

1. 煤层超前探测和煤与瓦斯突出鉴定

（1）煤层超前探测。接近突出煤层前，必须对设计标示的各突出煤层位置进行超前探测，标定各突出煤层准确位置，掌握其赋存情况及瓦斯状况。超前探孔施工应符合下列规定：

① 接近突出煤层前，应在距设计煤层位置 15~20 m（垂距）处的开挖掌子面打超前探孔 1 个，初探煤层位置。

② 在距初探煤层位置 10 m（垂距）处的开挖掌子面上打 3 个超前探孔，并取岩（煤）芯，分别探测开挖掌子面前方上部及左右部位煤层位置。

③ 按各孔见煤、出煤点计算煤层厚度、倾角、走向及与隧道的关系，并分析煤层顶、底板岩性。

④ 掌握并收集探孔施工过程中的瓦斯动力现象。

⑤ 各探孔施工应满足下列条件：每个探孔应穿透煤层并进入顶（底）板不小于 0.5 m；正式探测孔应取完整的岩（煤）芯，进入煤层后宜用干钻取样；各探孔直径不宜小于 75 mm；钻孔过程中应观察孔内排出的浆液、煤屑变化情况，并做好记录。

（2）瓦斯突出鉴定。

突出煤层鉴定应当首先根据实际发生的瓦斯动力现象进行。当动力现象特征不明显或者没有动力现象时，应当根据实际测定的煤层最大瓦斯压力 P 以及软分层煤的破坏类型、煤的瓦斯放散初速度 Δp、煤的坚固性系数 f 等指标进行。当全部指标均达到或者超过表 7-2 所列的临界值时即为突出煤层。

表 7-2 突出煤层鉴定的单项指标临界值

煤层突出危险性	破坏类型	瓦斯放散初速度 Δp	坚固性系数 f	瓦斯压力（表压） P/MPa
突出危险	Ⅲ、Ⅳ、Ⅴ	≥10	≤0.5	≥0.74

2. 区域综合防突措施

"四位一体"的区域综合防突措施包括"区域突出危险性预测、区域防突措施、区域措施效果检验和区域验证"。

（1）区域突出危险性预测。

在瓦斯突出工区施工时，应在距煤层垂距 7 m 外进行突出危险性预测。根据煤层瓦斯参数结合瓦斯地质分析的区域预测方法应当按照下列要求进行：煤层瓦斯风化带为无突出危险区域；根据已开采区域确切掌握的煤层赋存、地质构造条件、突出分布的规律和对预测区域煤层地质构造的探测、预测结果，采用瓦斯地质分析的方法划分出突出危险区域。在同一地质单元内，发生了突出（或有明显突出预兆）的位置以上 20 m（埋深）及以下的范围为突出危险区；此外，根据上部区域突出点（或具有明显突出预兆的位置）分布与地质构造的关系确定构造线两侧突出危险区边缘到构造线的最远距离，并结合下部区域的地质构造分布划分出下部区域构造线两侧的突出危险区（图 7-10）。

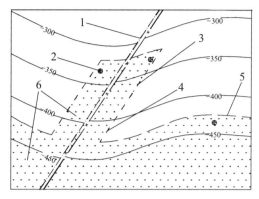

图 7-10　用瓦斯地质统计法推测同一地质单元内
下部区域的突出危险区域示意

1—断层；2—突出点；3—上部区域突出点在断层两侧的最远距离线；4—推测的下部区域断层两侧的
突出危险区边界线；5—推测的下部区域突出危险区上边界线；6—突出危险区（阴影部分）

在上述划分出的无突出危险区和突出危险区以外的区域，应当根据煤层瓦斯压力 P 进行预测。如果没有或者缺少煤层瓦斯压力资料，也可根据煤层瓦斯含量 W 进行预测。预测所依据的临界值应根据试验考察确定，在确定前可暂按表 7-3 预测。

表 7-3　根据煤层瓦斯压力或瓦斯含量进行区域预测的临界值

瓦斯压力 P/MPa	瓦斯含量 W/（$m^3 \cdot t^{-1}$）	区域类别
$P < 0.74$	$W < 8$	无突出危险区
其他情况		突出危险区

采用该区域预测时，还应当符合下列要求：应依据洞内实测的煤层瓦斯压力、瓦斯含量等参数进行预测；测定煤层瓦斯压力、瓦斯含量等参数的测试点应当在不同地质单元内根据其范围、地质复杂程度等实际情况和条件分别布置；同一地质单元内沿煤层走向布置测试点不少于 2 个，沿倾向不少于 3 个，并有测试点位于埋深最大的工程部位。

（2）区域防突措施。

隧道施工的区域防突措施主要是预抽煤层瓦斯。预抽煤层瓦斯可采用的方式有：地面井预抽煤层瓦斯以及洞内穿层钻孔或顺层钻孔预抽区段煤层瓦斯、穿层钻孔预抽隧道条带煤层瓦斯、穿层钻孔预抽石门（含立、斜井等）揭煤区域煤层瓦斯、顺层钻孔预抽隧道条带煤层瓦斯等。采取各种方式的预抽煤层瓦斯区域防突措施时，应符合以下要求：

① 穿层钻孔或顺层钻孔预抽隧道条带煤层瓦斯区域防突措施的钻孔应控制隧道穿越煤层区外侧一定范围内的煤层。要求钻孔控制隧道外侧的范围是：近水平、缓倾斜煤层巷道两侧轮廓线外至少各 15 m；倾斜、急倾斜煤层巷道上帮轮廓线外至少 20 m，下帮至少 10 m；均为沿层面的距离，以下同。

② 穿层钻孔预抽石门（含立、斜井等）揭煤区域煤层瓦斯区域防突措施应在揭煤掌子面距煤层的最小法向距离 7 m 以前实施（在构造破坏带应适当加大距离）。钻孔的最小控制范围是：石门和立井、斜井揭煤隧道轮廓线外 15 m（急倾斜煤层上部 20 m，下底部 10 m），同

193

时还应保证控制范围的外边缘到巷道轮廓线的最小距离不小于 5 m，且当钻孔不能一次穿透煤层全厚时，应保持煤孔最小超前距 15 m。

③ 顺层钻孔预抽隧道条带煤层瓦斯区域防突措施的钻孔应控制的条带长度不小于 60 m，巷道两侧的控制范围与第①项中顺槽外侧的要求相同。

④ 当隧道开挖掌子面在预抽防突效果有效的区域内作业时，掌子面距未预抽或预抽防突效果无效范围的边界不得小于 20 m。

⑤ 特厚煤层预抽钻孔应控制隧道轮廓线外上部至少 20 m、下部至少 10 m（均为铅垂距离，且仅限于煤层部分）。

⑥ 预抽煤层瓦斯钻孔应在整个预抽区域内均匀布置，钻孔间距应根据实际考察的煤层有效抽放半径确定。预抽瓦斯钻孔封堵必须严密。穿层钻孔的封孔段长度不得小于 5 m，顺层钻孔的封孔段长度不得小于 8 m。应做好每个钻孔施工参数的记录及抽采参数的测定。钻孔孔口抽采负压不得小于 13 kPa。预抽瓦斯浓度低于 30%时，应采取改进封孔的措施，以提高封孔质量。

（3）区域效果检验。

采用预抽煤层瓦斯区域防突措施时，应以预抽区域的煤层残余瓦斯压力或残余瓦斯含量为主要指标或其他经试验证实有效的指标和方法进行措施效果检验。区域防突措施采用残余瓦斯压力或残余瓦斯含量指标进行检验时，必须依据实际的直接测定值。对穿层钻孔预抽石门（含立、斜井等）揭煤区域煤层瓦斯区域防突措施，也可采用钻屑瓦斯解吸指标进行措施效果检验。检验期间还应观察、记录在煤层中进行钻孔等作业时发生的喷孔、顶钻及其他突出预兆。

对预抽煤层瓦斯区域防突措施进行检验时，应根据经试验考察确定的临界值进行评判，在确定前可按如下指标进行评判：若采用残余瓦斯压力或残余瓦斯含量指标进行检验，则煤层残余瓦斯压力小于 0.74 MPa 或残余瓦斯含量小于 8 m^3/t 的预抽区域为无突出危险区，否则，即为突出危险区，预抽防突效果无效；当采用钻屑瓦斯解吸指标对穿层钻孔预抽石门（含立、斜井等）揭煤区域煤层瓦斯区域防突措施进行检验时，如果所有实测的指标值均小于表 7-4 的临界值则为无突出危险区，否则，即为突出危险区，预抽防突效果无效。

表 7-4　钻屑瓦斯解吸指标法预测石门揭煤掌子面突出危险性的参考临界值

煤样	Δh_2 指标临界值/Pa	K_1 指标临界值/（mL·g·$min^{-\frac{1}{2}}$）
干煤样	200	0.5
湿煤样	160	0.4

检验期间在煤层中进行钻孔等作业时发现了喷孔、顶钻及其他明显突出预兆时，发生明显突出预兆的位置周围半径 100 m 内的预抽区域判定为措施无效，所在区域煤层仍属突出危险区。当采用煤层残余瓦斯压力或残余瓦斯含量的直接测定值进行检验时，若任何一个检验测试点的指标测定值达到或超过了有突出危险的临界值而判定为预抽防突效果无效时，则此检验测试点周围半径 100 m 内的预抽区域均判定为预抽防突效果无效，即为突出危险区。

对预抽煤层瓦斯区域防突措施进行检验时，均应首先分析、检查预抽区域内钻孔的分布等是否符合设计要求，不符合设计要求的，不予检验。

（4）区域验证。

对无突出危险区进行的区域验证，应当采用掌子面突出危险性预测方法并按照下列要求进行：

① 在掌子面进入该区域时，立即连续进行至少两次区域验证。

② 掌子面每推进 10~50 m（在地质构造复杂区域或采取了预抽煤层瓦斯区域防突措施以及其他必要情况时宜取小值）至少进行两次区域验证。

③ 在构造破坏带连续进行区域验证。

④ 在隧道开挖掌子面还应当至少打 1 个超前距不小于 10 m 的超前钻孔或者采取超前物探措施，探测地质构造和观察突出预兆。

当区域验证为无突出危险时，应当采取安全防护措施后进行开挖作业。但若为开挖掌子面在该区域进行的首次区域验证时，开挖前还应保留足够的突出预测超前距。只要有一次区域验证为有突出危险或超前钻孔等发现了突出预兆，则该区域以后的开挖作业均应当执行局部综合防突措施。

3. 局部综合防突措施

"四位一体"的局部综合防突措施（又称掌子面综合防突措施）包括掌子面突出危险性预测、掌子面防突措施、掌子面措施效果检验和安全防护措施。

（1）掌子面突出危险性预测。

① 石门揭煤掌子面的突出危险性预测。

石门揭煤掌子面的突出危险性预测应选用综合指标法、钻屑瓦斯解吸指标法或其他经试验证实有效的方法。

立井、斜井揭煤掌子面的突出危险性预测按照石门揭煤掌子面的各项要求和方法执行。采用综合指标法预测石门揭煤掌子面突出危险性时，应由掌子面向煤层的适当位置至少打三个钻孔测定煤层瓦斯压力 P。近距离煤层群的层间距小于 5 m 或层间岩石破碎时，应测定各煤层的综合瓦斯压力。测压钻孔在每米煤孔采一个煤样测定煤的坚固性系数 f，把每个钻孔中坚固性系数最小的煤样混合后测定煤的瓦斯放散初速度 Δp，则此值及所有钻孔中测定的最小坚固性系数 f 值作为软分层煤的瓦斯放散初速度和坚固性系数参数值。综合指标 D、K 的计算公式为：

$$D = \left(\frac{0.0075H}{f} - 3 \right) \times (P - 0.74) \tag{7-1}$$

$$K = \frac{\Delta p}{f} \tag{7-2}$$

式中 D——掌子面突出危险性的综合指标；

K——掌子面突出危险性的综合指标；

H——煤层埋藏深度，m；

P——煤层瓦斯压力，取各个测压钻孔实测瓦斯压力的最大值，MPa；

Δp——软分层煤的瓦斯放散初速度；

f——软分层煤的坚固性系数。

各煤层石门揭煤掌子面突出预测综合指标 D、K 的临界值应根据试验考察确定，在确定前可暂按表7-5所列的临界值进行预测。当测定的综合指标 D、K 都小于临界值，或者指标 K 小于临界值且式（7-1）中两括号内的计算值都为负值时，若未发现其他异常情况，则该掌子面即为无突出危险掌子面；否则，判定为突出危险掌子面。

表7-5　石门揭煤掌子面突出危险性预测综合指标 D、K 参考临界值

综合指标 D	综合指标 K	
	无烟煤	其他煤种
0.25	20	15

采用钻屑瓦斯解吸指标法预测石门揭煤掌子面突出危险性时，由掌子面向煤层的适当位置至少打 3 个钻孔，在钻孔钻进到煤层时每钻进 1 m 采集一次孔口排出的粒径 1~3 mm 的煤钻屑，测定其瓦斯解吸指标 K_1 或 Δh_2 值。测定时，应考虑不同钻进工艺条件下的排渣速度。各煤层石门揭煤掌子面钻屑瓦斯解吸指标的临界值应根据试验考察确定，在确定前可暂按表 7-6 中所列的指标临界值预测突出危险性。

表7-6　钻屑瓦斯解吸指标法预测石门揭煤掌子面突出危险性的参考临界值

煤样	Δh_2 指标临界值/Pa	K_1 指标临界值/（mL·g^{-1}·min$^{-\frac{1}{2}}$）
干煤样	200	0.5
湿煤样	160	0.4

如果所有实测的指标值均小于临界值，并且未发现其他异常情况，则该掌子面为无突出危险掌子面；否则，为突出危险掌子面。

② 全煤隧道开挖掌子面预测。

全煤隧道开挖掌子面预测采用钻屑指标法、复合指标法、R 值指标法或其他经试验证实有效的方法。

采用钻屑指标法预测全煤隧道开挖掌子面突出危险性时，在近水平、缓倾斜煤层掌子面应向前方煤体至少施工 3 个、在倾斜或急倾斜煤层至少施工 2 个直径 42 mm、孔深 8~10 m 的钻孔，测定钻屑瓦斯解吸指标和钻屑量。钻孔应尽可能布置在软分层中，一个钻孔位于巷道掌子面中部，并平行于开挖方向，其他钻孔的终孔点应位于巷道两侧轮廓线外 2~4 m 处。钻孔每钻进 1 m 测定该 1 m 段的全部钻屑量 S，每钻进 2 m 至少测定一次钻屑瓦斯解吸指标 K_1 或 Δh_2 值。各煤层采用钻屑指标法预测全煤隧道开挖掌子面突出危险性的指标临界值时应根据试验考察确定，在确定前可暂按表 7-7 的临界值确定掌子面的突出危险性。如果实测得到的 S、K_1 或 Δh_2 的所有测定值均小于临界值，并且未发现其他异常情况，则该掌子面预测为无突出危险掌子面；否则，为突出危险掌子面。

表7-7　钻屑指标法预测全煤隧道开挖掌子面突出危险性的参考临界值

钻屑瓦斯解吸指标 Δh_2 /Pa	钻屑瓦斯解吸指标 K_1 /（mL·g^{-1}·min$^{-\frac{1}{2}}$）	钻屑量 S	
		kg/m	L/m
200	0.5	6	5.4

采用复合指标法预测全煤隧道开挖掌子面突出危险性时，在近水平、缓倾斜煤层掌子面应向前方煤体至少施工 3 个、在倾斜或急倾斜煤层至少施工 2 个直径 42 mm、孔深 8~10 m 的钻孔，测定钻孔瓦斯涌出初速度和钻屑量指标。钻孔应尽量布置在软分层中，一个钻孔位于巷道掌子面中部，并平行于开挖方向，其他钻孔开孔口靠近巷道两帮 0.5 m 处，终孔点应位于巷道两侧轮廓线外 2~4 m 处。钻孔每钻进 1 m 测定该 1 m 段的全部钻屑量 S，并在暂停钻进后 2 min 内测定钻孔瓦斯涌出初速度 q。测定钻孔瓦斯涌出初速度时，测量室的长度不小于 0.5 m。各煤层采用复合指标法预测全煤隧道开挖掌子面突出危险性的指标临界值时应根据试验考察确定，在确定前可暂按表 7-8 的临界值进行预测。如果实测得到的指标 q、S 的所有测定值均小于临界值，并且未发现其他异常情况，则该掌子面预测为无突出危险掌子面；否则，为突出危险掌子面。

表 7-8 复合指标法预测全煤隧道开挖掌子面突出危险性的参考临界值

煤的挥发分 V_{daf}/%		5~15	15~20	20~30	>30
临界值 q_m/（L/min）		5.0	4.5	4.0	4.5
临界值 S_m	kg/m	6	6	6	6
	L/m	5.4	5.4	5.4	5.4

采用 R 值指标法预测全煤隧道开挖掌子面突出危险性时，在近水平、缓倾斜煤层掌子面应向前方煤体至少施工 3 个、在倾斜或急倾斜煤层至少施工 2 个直径 42 mm、孔深 8~10 m 的钻孔，测定钻孔瓦斯涌出初速度和钻屑量指标。钻孔应尽可能布置在软分层中，一个钻孔位于巷道掌子面中部，并平行于开挖方向，其他钻孔的终孔点应位于巷道两侧轮廓线外 2~4 m 处。钻孔每钻进 1 m 收集并测定该 1 m 段的全部钻屑量 S，并在暂停钻进后 2 min 内测定钻孔瓦斯涌出初速度 q。测定钻孔瓦斯涌出初速度时，测量室的长度为 1.0 m。根据每个钻孔的最大钻屑量 S_{max} 和最大钻孔瓦斯涌出初速度 q_{max} 按式（7-3）计算各孔的 R 值：

$$R = (S_{max} - 1.8)(q_{max} - 4) \tag{7-3}$$

式中　S_{max}——每个钻孔沿孔长的最大钻屑量，L/m；

　　　q_{max}——每个钻孔的最大钻孔瓦斯涌出初速度，L/min。

判定各全煤隧道开挖掌子面突出危险性的临界值应根据试验考察确定，在确定前可暂按以下指标进行预测：当至少有一个钻孔 R 值有 $R \geq 6$，或者至少有一个钻孔有 $R \leq 0$ 且 $S_{max} \geq 5.4$ L/m（或 6 kg/m），或者至少有一个钻孔有 $R \leq 0$ 且 $q_{max} \geq 6$ L/min，或者发现有异常情况时，该掌子面预测为突出危险掌子面；否则，可判定为无突出危险掌子面。

（2）掌子面防突措施。

① 石门揭煤掌子面的防突措施包括预抽瓦斯、排放钻孔、水力冲孔、金属骨架、煤体固化或其他经试验证明有效的措施，立井揭煤掌子面则可以选用其中除水力冲孔外的各项措施。金属骨架、煤体固化措施，应在采用了其他防突措施并检验有效后方可在揭开煤层前实施。斜井揭煤掌子面的防突措施应参考石门揭煤掌子面防突措施进行。对所实施的防突措施都必须进行实际考察，得出符合本隧道实际条件的有关参数。根据掌子面岩层情况，实施掌子面防突措施时要求揭煤掌子面与突出煤层间的最小法向距离为：预抽瓦斯、排放钻孔及水力冲

孔均为 5 m，金属骨架、煤体固化措施为 2 m。当隧道断面较大、岩石破碎程度较高时，还应适当加大距离。

在石门和立井揭煤掌子面采用预抽瓦斯、排放钻孔防突措施时，钻孔直径一般为 75 ~ 120 mm。石门揭煤掌子面钻孔的控制范围是：石门的两侧和上部轮廓线外至少 5 m，下部至少 3 m。立井揭煤掌子面钻孔控制范围是：近水平、缓倾斜、倾斜煤层为井筒四周轮廓线外至少 5 m；急倾斜煤层沿走向两侧及沿倾斜上部轮廓线外至少 5 m，下部轮廓线外至少 3 m。钻孔的孔底间距应根据实际考察情况确定。揭煤掌子面施工的钻孔应尽可能穿透煤层全厚。当不能一次打穿煤层全厚时，可采取分段施工，但第一次实施的钻孔穿煤长度不得小于 15 m，且进入煤层开挖时，必须至少留有 5 m 的超前距离（开挖到煤层顶或底板时不在此限）。预抽瓦斯和排放钻孔在揭穿煤层之前应保持自然排放或抽采状态。

水力冲孔措施一般适用于打钻时具有自喷（喷煤、喷瓦斯）现象的煤层。石门揭煤掌子面采用水力冲孔防突措施时，钻孔应至少控制自揭煤隧道至轮廓线外 3 ~ 5 m 的煤层，冲孔顺序为先冲对角孔后冲边上孔，最后冲中间孔。水压视煤层的软硬程度而定。石门全断面冲出的总煤量（t）数值不得小于煤层厚度（m）乘以 20。若有钻孔冲出的煤量较少时，应在该孔周围补孔。

石门和立井揭煤掌子面金属骨架措施一般在石门上部和两侧或立井周边外 0.5 ~ 1.0 m 内布置骨架孔。骨架钻孔应穿过煤层并进入煤层顶（底）板至少 0.5 m，当钻孔不能一次施工至煤层顶板时，则进入煤层的深度不应小于 15 m。钻孔间距一般不大于 0.3 m，对于松软煤层要架两排金属骨架，钻孔间距应小于 0.2 m。骨架材料可选用 8 kg/m 的钢轨、型钢或直径不小于 50 mm 钢管，其伸出孔外端用金属框架支撑。插入骨架材料后，应向孔内灌注水泥砂浆等不燃性固化材料。揭开煤层后，严禁拆除金属骨架。

石门和立井揭煤掌子面煤体固化措施适用于松软煤层，用以增加掌子面周围煤体的强度。向煤体注入固化材料的钻孔应施工至煤层顶板 0.5 m 以上，一般钻孔间距不大于 0.5 m，钻孔位于巷道轮廓线外 0.5 ~ 2.0 m 的范围内，根据需要也可在巷道轮廓线外布置多排环状钻孔。当钻孔不能一次施工至煤层顶板时，则进入煤层的深度不应小于 10 m。各钻孔应在孔口封堵牢固后方可向孔内注入固化材料。可根据注入压力升高的情况或注入量决定是否停止注入。固化操作时，所有人员不得正对孔口。

在隧道四周环状固化钻孔外侧的煤体中，预抽或排放瓦斯钻孔自固化作业到完成揭煤前应保持抽采或自然排放状态，否则，应打一定数量的排放瓦斯钻孔。从固化完成到揭煤结束的时间超过 5 d 时，必须重新进行掌子面突出危险性预测或措施效果检验。

② 有突出危险的全煤隧道开挖掌子面应优先选用预抽瓦斯、超前排放钻孔防突措施。如果采用松动爆破、水力冲孔、水力疏松或其他掌子面防突措施时，必须经试验考察确认防突效果有效后方可使用。前探支架措施应配合其他措施一起使用，但下坡开挖时不得选用水力冲孔、水力疏松措施，倾角 8° 以上的上坡开挖掌子面不得选用松动爆破、水力冲孔、水力疏松措施。

全煤隧道开挖掌子面在地质构造破坏带或煤层赋存条件急剧变化处不能按原措施设计要求实施时，必须打钻孔查明煤层赋存条件，然后采用直径为 42 ~ 75 mm 的钻孔进行排放。若突出煤层隧道开挖掌子面前方遇到落差超过煤层厚度的断层，应按石门揭煤的措施执行。

全煤隧道开挖掌子面采用预抽瓦斯或超前排放钻孔作为掌子面防突措施时，应符合下列要求：巷道两侧轮廓线外钻孔的最小控制范围：近水平、缓倾斜煤层 5 m，倾斜、急倾斜煤层上帮 7 m、下帮 3 m，当煤层厚度大于巷道高度时，在垂直煤层方向上的巷道上部煤层控制范围不小于 7 m，巷道下部煤层控制范围不小于 3 m；钻孔在控制范围内应均匀布置，在煤层的软分层中可适当增加钻孔数。预抽钻孔或超前排放钻孔的孔数、孔底间距等应根据钻孔的有效抽放或排放半径确定；钻孔直径应根据煤层赋存条件、地质构造和瓦斯情况确定，一般为 75～120 mm，地质条件变化剧烈地带也可采用直径 42～75 mm 的钻孔。若钻孔直径超过 120 mm 时，必须采用专门的钻进设备和制定专门的施工安全措施；煤层赋存状态发生变化时，应及时探明情况，再重新确定超前钻孔的参数；钻孔施工前应加强掌子面支护，打好迎面支架，背好掌子面煤壁。

全煤隧道开挖掌子面采用松动爆破防突措施时，应符合下列要求：松动爆破钻孔的孔径一般为 42 mm，孔深不得小于 8 m。松动爆破应至少控制到巷道轮廓线外 3 m 的范围。孔数应根据松动爆破的有效影响半径确定。松动爆破的有效影响半径应通过实测确定；松动爆破孔的装药长度为孔长减去 5.5～6 m；松动爆破按远距离爆破的要求执行。

全煤隧道开挖掌子面水力冲孔措施应符合下列要求：在厚度 3 m 左右和小于 3 m 的突出煤层中，按扇形布置至少 5 个孔，在地质构造破坏带或煤层较厚时，应适当增加孔数。孔底间距控制在 3 m 左右，孔深通常为 20～25 m，冲孔钻孔超前开挖掌子面的距离不得小于 5 m。冲孔孔道应沿软分层前进；冲孔前，开挖掌子面必须架设迎面支架，并用木板和立柱背紧背牢，对冲孔地点的巷道支架必须检查和加固。冲孔后或暂停冲孔时，都必须退出钻杆，并应将导管内的煤冲洗出来，以防止煤、水、瓦斯突然喷出伤人。

全煤隧道开挖掌子面水力疏松措施应符合下列要求：沿掌子面间隔一定距离打浅孔，钻孔与掌子面推进方向一致，然后利用封孔器封孔，向钻孔内注入高压水。注水参数应根据煤层性质合理选择。如未实测确定，可参考如下参数：钻孔间距 4.0 m，孔径 42～50 mm，孔长 6.0～10 m，封孔 2～4 m，注水压力 13～15 MPa，注水时以煤壁已出水或注水压力下降30%后方可停止注水；水力疏松后的允许推进度，一般不宜超过封孔深度，其孔间距不超过注水有效半径的两倍；单孔注水时间不应低于 9 min。若提前漏水，则应在邻近钻孔 2.0 m 左右处补打注水钻孔。

前探支架可用于松软煤层的平巷掌子面。一般是向掌子面前方打钻孔，孔内插入钢管或钢轨，其长度可按两次开挖循环的长度再加 0.5 m，每开挖一次打一排钻孔，形成两排钻孔交替前进，钻孔间距为 0.2～0.3 m。

（3）掌子面措施效果检验。

① 对石门和其他揭煤掌子面进行防突措施效果检验时，应选择《防治煤与瓦斯突出规定》第七十一条所列的钻屑瓦斯解吸指标法或其他经试验证实有效的方法，但所有用钻孔方式检验的方法中检验孔数均不得少于 5 个，分别位于石门的上部、中部、下部和两侧。如检验结果的各项指标都在该煤层突出危险临界值以下，且未发现其他异常情况，则措施有效；反之，则判定为措施无效。

② 全煤隧道开挖掌子面执行防突措施后，应选择钻屑指标法、复合指标法、R 值指标法。使用所列的方法应进行措施效果检验。检验孔深度应小于或等于防突措施钻孔。如果全煤隧道开挖掌子面措施效果检验指标均小于指标临界值，且未发现其他异常情况，则措施有效；否则，判定为措施无效。

当检验结果措施有效时，若检验孔与防突措施钻孔向巷道开挖方向的投影长度（简称投影孔深）相等，则可在留足防突措施超前距并采取安全防护措施的条件下开挖。当检验孔的投影孔深小于防突措施钻孔时，则应在留足所需的防突措施超前距并同时保留有至少 2 m 检验孔投影孔深超前距的条件下，采取安全防护措施后实施开挖作业。

（4）安全防护措施。

① 避难所。避难所应符合下列要求：避难所必须设置向外开启的隔离门，隔离门设置标准按照反向风门标准安设。室内净高不得低于 2 m，深度应满足扩散通风的要求，长度和宽度应根据可能同时避难的人数确定，但至少应能满足 15 人避难，且每人使用面积不得少于 0.5 m²。避难所内支护必须保持良好，并设有与工区调度室直通的电话；避难所内必须放置足量的饮用水、安设供给空气的设施，每人供风量不得少于 0.3 m³/min。如果用压缩空气供风时，应有减压装置和带有阀门控制的呼吸嘴；避难所内应根据设计的最多避难人数配备足够数量的隔离式自救器。

② 在突出煤层的石门揭煤和全煤隧道开挖掌子面进风侧必须设置至少 2 道牢固可靠的反向风门，风门之间的距离不得小于 4 m。反向风门距掌子面的距离和反向风门的组数，应根据开挖掌子面的通风系统和预计的突出强度确定，但反向风门距掌子面回风隧道不得小于 10 m，与掌子面的最近距离一般不得小于 70 m，如小于 70 m 时应设置至少 3 道反向风门。反向风门墙垛可用砖、料石或混凝土砌筑，嵌入隧道周边岩石的深度可根据岩石的性质确定，但不得小于 0.2 m，墙垛厚度不得小于 0.8 m。在全煤隧道构筑反向风门时，风门墙体四周必须掏槽，掏槽深度见硬帮硬底后再进入实体煤不小于 0.5 m。通过反向风门墙垛的风筒、水沟、溜子道等，必须设有逆向隔断装置。人员进入掌子面时必须把反向风门打开、顶牢；掌子面放炮和无人时反向风门必须关闭。

③ 为降低放炮诱发突出的强度，可根据情况在炮掘掌子面安设挡栏。挡栏可用金属、矸石或木垛等构成。金属挡栏一般是由槽钢排列成的方格框架，框架中槽钢的间隔为 0.4 m，槽钢彼此用卡环固定，使用时在迎掌子面的框架上再铺上金属网，然后用木支柱将框架撑成 45°的斜面。一组挡栏通常由两架组成，间距为 6～8 m。可根据预计的突出强度在设计中确定挡栏距掌子面的距离。

④ 隧道揭穿突出煤层必须采取远距离爆破安全防护措施。石门揭煤采用远距离爆破时，必须制定包括爆破地点、避灾路线及停电、撤人和警戒范围等在内的专项措施。在石门揭穿有突出危险煤层的全部作业过程中，与此石门有关的其他掌子面都必须停止工作。在实施揭穿突出煤层的远距离爆破时，洞内全部人员必须撤至地面，洞内全部断电，立井口附近地面 20 m 范围内或隧道口及斜井口前方 50 m、两侧 20 m 范围内严禁有任何火源。全煤隧道开挖掌子面采用远距离爆破时，爆破地点必须设在进风侧反向风门之外的全风压通风的新鲜风流中或避难所内，放炮地点距掌子面的距离由项目部总工程师根据具体情况确定，但不得小于 300 m。远距离爆破时，回风隧道内必须停电、撤人。放炮后进入掌子面检查的时间由项目

部总工程师根据情况确定，但不得少于 30 min。

⑤ 突出煤层的掌子面应设置掌子面避难所或压风自救系统。应根据具体情况设置其中之一或混合设置，但开挖距离超过 500 m 的隧道内必须设置掌子面避难所。掌子面避难所设在掌子面附近和爆破工操纵放炮的地点。应根据具体条件确定避难所的数量及其距开挖掌子面的距离。掌子面避难所应满足掌子面最多作业人数时的避难要求，其他要求与煤矿采区避难所相同。压风自救系统的要求是：压风自救装置安装在开挖掌子面隧道的压缩空气管道上。在以下每个地点都应至少设置一组压风自救装置：距开挖掌子面 25 ~ 40 m 的隧道内、放炮地点、撤离人员与警戒人员所在的位置以及回风隧道有人作业处等。在长距离的开挖隧道中，应根据实际情况增加设置；每组压风自救装置应可供 5 ~ 8 个人使用，平均每人的压缩空气供给量不得少于 0.1 m³/min。

7.9　岩爆隧道施工

7.9.1　岩　爆

埋藏较深的隧道工程，在高应力、脆性岩体中，由于施工爆破扰动原岩，岩体受到破坏，使掌子面附近的岩体突然释放出潜能，产生脆性破坏，这时围岩表面发生爆裂声，随之有大小不等的片状岩块弹射剥落出来。这种现象称之岩爆。岩爆有时频繁出现，有时甚至会延续一段时间后才逐渐消失。岩爆不仅直接威胁作业人员与施工设备的安全，而且严重地影响施工进度，增加工程造价。

1. 隧道内岩爆的特点

（1）岩爆在未发生前并无明显的预兆（虽然经过仔细找顶并无空响声）。一般认为不会掉落石块的地方，也会突然发生岩石爆裂声响，石块有时应声而下，有时暂不坠落。这与塌顶和侧壁坍塌现象有明显的区别。

（2）岩爆时，岩块自洞壁围岩母体弹射出来，一般呈中厚边薄的不规则片状，块度大小多呈几厘米长宽的薄片，个别达几十厘米长宽。严重时，上吨重的岩石从拱部弹落，造成岩爆性坍方。

（3）岩爆发生的地点，多在新开挖掌子面及其附近，个别的也有在距新开挖掌子面较远处的。岩爆发生的频率随暴露后的时间延长而降低。一般岩爆发生在 16 d 之内，但是也有滞后一个月甚至数月还有发生岩爆的。

2. 岩爆产生的主要条件

国内外的专家研究结果表明，地层的岩性条件和地应力的大小是产生岩爆与否的两个决定性因素。从能量的观点来看，岩爆的形成过程是岩体中的能量从储存到释放直至最终使岩体破坏而脱离母岩的过程。因此，岩爆是否发生及其表现形式就主要取决于岩体中是否储存了足够的能量，是否具有释放能量的条件及能量释放的方式等。

3. 岩爆强度分级

根据岩石强度、岩层中的原始初应力、围岩类别、隧道埋深以及岩石含水量、脆性、节理等将岩爆按强度大小进行严格分级，分级标准如表 7-9。

表 7-9　岩爆强度大小分级表

分级	原始应力/围岩强度（ σ_0/R_b ）	围岩级别	埋深 h/m	围岩强度 R_b/MPa
微弱岩爆	$0.15 \sim 0.25$	Ⅱ、Ⅲ	< 200	$80 \sim 120$
中等强度岩爆	$0.20 \sim 0.35$	Ⅱ、Ⅲ	$200 \sim 700$	$120 \sim 180$
强烈岩爆	> 0.30	Ⅰ、Ⅱ	> 700	> 180

7.9.2　岩爆隧道施工要点

1. 地质预报

在可能有岩爆发生的隧道施工前，应加强岩爆预测工作。常采用以下方法进行地质预报：以超前探孔为主，辅以地震波、电磁波、钻速测试等手段；开挖面及其附近的观察预报，通过地质的观察、素描，分析岩石的"动态特性"，主要包括岩体内部发生的各种声响和局部岩体表面的剥落等；采用工程地质类比法进行宏观预报。

采用地应力、岩石强度进行宏观预报预测，进行岩石强度室内试验，判断岩爆发生的可能性。采用全断面光面爆破开挖，并严格控制用药量，以尽可能减少爆破对围岩的影响，使开挖的轮廓光滑圆顺，尽可能避免应力集中。对掌子面及周边围岩进行超前钻孔，采用高压注水及喷洒湿润先期围岩，降低其弹性模量，裂隙水可缓衡原始应力释放，阻滞并减轻或减少岩爆的发生。结合超前地质预报技术，用地震仪对掌子面前方 15 ~ 20 m 的地段进行检测，用地震波速推算岩石强度，并根据岩石强度及有关经验公式判定存在岩爆的可能性。

2. 施工方法

岩爆段开挖掘进的原则是短进尺、多循环、弱爆破、及时支护、必要时施作临时仰拱。岩爆地段采用钻爆法施工时，应短进尺掘进，减小装药量和减少爆破频率，控制光爆效果，使隧道周边圆顺，以减少围岩表层应力集中现象，降低岩爆发生的强度。一般地，微弱岩爆、中等强度岩爆进尺控制在 2 ~ 2.5 m，尽可能全断面开挖，一次成形，以减少围岩应力平衡状态的破坏；强烈岩爆进尺控制在 2 m 以内，必要时下部可预留 1/3 分两部开挖，以降低岩爆破坏程度。

（1）微弱岩爆地段，可直接在开挖面上洒水，软化表层，促使应力释放和调整。

（2）中等以上岩爆地段，在隧道开挖断面轮廓线外 10 ~ 15 cm 范围内，采取在侧壁及拱部注水、超前预裂爆破、排孔法、切缝法等卸压方法。打设注水孔的同时并向孔内喷灌高压水，软化围岩，加快围岩内部的应力释放。

（3）对大断面隧道，可先掘进贯通一个断面积为 15 ~ 30 m² 小导洞，使岩层中的高地应力得以部分释放，再进行隧道的开挖。

岩爆地段开挖后，应及时进行挂网锚喷支护，达到"以柔克刚"的目的。当岩爆烈度级别较高时，采用加密锚杆、挂网、网喷及钢支撑相结合的联合支护方法，以提高结构的整体支护能力，防止岩块突然弹射或剥落。岩爆地段初期支护可参照表 7-10 取值。

表 7-10　岩爆地段初期支护参数表

岩爆强度	初期支护			
	系统锚杆	喷射混凝土	钢筋网	钢支撑
微弱岩爆	ϕ22 砂浆锚杆加垫板，长 2 m，间距 120 cm，梅花形布置	C20 混凝土，厚 10 cm	ϕ6 mm，间距 20 cm×20 cm	
中等强度岩	ϕ22 砂浆锚杆加垫板，长 2～3 m，间距 100 cm，梅花形布置	C20 混凝土，厚 10～12 cm	ϕ8 mm，间距 20 cm×20 cm	必要时，增设格栅钢架支撑等
强烈岩爆	ϕ22 砂浆锚杆加垫板，长 3～3.5 m，间距 50～100 cm，梅花形布置。掌子面采用 ϕ40 mm 超前管缝式锚杆加固，长 3.5 m，间距 1～2 m	C20 混凝土，厚 15 cm，必要时喷 15 cm 厚 C20 混凝土封闭掌子面，分 3 个循环作业	ϕ8 mm，间距 20 cm×20 cm	设置格栅钢架支撑，增设仰拱等

3. 安全技术措施

（1）加强施工管理。

岩爆地段施工时，必须加强施工的组织管理，制定严格的安全施工措施，进行岩爆安全知识教育。各方人员要提高安全意识，对任何事件的发生都要具备灵活迅速处理的能力。在强岩爆段施工中，要求机械设备要挂网防护覆盖，施工人员要做好个人防护，安排专人检查已喷地段是否有掉皮、脱壳等现象，对掉皮、脱壳地层段及时进行补喷和处理。

（2）喷洒高压水。

爆破后立即向工作面及其以后约 15 m 范围内隧道周边喷洒高压水，以适当改变岩石物理力学性能，降低岩石脆性，达到减弱岩爆烈度的目的。另外围岩表面冲洗干净后也便于对围岩进行检查。

（3）改善施工方法。

岩爆严重地段，将全断面开挖改为分部开挖，以使应力逐步释放，达到降低岩爆危害程度的目的。预先在工作面有可能发生岩爆的部位有规则地打一些空眼，不设锚杆，以便适当释放应力，阻止围岩达到极限应力而发生岩爆。将深孔爆破改为浅孔爆破，以缩短循环进尺，减少一次用药量。在掌子面及附近洞壁上打一些深孔（也可利用炮眼孔和锚杆孔），向岩体深部注高压水，使水渗透到围岩内部的裂隙，使岩石强度和弹性模量降低，提高其塑性变形能力，减缓岩爆。

（4）加强现场岩爆监测、警戒及巡回找顶，必要时及时躲避。

（5）采用光面爆破，并严格控制用药量，以尽可能减少爆破对围岩的影响。

（6）加强支护工作，衬砌工作要紧跟开挖工序进行，以尽可能减少岩层暴露时间，减少岩爆发生和确保人身安全。

7.10　高地温隧道施工

7.10.1　高地温

一般在火山地带修建隧道或地下工程时会遇到比较高温高热的情况，如日本某地的发电厂工程的隧道，其围岩温度高达 175℃。更甚者，高温隧道地层会喷出热水或硫化氢等有害气体。

1. 高地温的热源

地热的形成按热源分类，可分为三大类，即地球的地幔对流、火山岩浆集中处的热能及放射性元素的裂变热成为热源。其中，对隧道工程造成施工影响的，主要是火山的热源和放射性元素的裂变热源。

（1）火山热的热源：由火山供给的热是地下的岩浆集中处的热能产生热水，这种热水（泉水）成为热源又将热供给周围的岩层。当隧道或地下工程穿过这种岩层时，就有发生高温、高热的现象。

（2）放射性元素裂变热的热源：根据日本文献介绍，由于地壳内岩石中含有放射性物质，其裂变热产生地温。地下增温率以所处的深度不同而异，其平均值为 3 ℃ / 100 m。东京大学院内测定的实例表明，该处地下增温率为 2.2 ℃ / 100 m。假定地表温度为 15 ℃，地下增温率以 3 ℃ / 100 m 计，覆盖层厚 1 000 m 深处的地温则成为 45 ℃。日本某地质调查所对 30 处深层热水地区调查的结果为，在平原地区认为不受火山热源的影响，其地下 2 000 m 深处的地下温度为 67 ~ 136 ℃。这说明如果覆盖层很厚即使没有火山热源供给也有发生高温、高热问题的可能性。

2. 高地温的危害

洞内持续的高温对混凝土施工不利，高温会造成新拌混凝土失水、坍落度损失、假凝等不利影响，对养护期的混凝土会使水分蒸发迅速，造成养护湿度不够，最终对混凝土的强度、抗渗性、稳定性、抗化学侵蚀性造成不良影响。而且施工人员的健康、工作效率在高温环境中也要受到影响。在高温隧道中发生过施工人员由于地层喷出热水或硫化氢等有害气体而烫伤或中毒死亡的事故。

3. 隧道内施工温度的规定

为保证隧道施工人员进行正常的安全生产，我国有关部门对隧道施工作业环境的卫生标准都有规定。如国家铁路集团有限公司规定，隧道内气温不得超过 28 ℃；交通运输部规定，隧道内气温不宜高于 30 ℃。根据国外的资料介绍，日本规定隧道内温度低于 37 ℃。

7.10.2　高地温地段隧道施工的措施

1. 降温处理措施

（1）在施工中一般采取通风和洒水相结合的措施。地温较高时，可采用大型通风设备予以降温。地温很高时，在正洞开挖工作面前方的一段距离内，利用平导超前钻探，如有热水涌出，可在平导内增建降水、排水设施和排水钻孔，以降低正洞的水位。如正洞施工中仍有热水涌出时，可采用水玻璃水泥系药液注浆，以发挥截水及稳定围岩的作用。

（2）安装制冷设备或运送冰块到掌子面降温。

2. 做好施工人员的保健工作

加强洞内不间断通风，控制洞内最低风速不小于 0.25 m/s，同时采取喷雾洒水等降温措施。洞内温度适宜地段设临时医疗点，配备足够的防暑降温设施，如防暑降温药等。安排好职工的饮食，备好消暑降温的食品和饮品。施工作业处设临时休息室，安置风扇等降温设施，减短循环进尺，减少每班作业时间。

3. 高温地段衬砌混凝土

在高温（如 70 ℃ 高温）的岩体上，应及时喷混凝土，并在其上浇筑二次衬砌混凝土。但即使厚度再薄，水化热也不易逸出。由于混凝土里面和表面存在温差，混凝土在早龄期有可能存在裂缝。因此，在二次混凝土衬砌时，要防止裂缝产生，应采取下述措施：

（1）为了防止高温时的强度降低，应选定合适的水灰比，并考虑到对温泉水的耐久性，宜采用高炉矿渣水泥（分离粉碎型水泥）。混凝土配合比和掺合剂应作试验优选。

（2）在防水板和混凝土衬砌之间，设置隔热材料，可隔断从岩体传播来的热量，使混凝土内的温度应力降低。

（3）把一般衬砌混凝土的浇筑长度适当缩短。

（4）用防水板和无纺布组合成缓冲材料，由于高温地层与喷混凝土隔离，因此，混凝土衬砌的收缩可不受到约束。

（5）适当设置裂缝诱发缝，一般在两拱脚延长方向设置。

（6）采取降温措施。浇筑前的混凝土温度不能超过 32 ℃，否则采取冷水搅拌混凝土等措施降低混凝土温度。与混凝土接触的模板、钢筋等表面，在浇混凝土前应冷却至 32 ℃ 以下，可采取加强通风及喷雾洒水等方法降温。

（7）加强养护。混凝土养护采用专人专管连续养护的方法，保持不间断洒水保证混凝土养护湿度，确保混凝土的内在质量。

4. 中暑防治措施

在高温条件下施工，除采用降温措施外，还应注意中暑的防治工作。重度中暑可分为热痉挛、热虚脱和热射症三种类型，其症状及处置如下：

（1）热痉挛。该病症由出汗过多，体内的水分、盐类丧失而引起。其症状为在作业中和作业后，发作性肌肉痉挛和疼痛。对此症应采取充分地摄取水和盐类予以缓解症状。

（2）热虚脱。该病症由循环系统失调而引起。其主要症状为血压降低、速脉、小脉、头晕、头痛、呕吐、皮肤苍白、体温轻度上升。采取的措施是：循环器官有异常的人员严禁参加施工；对有症状者增加补水次数，并在阴凉处静卧休息。

（3）热射症。该病症由体温调节中枢失调，体温上升而引起。症状为：体温高、兴奋、乏力和皮肤干燥等。采取的措施是：对高温不适应者应避免在洞内做重体力劳动；在高温施工地段，采用冷水喷雾等方法降温，必要时对患者可采取医疗急救处置。

5. 合理安排高温作业时间

根据坑道内的高温程度、劳动强度和劳动效率，确定劳动工时，以策施工人员的健康和安全。

复习思考题

1. 特殊地质地段隧道施工中有什么注意事项？
2. 膨胀土围岩有何特点？对隧道有哪些危害？施工中应如何处理？
3. 黄土围岩与普通围岩相比有何特点？黄土隧道应如何处理？
4. 隧道通过溶洞段时有哪些处理方法？施工中有哪些注意事项？
5. 隧道塌方常见的原因有哪些？如何预防塌方？塌方如何处理？
6. 简述松散地层隧道的施工方法和技术措施。
7. 简述瓦斯的性质。
8. 瓦斯隧道如何分类？隧道通过瓦斯地区应如何处理？
9. 如何防止煤与瓦斯突出？
10. 简述岩爆的特点及岩爆隧道的安全技术措施。

第8章 复杂条件下的隧道施工

【知识目标】

1. 熟悉浅埋暗挖法施工中必须坚持的 "18 字方针";
2. 熟悉浅埋暗挖隧道的常用开挖方法和特大断面地下工程浅埋暗挖方法;
3. 熟悉小间距隧道的施工工艺;
4. 了解联拱隧道的施工方法。

【技能目标】

1. 能够合理确定浅埋暗挖隧道的开挖方案;
2. 能够借助文献资料初步制定小间距隧道的施工方法。

在隧道施工过程中,我们不仅仅会遇到各种特殊地质条件,还可能会遇到各种复杂周边环境条件。隧道通过的地层若有含水、渗水、涌水现象和地下水存在水压情况,可能会使软岩软化、衬砌压力增大,甚至使围岩崩坍、丧失稳定。城市地下工程施工中,我们常常会遇到地下结构埋藏很浅的情况,但周边环境又非常复杂而不宜明挖,需要采用暗挖施工;当场地受限或展线困难时,两条隧道可能距离很近,形成小间距隧道,甚至紧挨在一起而成为联拱隧道。本章学习浅埋暗挖、小间距和联拱三种复杂条件隧道的施工。

8.1 浅埋暗挖隧道

8.1.1 浅埋暗挖隧道的特点与施工原则

1. 浅埋暗挖隧道的特点

浅埋暗挖法是在距离地表较近的地下进行各种类型地下洞室暗挖施工的一种方法,在城市地铁工程中应用广泛。浅埋暗挖法起源于 1986 年北京地铁复兴门车站折返线工程,由于暗挖拆迁少、不扰民、不破坏环境,取得了很好的经济效益和社会效益,建设部把浅埋暗挖法命名为国家级工法。

与其他地下工程施工工法相比，浅埋暗挖法具有以下技术特点：

（1）埋深浅。

浅埋地下工程最显著的特点是埋深浅，在施工过程中，地层承载力差，地下开挖会引起明显的地表沉降，对周边环境的影响较大，超过一定限度，会导致整体失稳，发生塌方。因此，采用该法时对地层预加固、开挖方法、支护衬砌等提出了更高的要求。所以，围绕如何有效控制浅埋地下工程施工扰动诱发的地表沉降变形，成为浅埋地下工程设计、施工、研究的重点、难点和热点问题。基于控制地表变形、减少对环境的不利影响、降低施工成本，相关单位形成了各种适用于浅埋地下工程的施工方法。

（2）地质条件差。

浅埋暗挖地段的围岩基本属于 V ~ VI 级围岩，岩性软弱，大多为土质地层，开挖后稳定性差，需要及时设置具有足够强度的支撑体系，才能满足结构的稳定。对城市地下铁道，大多地下水非常丰富，地下水位也很高，隧道通常位于地下水位以下，如果对地下水不采取措施，就无法进行开挖施工，而且容易引起地下水突涌，及因此而带来的塌方等重大事故，开挖时必须采取降水措施，来降低地下水位。

（3）周边环境复杂。

浅埋地下工程，特别是城市地铁施工具有结构埋置浅，地面建筑物密集，交通运输繁忙，地下管线密布，地表沉陷要求严格，周边环境复杂，交通疏解、拆迁改移费用高等特点。浅埋暗挖法具有拆迁占地少、不扰民、不干扰交通、节省大量拆迁投资等优点。同时，在对周边环境变形控制方面，浅埋暗挖法也具有明显优势。复兴门地铁折返线工程采用浅埋暗挖法设计施工，节约工程投资 1 700 万元，拆迁少用 8 000 万元。

（4）辅助工法多样。

由于浅埋暗挖法适用于软弱地层中，预先加固改良地层是一项必不可少的技术措施。地层预加固的主要目的是为开挖支护顺利实施，即保证在一定时间段内开挖面的稳定，同时考虑减小地表沉降，降低施工对周边环境的影响。这些地层预加固辅助工法，包括注浆法、降水法、超前小导管法、长管棚法、水平旋喷法、注浆-冷冻法等。

（5）开挖方法繁多。

采用浅埋暗挖法施工时，常见的开挖方法有全断面法、正台阶法，以及适用于特殊地层条件的其他施工方法，如单侧壁导坑超前正台阶法、双侧壁导坑正台阶法（眼镜工法）、中隔墙法、洞柱法、洞桩法等。开挖方法的选择，应根据具体地下工程的各方面条件综合考虑，选择最经济、最理想的设计和施工方案，甚至是多种方案的综合应用。

（6）风险管理难度大。

浅埋暗挖工程通常具有工期长、规模大、技术复杂、地质条件不确定、不良地质多、施工中的意外事故和环境影响很大等特点。因此，有必要以科学的方法和手段研究风险发生和变化的规律，建立合理的工程风险辨识、分析、处理、评估和监控系统，防患于未然，把风险造成的损失降低到最低。

（7）施工影响小。

浅埋暗挖法具有灵活多变，对地面建筑、道路和地下管网影响不大，拆迁占地少，不扰民，不干扰交通，节省大量拆迁投资，不污染城市环境等优点，与盾构法相比具有简单易行，不需太多专用设备，灵活方便，适应性强的特点，可以多使用劳动力，解决就业，是适合我国国情的地下工程施工方法。

2. 浅埋暗挖法施工原则

王梦恕院士总结了浅埋暗挖法施工中必须坚持的"管超前、严注浆、短开挖、强支护、快封闭、勤量测"18字方针，这是浅埋暗挖法施工的重要原则，其具体内容如下：

"管超前"——利用钢拱架为支点，使用超前小导管注浆防护。先用风钻或高压风吹孔、扩孔、引孔。小导管间距为 20~30 cm，仰角为 5°~10°。为避免管下土体松落，以较小仰角为宜。在开挖支护的过程中，要留出钢管在土体内作为支点的长度。

"严注浆"——在小导管超前支护后，立即压注水泥或水泥水玻璃浆液，填充沙层孔隙，凝固后将砂砾胶结成为具有一定强度的"结石体"，使周围形成一个壳体，增强围岩自稳能力。每次注浆前必须对工作面进行喷射混凝土封闭，以防浆液在压力作用下溢出。严注浆的概念是广义的，既包含进行严格的拱部导管预注浆，也包含开挖下部及边墙支护前按规定预埋管注浆，还包括初期支护背后填充注浆。

"短开挖"——一次注浆多次开挖。当导管长 3.5 m 时，每次开挖进尺 0.75 m，每次环状开挖，预留核心土。这种非爆破作业，减少了对围岩的扰动，然后及时喷射 5~8 cm 厚混凝土层，再架设网构拱架进行挂网喷射混凝土。

"强支护"——在松软地层和浅埋条件下进行地下大跨度结构施工，初期支护必须十分牢固，以确保万无一失，按照喷混凝土→网构拱架→钢筋网→喷混凝土的工序进行支护。浅埋暗挖法的网喷支护承载系数取较大值，一般不考虑二次衬砌承载力。

"快封闭"——在正台阶开挖过程中，通过量测，当上台阶过长，变形增加较快时，必须考虑临时支撑，仰拱方能稳定。因此，要求台阶的长度为：双线不得大于 1 倍洞径，单线不得大于 1.5 倍洞径。下半断面紧跟，土体挖出一环、封闭一环，并及时封闭仰拱，使初期支护形成一个环状结构，此时变形曲线逐步趋于稳定。

"勤量测"——量测是对施工过程中围岩及结构变化情况进行动态跟踪的主要手段，量测信息及时而准确地反馈给设计施工，以便及时修改设计或采取特殊的施工措施。

8.1.2 浅埋暗挖隧道开挖方法的选择

浅埋隧道开挖方法的选择，应以地质条件为主要依据，结合工期、隧道长度、断面大小、施工单位的机械设备能力和施工技术水平等因素综合考虑。同时，应尽量采用新技术、新工艺、新设备，以提高施工速度，保证施工质量，提高施工效率，改善劳动条件。还应考虑到围岩条件发生变化时，开挖方法的适应性和变更的可能性。所选的开挖方法应既能满足工程要求，又能降低成本。

1. 浅埋暗挖开挖方法

采用浅埋暗挖法施工时，常用的开挖方法如表 8-1 所示。

表 8-1　浅埋暗挖法常用开挖方法

施工方法	示意图	纵断面示意图	重要指标比较			
			沉降	工期	支护拆除量	造价
全断面法	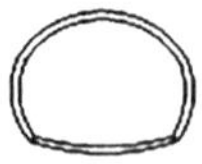		一般	最短	没有拆除	低
台阶法	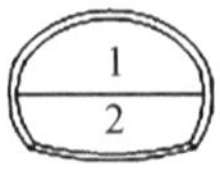		一般	短	没有拆除	低
中隔墙法（CD）法	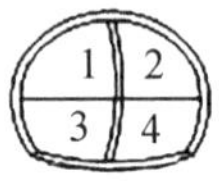	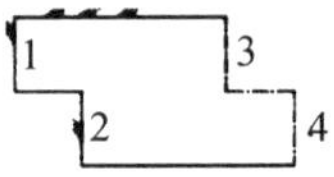	较大	短	拆除少	偏高
交叉中隔墙法（CRD）法	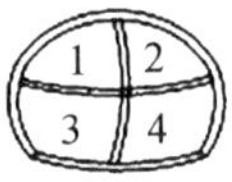	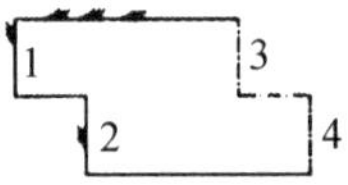	较小	长	拆除多	高
双侧壁导坑法（眼镜法）		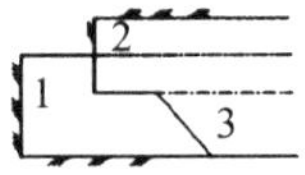	大	长	拆除多	高
柱洞法	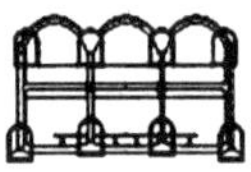	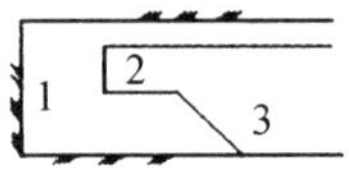	大	长	拆除多	高
中洞法	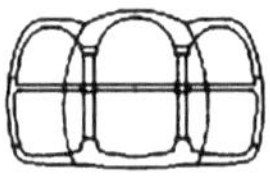	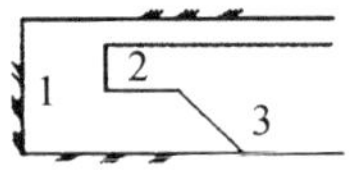	小	长	拆除多	高
侧洞法	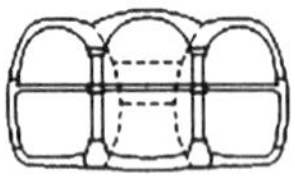	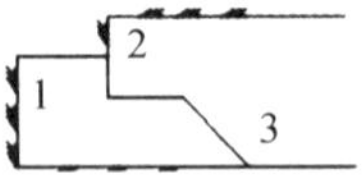	大	长	拆除多	高

2. 开挖方法比选原则

（1）可行性。

隧道工程开挖方法选择，必须考虑施工单位的现场具体施工条件、施工能力和资源状况、施工水平、技术人员及作业人员的综合素质、资金供应和周转状况，经全面考虑、选择的开挖方法才是切实可行的。

（2）安全性。

由于提供的地质资料的精度不高、不全面，隧道工程在施工过程中若遇到地质条件变化较大的情况，难免发生由于地质条件突变等因素造成的安全事故。所以，在选择开挖方法时，必须从施工安全可靠的角度出发，减少地质灾害引起的安全事故。

（3）工期可控性。

采用先进的隧道开挖方法，可以加快隧道工程修建的速度，从而缩短工程的工期，降低成本。

（4）经济性。

隧道开挖方法的经济性表现在不同开挖方法的施工成本上。施工单位承包隧道工程的目的是盈利，而不是亏损，隧道工程的经济性是决定选择开挖方法的重要条件和原则，是不可缺少的。

浅埋隧道开挖方法由可行性、安全性、工期可控性、经济性四个子系统构成。施工单位应从系统工程理论出发，统筹兼顾，全面考虑，选择最优的开挖方法。

8.1.3　大断面地下工程浅埋暗挖法

这里所说的大断面地下工程不是指按国际隧道协会（ITA）根据隧道的横断面积的大小对隧道进行的分类，而是特指修筑大断面地下工程时，因埋深较浅，断面过大而设计成多跨的地下结构，地下结构的跨与跨之间一般用梁、柱连接。比如常见的三跨两柱大型地铁车站、地下商业街、地下停车场等。在这种条件下，一般采用中洞法、侧洞法、洞柱法及洞桩法等方法施工，其核心是变大断面为中、小断面，提高施工安全度。

1. 中洞法施工

中洞法施工就是先开挖中间部分（中洞），在中洞内施作梁、柱结构，然后再开挖两侧部分（侧洞），并逐渐将侧洞顶部荷载通过中洞初期支护转移到梁、柱结构上。中洞法施工工序复杂，但两侧洞对称施工，比较容易解决侧压力从中洞初期支护转移到梁柱上时产生的不平衡侧压力问题，施工引起的地表下沉较易控制。中洞法具体施工顺序见图 8-1。该方法在无水、地层相对较好时应用。因该法施工空间大，施工方便，混凝土施工质量也能保证，当施工队伍水平较高时，地表沉降均匀，两侧洞的沉降曲线不会在中洞施工的沉降曲线最大点处叠加，此法应为优选方案。

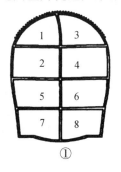

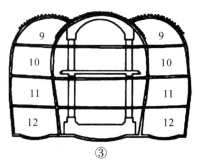

①　　　　　　　②　　　　　　　③

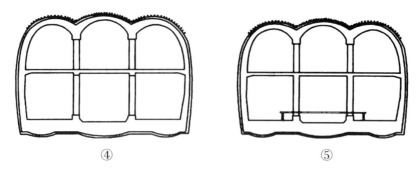

图 8-1　中洞法施工顺序

① CRD 法施作中洞，按图中顺序进行开挖，及时封闭初期支护；② 施工底纵梁，安装灌注钢管柱，施工顶纵梁、拱部结构，进行中纵梁、中层板、底板施工；③ 按图中顺序对称开挖两侧洞，及时施作封闭初期支护；④ 侧洞底板施工，拆除中间临时支护，施作侧洞边墙及中层板，拆除剩余临时支护，施作侧洞拱部；⑤ 施作完成全部主体结构

2. 侧洞法施工

侧洞法施工就是先开挖两侧部分（侧洞），在侧洞内做梁、柱结构，然后再开挖中间部分（中洞），并逐渐将中洞顶部荷载通过侧洞初期支护转移到梁、柱上。这种施工方法，在处理中洞顶部荷载转移时，相对中洞法要困难些。两侧洞施工时，中洞上方土体多次扰动，引起的地表下沉较大，施工若不小心容易坍塌，而中洞法施工则不易出现这种情况。侧洞法施工顺序见图 8-2。

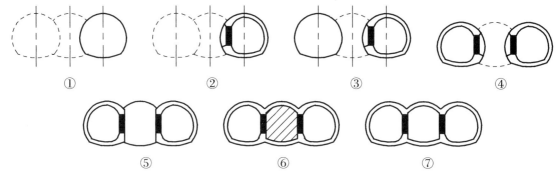

图 8-2　侧洞法施工顺序

3. 柱洞法施工

双拱单柱的结构形式见图 8-3。它是在立柱位置采用台阶法先施作一个小导洞，再在小导洞内做底梁、立柱和顶梁，形成一个细而高的竖向结构。该方法的关键是如何确保两侧开挖后初期支护同步作用在顶纵梁上，同时立柱要保持左右水平力相等且同时加上，这是力的平衡和力的转换交织在一起的施工难点。如图增设强有力的临时水平支撑是一个办法，但工程量大，不易控制。

对三跨双柱的结构形式，将整个断面开挖横向分为侧洞、有柱的柱洞和中洞。先对称施工柱洞，再在洞内做底梁、立柱和顶梁，建立起梁、柱支撑体系。然后，施工两个柱洞中间的中洞初期支护和二次衬砌，形成整个大中洞稳定体系。再对称自上而下施工两侧洞初期支护，最后纵向分段自下而上对称施作二次衬砌，完成结构闭合。

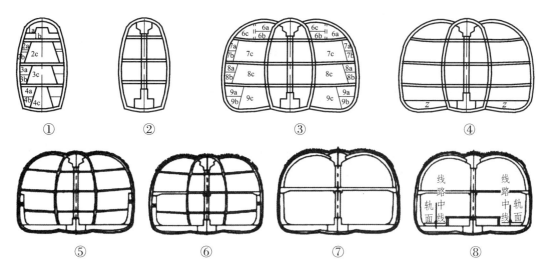

图 8-3　双拱单柱结构柱洞法施工顺序

① 施作中洞；② 模筑底梁，安装、灌注钢管柱，模筑顶梁；③ 依次同步开挖两侧洞；④ 临时支护；
⑤ 纵向分段置换下层临时支护，模筑站台侧墙；⑥ 纵向分段拆除中层临时支护，模筑中承板、中纵梁；
⑦ 纵向分段拆除上层临时支护，模筑拱部混凝土；⑧ 站台及附属工程施作

洞桩法与柱洞法类似，导洞完成后，在导洞内施作挖孔桩或钻孔桩，在桩顶施作冠梁及拱部结构，然后在其保护下施工。该工法施工工序较多，扣拱时由于跨度较大，应特别重视安全性。

4. 几种施工方法的比较

柱洞法虽施工安全度较高、废弃工程量较少，但导洞内作业条件差，施工质量较难保证，扣拱时跨度较大，安全性稍差；侧洞法地面沉降量较大，钢格栅连接难度较大；中洞法的特点是初期支护自上而下，每一步封闭成环，环环相扣，二次衬砌自下而上施作，施工质量易得到保证，施工环境和受力条件较好，地面沉降量、施工安全度、废弃工程量等均能满足工程要求，因此推荐中洞法。

8.2　小间距隧道

8.2.1　小间距隧道施工工艺

隧道开挖会对周边围岩产生影响，一般情况下，双线隧道两隧道净距应越大越好。但是，有时为了避免展线绕避、改善运营及节约用地，往往希望能将两个并行隧道尽量靠近，采用小间距并行隧道。

我国隧道设计规范规定：两相邻单线隧道间的最小净距，应按围岩地质条件、隧道断面尺寸及施工方法等因素确定。分离式隧道双洞最小净距见表 8-2。

表 8-2　分离式隧道双洞最小净距

围岩级别	I	II	III	IV	V	VI
最小净距/m	$1.0 \times B$	$1.5 \times B$	$2.0 \times B$	$2.5 \times B$	$3.5 \times B$	$4.0 \times B$

注：B 为隧道开挖断面的宽度。

若隧道净距小于或接近表 8-2 规定的数值，就应该按小间距隧道考虑。小间距隧道采取二次衬砌双洞分离、各自独立的单洞结构，而中墙是夹在两洞相邻边墙之间的独立墙体，这就使得防水层能从拱圈至边墙底连续铺设下来，可以解决联拱隧道中墙顶的漏水问题，能够实现良好的防水效果，如图 8-4 所示。

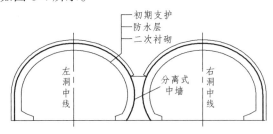

图 8-4　小间距隧道

在小间距隧道中，中墙是完全独立于衬砌以外的墙体。它的主要作用是：①在施工阶段对边墙起支撑作用，一旦整个隧道结构完成，它就只是被挤压在两洞边墙之间的充填物；②在相邻洞室开挖时保护已完成的洞室靠中墙一侧的边墙不受爆破的直接冲击。与联拱隧道中隔墙相比，小间距隧道中墙的主要作用是在施工阶段、竣工后仅作为两洞之间的充填物起稳定隧道结构的作用，对它的强度要求不必太高。

1. 施工流程

小间距隧道施工，先行隧道按照单洞开挖支护方法进行，后行隧道施工要滞后 30 m，以减少施工对邻近隧道的影响。其施工流程如图 8-5 所示。

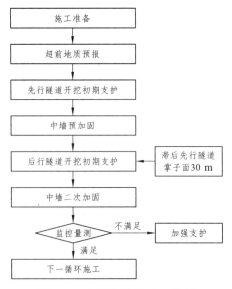

图 8-5　小间距隧道施工流程

2. 中墙预加固

当两隧道之间的净距小于 1.5 倍洞径时，后行隧道在开挖的过程中，必然会出现塑性区贯通整个中墙岩柱的现象，此时软弱地层可能导致坍塌，硬岩地层将出现裂隙，影响中墙的稳定性。必须通过对中墙岩土体进行预加固处理，以提高围岩的承载能力，减小其塑性区，达到中墙稳定的目的。

Ⅲ级和Ⅳ级围岩质量相对较好，可只在局部加固中墙岩柱即可。在开挖先行洞之初，对先行洞的中墙岩柱正面施作小于 50 mm 的小导管，并进行注浆。

由于Ⅴ级围岩较为软弱，需对Ⅴ级围岩中墙岩柱加固处理，一般采用 ϕ50 mm 注浆导管，$L = 500$ cm，环向间距 0.5 m，纵向间距 1.0 m，左右洞交错布置，外插角 45°。钢管采用外径 50 mm、壁厚 5 mm 的热轧无缝钢管。注浆采用水泥浆液，水灰比为 0.5∶1，注浆压力为 0.5 ~ 1 MPa。

3. 后行隧道开挖

当两隧道之间的净距小于 1.5 倍洞径时，考虑到单洞施工的地应力释放过程和对邻洞的施工影响，一般先行隧道开挖 30 m 后方可开始后行隧道开挖。

① Ⅲ级和Ⅳ级围岩，采用爆破开挖，严格控制后行隧道的爆破开挖振动效应，确保先行隧道和中墙的稳定性。因此，应采取减震控制爆破措施。在隧道开挖过程中，为了减少同段雷管的装药量，控制爆破规模，可采用台阶法施工。

爆破开挖参数设计施工要点：

减震控制爆破设计参数主要包括炮眼参数（炮眼直径、炮眼数目、炮眼长度等）、装药量计算、炮眼布置、起爆顺序、堵塞炮泥、起爆网络等内容。

掘槽形式的选择对减震控制爆破开挖至关重要，要使掘槽眼进行爆破时振速小于 10 cm/s，而楔形掘槽爆力比较集中，爆破效果好，掘出的槽体积较大，且掘槽效果好，能为辅助眼爆破创造较好的临空面，可以适应多种级别的围岩，并能减少辅助眼爆破时的振动强度。

为了获得良好的减震控制爆破，可以适当加密周边眼，也可以在两个炮眼间增加导向空眼，宜采用低猛度、低爆速、低密度、传爆性能好的炸药。在装药结构上，宜采用比炮眼直径小的小直径药卷连续或间隔装药。

为避免振动波的叠加，必须采用微差控制爆破，充分利用毫秒雷管起爆间隔时间，尽量扩大开挖断面积。根据实测数据资料，其起爆顺序为 1、3、5、7 段时，爆破震动不叠加，其起爆间隔为 50 ~ 100 ms，而 7 段之后，段与段间隔时间大于 50 ms，爆破震动也不会叠加。软弱围岩时差间隔时间可在 100 ~ 200 ms 取值。硬岩时差间隔时间取在 50 ~ 100 ms。

对于Ⅲ级围岩，一般控制循环进尺在 1 ~ 2 m；而对于Ⅳ级和Ⅴ级软弱围岩地段，应当采用短进尺，其循环进尺一般选择在 0.8 ~ 1.5 m，实践表明控制在 1.1 m 左右较为合适。

② 软弱地层土方开挖施工要点：

Ⅴ级软弱地层，土体松散、岩体破碎、裂隙发育、稳定性差、易发生坍塌，宜采用机械配合人工开挖。为施工安全稳妥起见，后行隧道采取环形开挖留核心土法，加强初支的施工方案。

开挖每循环进尺控制在 0.8 m 以内，预留核心土，下部初支施工采取先外侧后内侧分次施工，同时也避免先内侧后外侧对中墙土柱的不利影响。仰拱填充每循环 2 ~ 3.5 m 进行分侧施工，减少坑底暴露时间，尽量减少因底部卸载引起的初期支护下沉。

4. 后行隧道初期支护

为有效提高初期支护体系的整体受力，将初期支护每榀工字钢下设纵向[20 槽钢底托梁。锁脚锚管采用 ϕ50 mm 注浆小导管。施工开挖控制在每台阶拱脚上 10 ~ 15 cm，人工利用风镐凿除至立拱设计高程位置，确保拱架及槽钢底托梁作用在原状基岩上，提高初期支护承载力，减小下沉量。通过采取这些措施，有效地减小初期支护下沉量，提高了初期支护体系与围岩的共同受力效果。

5. 中墙二次加固

为了进一步提高中墙岩柱的承载能力，后行隧道初期支护完成后，还可在中墙岩柱的横向上采用预应力对拉锚杆使其在该方向上也处于受压状态（图 8-6）。

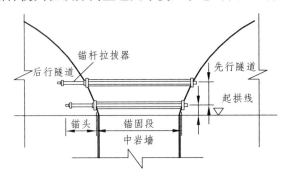

图 8-6　预应力锚杆加固小间距隧道中墙岩柱

施作后行隧道初期支护后，再钻孔对双洞中墙岩柱施作贯穿两洞的水平预应力对拉锚杆，施作部位是从拱腰到拱脚位置。对拉锚杆采用 ϕ22 mm 螺纹钢筋，长度随中间岩柱的厚度而定，对拉锚杆呈梅花形布置（70 cm × 50 cm）。

8.2.2　小间距隧道关键技术

（1）先行隧道与后行隧道掌子面之间的最小间距为 30 m。

（2）先行隧道可按照单洞隧道进行施工，后行隧道开挖前必须超前支护，且对中墙进行预加固。

（3）后行隧道开挖严格按照"管超前、严注浆、弱爆破、短进尺、强支护、早封闭、勤量测"的原则进行施工。

（4）后行隧道宜先开挖远离中墙一侧，以减小施工影响。

（5）加强后行隧道初期支护的强度和刚度。

（6）先行隧道的二次衬砌施工作业面与后行隧道开挖掌子面的距离应为 1 倍洞径。

（7）后行隧道开挖初期支护后，对中墙进行二次加固，宜采用预应力对拉锚杆，增加中墙的稳定性。

（8）加强监控量测，包括拱顶下沉、水平收敛、中墙的变形、爆破震动测试等，及时采集数据，及时分析，及时反馈指导施工。

8.3 联拱隧道

当场地狭窄，使得双洞分开建造受到限制时，设计可能采用联拱隧道方案，一般设计为双跨联拱隧道。联拱隧道存在施工工期较长、工序较多、烦琐，造价较高，施工中力学转换复杂，中隔墙混凝土容易开裂，顶部渗漏水等问题，目前已逐渐改为大拱或 2 ~ 3 个单洞结构，但工程中有时还是会遇到联拱隧道。

8.3.1 联拱隧道施工工艺

针对不同地质条件，双联拱隧道施工方法可归纳为 4 种：中导洞施工法、三导洞分步施工法、单洞施工法、双洞全断面平行施工法。

V 级及以下的围岩，应采用配合超前支护的三导洞施工法。IV 级围岩条件下，从安全、经济等多方面综合考虑，宜采用中导洞半断面施工法。III 级及以上围岩，从安全、经济等多方面综合考虑，宜采用中导洞全断面施工法。在双联拱隧道的修建中，主要采用三导洞施工方法。

1. 中导洞施工法

中导洞施工法就是首先在连接上、下行线隧道的中隔墙处贯通一条小断面导洞，并施工中隔墙混凝土，然后再开挖上、下行线正洞的施工方法。其施工步骤如图 8-7 所示。

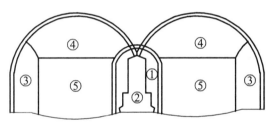

图 8-7　中导洞施工法

中导洞开挖施工工序：
① 导洞开挖初期支护施工。
② 中隔墙混凝土施工。
③ 正洞两侧开槽及初期支护。
④ 正洞拱部开挖及初期支护施工。
⑤ 中间部分开挖。

相对于三导洞分部施工法，采用中导洞施工法减少了两个边导洞的施工，拱墙采取整体初期支护，具有工序较简单、机械化程度较高、初期支护工作量小、施工进度较快、节约成本的特点。而且中导洞先施工，起到了超前探明隧道地质情况的作用，为左右正洞施工创造了条件。

2. 三导洞施工法

三导洞施工法是除在中隔墙处开挖一导洞外，还在上、下行隧道两侧分别开挖一条侧导洞，在中墙混凝土与边墙混凝土施工完后再开挖上、下行线正洞。三导洞法开挖施工顺序如图 8-8 所示。

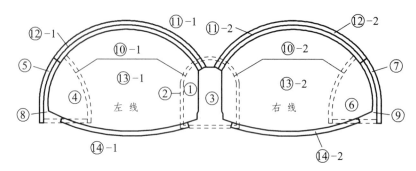

图 8-8　三导洞施工法

① 导洞开挖；② 中导洞初期支护；③ 中隔墙混凝土浇筑；④ 左侧导洞开挖；⑤ 左侧导洞初期支护；
⑥右侧导洞开挖；⑦右侧导洞初期支护；⑧左侧边墙衬砌；⑨右侧边墙衬砌；⑩-1 左线拱部开挖；
⑩-2 右线拱部开挖；⑪-1 左线拱部初期支护；⑪-2 右线拱部初期支护；⑫-1 左线拱部二次衬砌；
⑫-2 右线拱部二次衬砌，⑬-1 左线下部土体开挖；⑬-2 右线下部土体开挖；
⑭-1 左线仰拱施作；⑭-2 右线仰拱施作

三导洞施工方法的优点：

① 正洞支护封闭早，安全可靠。

② 很好地处理了左右拱部施工由不对称性到左右洞拱部均施工完毕后的对称结构体系转换，保证了结构在施工过程中的安全。

三导洞施工方法的缺点：

① 施工工序多，对围岩和已建结构存在多次扰动，不同部位衬砌间隔时间长，使得施工缝更加明显化。

② 拱墙衬砌分步施工，防水系统施工质量难以保证，特别是中墙顶处易出现渗漏水现象。

③ 从经济上考虑，由于多导洞开挖和支护，加大了成本，隧道造价高。

④ 多导洞施工工序多，耗时长，施工断面小，不利于大型机械作业。

3. 单洞施工法

单洞施工法施工工序如图 8-9 所示。单洞施工法具有以下特点：

① 减少了工序及对围岩的扰动，缩短了全断面结构建成时间。

② 采取了单洞防水系统，保证防、排水施工质量。

③ 减少了导坑开挖支护工程量，降低了工程造价。

④ 工程进度快，工期较短。

由于单个隧道施工技术已经很成熟，因此，单洞施工法适用范围比较大。施工中，左、右洞按单洞前后应错开施工。采用单洞施工法要注意的是：

① 对于先施工的单洞，中墙部分也一并开挖支护和衬砌，中墙顶部围岩应根据具体情况加强支护。

② 中墙顶部采用锚杆与围岩连接，给先施工的洞室提供支撑力，保持结构平衡。

③ 后施工的单洞则应特别注意不对称受力的影响。

后开挖的单洞，最好采用上、下台阶分部开挖，尤其要严格控制下台阶的开挖长度，下台阶开挖后要及时施作二次衬砌，最大限度地缩短不对称结构，确保结构在时间和空间上的安全性。原则上，后开挖的洞要在先开挖的洞施工完主体结构后才能进行，尤其是要在仰拱施工后，使之形成闭合受力结构后施工；后开挖的洞，在开挖靠中墙部分的围岩时，可以通过控制爆破，减少对中墙的破坏。下台阶开挖时可采取先施工远离中墙一侧围岩，增加靠中墙一侧围岩的爆破临空面。

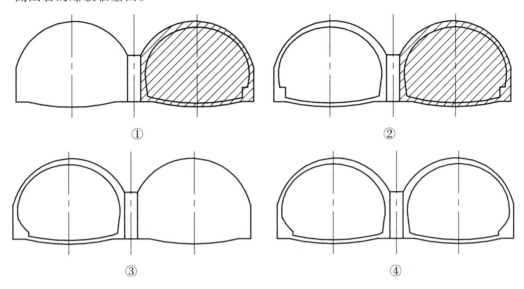

图 8-9　单洞施工法

① 左洞开挖、初期支护及中墙浇筑；② 左洞二次衬砌施工；
③ 右洞开挖及初期支护；④ 右洞二次衬砌

4. 双洞平行施工法

双洞平行施工法施工工序如图 8-10 所示。双洞平行施工法的特点是保留中墙岩柱，左、右正洞同步掘进，适用于Ⅲ级或Ⅱ级以上围岩的硬岩隧道。

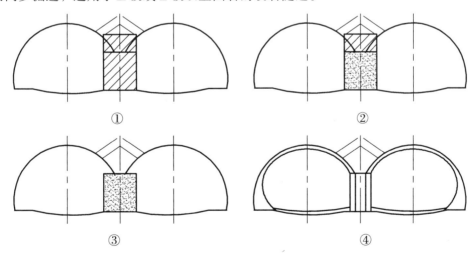

图 8-10　双洞平行施工法

① 洞开挖及初期支护；② 中墙开挖及中墙衬砌；
③ 中墙顶部开挖及支护；④ 左、右洞衬砌

219

双洞平行施工法开挖左、右洞时，要特别注意中隔墙岩柱的稳定，使之能平衡左、右洞围岩传递来的应力。开挖长度控制在 4~5 m 左右，开挖前采用长锚杆加固中隔墙顶部围岩，开挖后要立即施工中隔墙衬砌并及时施工左、右洞二次衬砌。

5. 联拱隧道与小间距隧道过渡段施工

分叉隧道存在联拱隧道与小间距隧道过渡段，过渡段结构复杂，断面变化大，施工工法和工序转换频繁，开挖扰动易影响隧道的稳定，对联拱隧道及小间距隧道的结构也会带来不利影响，必须严格按照"18 字方针"，合理确定施工开挖步序和循环进尺，降低对后续阶段施工的影响。

（1）只能在联拱隧道中墙施作完成并达到设计强度后才能进行小间距隧道的开挖支护。

（2）小间距隧道衬砌起始段 10 m 可考虑降低一级围岩进行支护设计，施工开挖方法也应按降低后的围岩级别进行，以保证施工安全。

（3）开挖过程中应注意保护已施作的联拱隧道中墙以及需要保留的中墙岩柱。

（4）充分重视中墙岩柱上系统锚杆或对拉锚杆的施工质量。

8.3.2 联拱隧道关键技术

（1）浅埋地层中，地质条件差，通过不良地层时防止围岩坍塌成为洞身开挖的关键，通过地面降水、洞内注浆等辅助措施改良地层，可保证施工安全。

（2）对于对地表沉降量敏感的地段，可采取地面动态注浆的手段，依据监测结果，动态调整敏感段的沉降量，使整个地段地表沉降处于可控状态，保证整个地段处于安全状态。

（3）中导坑开挖采用台阶法施工。开挖后及时施作网喷格栅拱架支护。土质地段采用人工开挖，石质地段采用控制爆破。为防止荷载转换造成中墙偏压倾斜及"群洞效应"对中导坑产生附加荷载，导致较大变形，中柱两侧与中导坑支护结构之间的空间用渣土回填夯实，上部回填 1.5 m 厚 C10 混凝土。

（4）正线隧道拱部开挖采用环形开挖法，并及时进行支护。一侧正洞先行开挖支护，另一侧正洞滞后 2 倍洞径。

（5）中洞施工时，结构为狭长形，保证拱腰处的支护体系能够及时提供足够的承载力，确保支护体系的稳定，从而保证整个隧道的安全。

（6）初期支护可采用锚网喷型钢拱架（或格栅拱架）支护，为使导坑封闭成环，结构受力闭合，设型钢（或格栅）喷混凝土仰拱。

（7）二次衬砌采用先墙后拱法施工。在导坑初期支护完成后进行中墙边墙衬砌，边墙衬砌预留工字钢牛腿（便于拱部衬砌拱架架立和防止边墙受推力产生倾覆横支撑的架立）。拱部二次衬砌紧跟初期支护，距离控制在 1 倍洞径以内。导坑的初期支护钢拱架在正洞拱部二次衬砌的基面处理时，进行割除，并随衬砌施工向前逐段切断，下部开挖时进行临时支撑的拆除。

二次衬砌一般为钢筋混凝土结构，配筋率高，宜采用泵送混凝土衬砌。为控制混凝土质量，保证混凝土坍落度为 16~20 cm，选用 1~3 cm 级配优良的碎石。施工过程中，拱顶预埋注浆钢管，并用其检查拱部混凝土是否灌注密实。

（8）采用中洞法施作浅埋联拱隧道时，围岩经过多次扰动，变形多次叠加，易产生过大的地表变形。因此，城市中修建联拱隧道应注意选择合适的地层预加固方法及掌握正确的施工工序。

8.3.3 联拱隧道的缺陷

隧道宜近不宜联，如果可采用小间距隧道方案，就不要采用双联拱、多联拱隧道方案。与小间距隧道相比，联拱隧道的缺陷主要有以下几方面：

（1）联拱隧道较小间距隧道造价较高、工程量较大、工程进度慢。

（2）联拱隧道施工中力学转换复杂。

（3）联拱隧道中隔墙施工质量较难保证，顶部防水较难处理。

（4）中隔墙墙体易开裂及可能失稳。

因此联拱隧道不宜推广，而宜用小间距分离式单孔隧道取代联拱隧道。中墙厚度为 5 m 左右的小间距隧道在工程造价、工程进度方面相对于联拱隧道而言，具有相当的优势。目前，有多条小间距隧道做到了在较好围岩条件下，采取加固中隔墙的措施，将最小净距控制在 2 m 左右。

复习思考题

1. 隧道浅埋暗挖法有何特点？

2. 浅埋暗挖法施工中必须坚持的"18字方针"是什么？如何评价？

3. 常用的浅埋暗挖开挖方法有哪些？施工中如何进行选择？

4. 特大断面地下工程浅埋暗挖方法有哪些？如何评价这些方法？

5. 小间距隧道和分离式隧道相比有何特点？

6. 简述小间距隧道的施工工艺和关键技术。

7. 联拱隧道有哪些施工方法？如何选择联拱隧道的施工方法？

8. 联拱隧道有何缺点？施工中应采取哪些措施来克服这些缺点？

第9章 隧道施工辅助工法与辅助作业

【知识目标】

1. 掌握隧道施工常用辅助工法的特点和适用条件；
2. 掌握隧道施工通风方式选择和综合防尘措施；
3. 掌握施工排水方案的选择；
4. 了解施工供电与照明的要求。

【技能目标】

1. 能够完成辅助工法的选择，完成辅助工法设计；
2. 能够选择隧道通风方式，进行通风计算，完成空压机选择，制定综合防尘措施；
3. 能够确定隧道施工的排水方案。

隧道在修建过程中，当遇到地质条件不好时，需要采取一些特殊的施工方法才能安全、高效地完成施工，这些施工方法称为辅助工法，如冻结法、注浆法、降水法等。为配合开挖、运输、支撑及衬砌等基本作业而进行的其他作业，称为辅助作业。辅助作业主要有施工通风与防尘、压缩空气供应、施工供水与排水、施工供电和照明等。

9.1 隧道施工辅助工法

9.1.1 冻结法

冻结法是利用人工制冷技术，使地层中的水冻结，把天然岩土变成冻土，增加其强度和稳定性，隔绝地下水与地下工程的联系，以便在冻结壁的保护下进行隧道、竖井和地下工程的开挖与衬砌施工的特殊施工技术。其实质是利用人工制冷技术临时改变岩土的状态以固结地层。在矿井建设、地基基础、水利工程、河底隧道、地下铁道和其他地下工程中，遇到不稳定地层或含水量丰富的裂隙岩层，只要其地下水含盐量不大，而且流速较小（小于 6 m/d），采用冻结法阻断地下水、固结地层，容易获得成功。冻结法源于天然冻结，随人工制冷技术的发展，逐渐用于工程，形成了工程冻结技术。

据统计，发达国家都有较早应用冻结法技术的先例。人工冻结技术在我国也已经得到了成功的应用：1955年，我国首次在开滦煤矿成功地应用冻结法进行竖井施工。近些年来，随着城市地下工程的日益增多，特别是随着地下铁道建设的兴起，冻结技术已开始应用于城市地下铁道的隧道施工。

9.1.1.1　特　点

冻结法适用于各类地层，尤其适合在城市地下管线密布施工条件困难地段的施工。经过多年来国内外施工的实践经验证明，冻结法施工有以下特点：

（1）可有效隔绝地下水，其抗渗透性能是其他任何方法都不能相比的，对于含水量大于10%的任何含水、松散、不稳定地层均可采用冻结法施工技术。

（2）冻土帷幕的形状和强度可视施工现场条件、地质条件灵活布置和调整，冻土强度可达 5~10 MPa，能有效提高工效。

（3）冻结法是一种环保型工法，对周围环境无污染，无异物进入土壤，噪声小，冻结结束后，冻土墙融化，不影响建筑物周围地下结构。

（4）冻结施工用于桩基施工或其他工艺平行作业，能有效缩短施工工期。

9.1.1.2　适用范围

冻结法适用于各类地层，在地铁盾构隧道掘进施工、双线区间隧道旁通道和泵房井施工、顶管进出洞施工、地下工程堵漏抢救施工等方面得到了广泛的应用。

9.1.1.3　工艺流程

冻结法施工工艺流程见图 9-1。

9.1.1.4　施工操作要点

本小节结合上海地铁 M8 线Ⅲ标段黄兴路站—延吉中路站区间隧道旁通道工程施工中的案例，介绍冻结法施工的工艺。施工时，应不断对每个施工工序进行管理，控制冻结孔施工、冻结管安装、冻结站安装、冻结过程检测的质量。

1. 冻结孔施工

（1）开孔间距误差控制在 ±20 mm 内。在打钻设备就位前，用仪器精确确定开孔孔位，以提高定位精度。

（2）准确丈量钻杆尺寸，控制钻进深度。

（3）按要求钻进，用灯光测斜，偏斜过大则进行纠偏。钻进 3 m 时，测斜一次，如果偏斜不符合设计要求，立即采取调整钻孔角度及钻进参数等措施进行纠偏，如果钻孔仍然超出设计规定，则进行补孔。

2. 冻结管安装与试漏

（1）选择 $\phi 63 \times 4$ mm 无缝钢管作为冻结管，用于盐水循环。

223

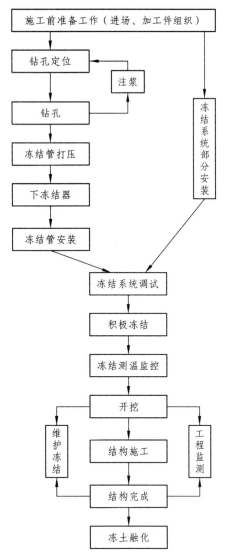

图 9-1 冻结法施工工艺流程

（2）冻结管（含测温管）采用丝扣连接加焊接。管子端部采用底盖板和底锥密封，冻结管安装完后，进行水压试漏，初压力为 0.8 MPa，经 30 min 观察，降压≤0.05 MPa，再延长 15 min 压力不降为合格，否则就近重新钻孔下管。

（3）冷冻站安装完成后可参考《煤矿井巷工程施工及验收规范》（GB 50213—2010）要求进行试漏和抽真空，确保安装质量符合设计要求。

3. 冻结系统安装与调试

（1）按 1.5 倍制冷系数选配制冷设备。

（2）为确保冻结施工顺利进行，冷冻站应安装足够的备用制冷机组。冷冻站运转期间，要有两套配件，备用设备完好，确保冷冻机运转正常，提高制冷效率。

（3）管路用法兰连接，在盐水管路和冷却水循环管路上要设置伸缩接头、阀门和测温仪、压力表、流量计等测试元件。盐水管路经试漏、清洗后用聚苯乙烯泡沫塑料保温，保温厚度为 50 mm，保温层的外面用塑料薄膜包扎。集配液圈与冻结管的连接用高压胶管，每根冻结管的进出口各装阀门一个，以便控制流量。

（4）冷冻机组的蒸发器及低温管路用棉絮保温，盐水箱和盐水干管用 50 mm 厚的聚苯乙烯泡沫塑料板保温。

（5）机组充氟和冷冻机加油按照设备使用说明书的要求进行。首先进行制冷系统的检漏和氮气冲洗，在确保系统无渗漏后，再充氟加油。

（6）设备安装完毕后进行调试和试运转。在试运转时，要随时调节压力、温度等各状态参数，使机组在有关工艺规程和设备要求的技术参数条件下运行。

4．积极冻结阶段

在冻结试运转过程中，定时检测盐水温度、盐水流量和冻土帷幕扩展情况，必要时调整冻结系统运行参数。冻结系统运转正常后进入积极冻结。

积极冻结，就是充分利用设备的全部能力，尽快加速冻土发展，在设计时间内把盐水温度降到设计温度。旁通道积极冻结盐水温度一般控制在 – 25 ～ – 28 ℃。

积极冻结的时间主要由设备能力、土质、环境等决定，上海地区旁通道施工积极冻结时间基本在 35 d 左右。

5．维护冻结阶段

在积极冻结过程中，施工单位要根据实测温度数据判断冻土帷幕是否交圈和达到设计厚度，测温判断冻土帷幕交圈并达到设计厚度后再进行探孔试挖，确认冻土帷幕内土层无流动水后（饱和水除外）再进行正式开挖。正式开挖后，应根据冻土帷幕的稳定性，提高盐水温度，从而进入维护冻结阶段。

维护冻结，就是通过对冻结系统运行参数的调整，提高或保持盐水温度，降低或停止冻土的继续发展，维持结构施工的要求。旁通道维持冻结盐水温度一般控制在 – 22 ～ – 25 ℃。维护冻结时间由结构施工的时间决定。

6．机具设备

旁通道冻结施工主要机械设备表见表 9-1。

表 9-1　旁通道冻结施工主要机械设备表

序号	设备名称	规格、型号	数量	额定功率	能力
1	螺杆冷冻机组	JYSGF300II	2 台	110 kW	87 500 kcal/h
2	盐水泵	IS125-100-200	2 台	45 kW	200 m³/h
3	冷却水泵	IS125-100-200C	4 台	15 kW	120 m³/h
4	冷却塔	NBL-50	4 台		15 m³/h
5	钻机	MK-50	1 台		
6	电焊机	BS-40	2 台		
7	抽氟机		1 台		

说明：以上 1～4 项冻结设备均备用一台。

9.1.2 注浆法

注浆法是用于地下工程中地层加固和堵水的技术。它是将具有充填和胶结性能的材料配制成浆液，用注浆设备注入地层的孔隙、裂隙或空洞中，浆液经扩散、凝固和硬化后，减小岩土的渗透性，增加其强度和稳定性，从而达到封水或加固地层的目的。

注浆法按注浆材料种类可分为水泥注浆、黏土注浆和化学注浆，按注浆施工时间不同可分为预注浆和后注浆，按注浆对象不同可分为岩层注浆和土层注浆，按注浆工艺流程不同可分为单液注浆和双液注浆，按注浆目的不同可分为堵水注浆和加固注浆，按作用机理不同可分为渗透注浆、压密注浆、劈裂注浆、充填注浆和喷射注浆等。注浆法的主要优点是所需设备较少、工艺简单、方法可靠、造价低和效果好。

9.1.2.1 注浆机理及适用条件

注浆机理可分为如下四种：

（1）渗透注浆：对于破碎岩层、砂卵石层、中细砂层、粉砂层等有一定渗透作用的地层，采用中低压力将浆液压入地层的裂缝、孔隙里，凝固后将岩土或土颗粒胶结为整体，以提高地层的稳定性和强度。

（2）劈裂注浆：对于颗粒更细的不透水地层，采用高压浆液强行挤压孔周，在注浆压力的作用下，浆液作用的周围土体被劈裂并形成裂缝，通过土体中形成的浆液脉状固结作用对黏土层起到挤压加固和增加高强夹层加固作用，以提高其强度和稳定性。

（3）压密注浆：用浓稠的浆液注入土层中，使土体形成浆泡，向周围土层加压使土层得到加固。

（4）高压喷射注浆：通过灌浆管在高压作用下，从管底部的特殊喷嘴中喷射出高速浆液射流，促使土粒在冲击力、离心力及重力作用下被切割破碎，随注浆管的向上抽出与浆液混合形成柱状固结体，达到加固目的。

9.1.2.2 注浆材料的选择

注浆浆液按其主剂可分为有机系和无机系两大类。无机系主要包括单液水泥浆、水泥-水玻璃浆液和水玻璃类浆液等。有机系主要包括丙烯酰胺类、铬木素类、脲醛树脂类等。选择注浆材料时必须结合地层地质条件、水文地质条件、工程要求、原材料供应及施工成本等因素，确保注浆法施工既有效又经济。其一般原则是：

（1）在含水砂砾层中，粗砂以上可采用水泥-水玻璃浆液；中砂以下可采用化学浆液，如丙烯酰胺类和聚氨酯类等。开凿地下工程穿过流沙层时，应选用强度高的化学浆材。在动水条件下，可采用非水溶性聚氨酯浆材。

（2）在基岩裂隙含水层中注浆，需浆量大，往往又要求有足够的固结体强度。因此，当裂隙开度较大时，可选择水泥浆、黏土浆或水泥-水玻璃浆液；当裂隙开度较小时，可采用水泥-水玻璃浆液或水玻璃类浆液。

（3）对于特殊地质条件（如破碎带、断层和岩溶等），应先注入惰性材料，如砾石、砂子、岩粉和炉渣等，然后注入单液水泥浆或水泥-水玻璃浆液。

（4）壁后注浆可采用单液水泥浆或水泥-水玻璃浆液。

（5）壁内注浆可采用聚氨酯类和铬木素类浆液等。当裂隙较大时，亦可采用水泥-水玻璃浆液。

（6）应优先选择水泥和水玻璃等货广价廉的材料；化学浆材是松散含水层注浆不可缺少的浆材，但价格较贵，有的还有毒性。因此，只有在必须用化学浆材的条件下才使用。

9.1.2.3　注浆参数

注浆材料选定以后，必须选择合理的注浆参数与之相适应，才能获得理想的注浆效果。通常所说的注浆参数主要包括注浆压力、注浆时间、浆液有效扩散半径、浆液流量、浆液注入量、浆液起始浓度和凝胶时间等。当被注介质条件、浆液条件和设备条件等确定以后，影响注浆效果的主要参数是注浆压力和浆液注入量。在注浆参数选择中，多以注浆压力为主。其他注浆参数均要适应注浆压力的变化。在实际施工时，要结合施工的具体情况对确定的注浆压力进行必要的调整。

1. 注浆压力

注浆压力是指克服浆液流动阻力进行渗透扩散的压强，通常指注浆终了时受注点的压力或注浆泵的表压。当地面预注浆时，主要观察和控制表压；当工作面预注浆时，主要观察和检查工作面上孔口（受注点）的表压。目前，通常采用经验公式和经验数据或者通过注浆现场试验来确定注浆压力。

注浆压力的选择应同时考虑两方面的因素。其一，应考虑受注介质的工程地质和水文地质条件；其二，应考虑浆液性质、注浆方式、注浆时间、浆液扩散半径和结石体强度等。工作面预注浆还要考虑支护层的强度和止浆垫的强度等。

2. 浆液注入量

浆液注入量是指一个注浆孔的受注段注入的浆液量，其计算以浆液扩散范围为依据，但目前很难精确计算，只能估算。

3. 浆液有效扩散半径

在注浆压力作用下浆液在岩层裂隙或砂层孔隙间流动扩散的范围称为扩散半径，而浆液充塞胶结后起堵水或加固作用的有效范围称为有效扩散半径。有效扩散半径的大小与被注地层裂隙或孔隙的大小、浆液的凝胶时间、注浆压力和注浆时间等成正比，与浆液的黏度及浓度成反比。在实际工作中，通常按经验值选取浆液有效扩散半径，可通过控制浆液的黏度和浓度以及调整注浆压力和注浆时间等途径确定合理的有效扩散半径。

4. 注浆段长

注浆段长是指一次注浆的长度。注浆段长的划分应以保证注浆质量、降低材料消耗及加快施工速度为原则。

9.1.2.4　注浆设备

注浆设备是指注浆钻孔、配制和压送浆液的机具。注浆设备主要包括：钻孔机械、注浆

227

泵、搅拌机、混合器、止浆塞、流量计、孔口封闭器和输浆管路等。当注浆量较大时，通常在地面设注浆站。

1. 注浆站

注浆站是布置造浆和压浆设备的临时建筑，其面积的大小主要与设备的型号、数量及选用的注浆材料有关。注浆站应尽量靠近受注点，使注浆管路短、弯头少。当附近同时有几个大的注浆工程时，最好用同一注浆站，其位置要适中。

2. 钻孔机械

钻注浆孔主要使用地质钻机、潜孔钻机、风锤、气腿式凿岩机和钻架式钻机等。地质钻机用于深孔注浆。选择钻孔机械的依据主要有钻孔深度、钻孔直径和钻孔的角度等。

3. 注浆泵

注浆泵是注浆施工的主要设备。注浆泵要依据设计的供浆量和最大注浆压力来选择。双液注浆时，注浆泵应能使双液吸浆量保持一定的比例。泵压应大于或等于注浆终压的 1.1~1.3 倍。

4. 搅拌机

搅拌机是使浆液拌和均匀的机器。它的能力应与注浆泵的最大排浆量相适应。

5. 止浆塞

止浆塞是把待注浆的钻孔按设计要求上、下分开，借以划分注浆段长，使浆液注到本段内岩石裂隙部位的工具。它在孔中安设的位置，应是在围岩稳定和孔型规则的地方。止浆塞应结构简单、操作方便和止浆可靠。目前使用的止浆塞可分为机械式和水力膨胀式两大类。

9.1.2.5 注浆法施工工艺

注浆施工工艺与注浆工况有关，下面对渗透注浆、劈裂注浆、压密注浆等施工要点进行介绍。

1. 渗透注浆

（1）注浆设备性能良好，注浆压力一般为 0.5~1.0 MPa，并应进行现场试验运转。

（2）要控制注浆量，即每根管内已达到规定注浆量时，就可结束；若孔口压力已达到规定值，但注浆量不足，亦停止注浆。

（3）注浆检查：分析每个孔注浆压力、注浆量是否达到设计要求，注浆过程中是否有漏浆、跑浆现象。用声波检测仪检查注浆效果，如未达到要求，应进行补浆。

渗透注浆施工工艺流程见图 9-2。

2. 劈裂注浆

（1）在掌子面造设喷混凝土止浆墙，止浆墙厚度宜为 30 cm，以防止注浆过程中冒浆。

（2）钻孔过程中一般采用套管定位，钻进 3 m 后下入水囊式止浆塞。

（3）在钻孔过程中应做好详细的钻孔记录，对钻孔进行地质描述，观察分析回水或弃渣状态，用以判断注浆质量和调整注浆参数，指导施工。

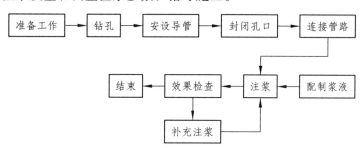

图 9-2　渗透注浆施工工艺流程

（4）注浆结束后，必须进行注浆效果检查：根据注浆记录，在注浆最薄弱的部位确定检查孔。在检查孔无涌水、涌砂的前提下，对检查孔进行注水试验，通过测试其渗透系数综合评价，合理调整注浆施工参数。

劈裂注浆施工工艺流程见图 9-3。

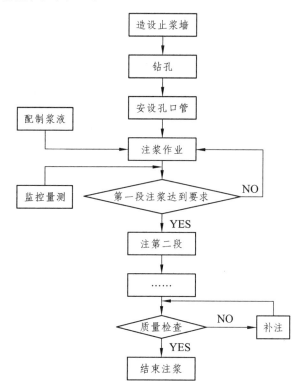

图 9-3　劈裂注浆施工工艺流程

3．压密注浆

（1）沉管管口与压浆泵连接采用高压胶管连接，用振动沉管器沉到设计标高。

（2）压浆之前在压浆管上装好球阀，球阀呈工作状态。在每一压浆段内灌入一定预估的浆量后，应停止压浆，关闭球阀，接着压其他注浆点。压浆时应注意是否冒浆，一旦发现冒浆，应立即停止压浆，待稳定一下，水泥浆初凝后方可再次压浆。

（3）关闭注浆管上球管阀，然后拔出注浆管。

（4）在第一次压浆完成后，可以自行进行检测，如不能满足要求，须进行二次注浆。

压密注浆施工工艺流程见图9-4。

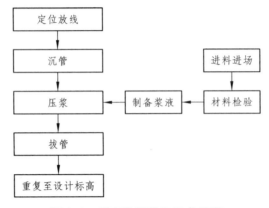

图 9-4　压密注浆施工工艺流程

9.1.3　降水法

基坑降水是指在开挖基坑时，地下水位高于开挖底面，地下水会不断渗入坑内，为保证基坑能在干燥条件下施工，防止边坡失稳、坑底流砂、隆起、管涌和地基承载力下降而做的降水工作。

9.1.3.1　降水方法的选择

基坑降水的方法分为集水明排和井点降水两类。各种降水方法及其适用范围如表 9-2 所示。

表 9-2　降水方法及其适用范围

降水方法		适用地层	渗透系数/（m/d）	降水深度/m	水文地质特征
集水明排		黏性土、砂土	—	＜2	潜水或地表水
轻型井点	一级	砂土、粉土、含薄层粉砂的淤泥质（粉质）黏土	0.1～20	3～6	潜水
	二级			6～9	
	三级			9～12	
喷射井点				＜20	潜水、承压水
管井	疏干	砂性土、粉土、粉质黏土	0.02～0.1	不限	潜水
	减压	砂性土、粉土	＞0.1	不限	承压水

地下水控制应根据工程地质情况、基坑周边环境、支护结构形式选用截水、降水、集水明排或其组合的技术方案。

在软土地区开挖深度浅时，可边开挖边用排水沟和集水井进行集水明排。当基坑开挖深度超过 3 m 时，一般就要用井点降水。当因降水而危及基坑及周边环境安全时，宜采用截水或回灌方法。

当基坑底为隔水层且层底作用有承压水时，应进行坑底突涌验算。必要时可采取水平封底隔渗或钻孔减压措施，保证坑底涂层稳定，避免突涌发生。

9.1.3.2　集水明排法

当基坑开挖不很深，涌水量不大时，集水明排法是应用广泛、简单、经济的方法。明沟、集水井排水多是在基坑的两侧或四周设置排水明沟，在基坑四角或每隔 30 ~ 40 m 设置集水井，使基坑渗水通过排水明沟汇集于集水井内，然后用水泵将其排出基坑外，如图 9-5 所示。

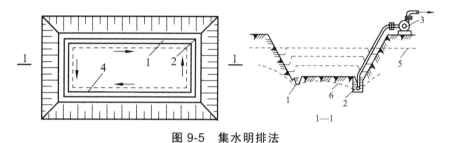

图 9-5　集水明排法
1—排水沟；2—集水井；3—离心式水泵；4—设备基础或建筑物基础边线；
5—原地下水位线；6—降低后地下水位线

排水明沟宜布置在拟建建筑基础边 0.4 m 以外，沟边缘离开边坡坡脚应不小于 0.3 m。排水明沟的底面应比挖土面低 0.3 ~ 0.4 m。集水井底面应比沟底面低 0.5 m 以上，并随基坑的挖深而加深，以保持水流畅通。明沟的坡度不宜小于 0.3%，沟底应采取防渗措施。集水井的净截面尺寸应根据排水流量确定。集水井应采取防渗措施。明沟、集水井排水，视水量多少连续或间断抽水，直至基础施工完毕、回填土为止。明沟排水设施与市政管网连接口之间应设置沉淀池。明沟、集水井、沉淀池使用时应排水畅通并应随时清理淤积物。当基坑开挖的土层由多种土组成，中部夹有透水性能的砂类土，基坑侧壁出现分层渗水时，可在基坑边坡上按不同高程分层设置明沟和集水井构成明排水系统，分层阻截和排除上部土层中的地下水，避免上层地下水冲刷基坑下部边坡造成塌方。

9.1.3.3　井点降水法

1. 轻型井点

轻型井点系在基坑的四周或一侧埋设井点管深入含水层内，井点管的上端通过连接弯管与集水总管连接，集水总管再与真空泵和离心水泵相连，启动抽水设备，地下水便在真空泵吸力的作用下，经滤水管进入井点管和集水总管。排出空气后，由离心水泵的排水管排出，使地下水位降到基坑底以下。本法具有机具简单、使用灵活、装拆方便、降水效果好、可防止流沙现象发生、提高边坡稳定、费用较低等优点，但需配置一套井点设备，适于渗透系数为 0.1 ~ 20.0 m/d 的土以及土层中含有大量的细砂和粉砂的土或明沟排水易引起流沙、坍方等情况使用。轻型井点系统主要机具设备由井点管、连接管、集水总管及抽水设备等组成，如图 9-6 所示。

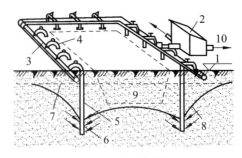

图 9-6　轻型井点

1—地面；2—水泵房；3—总管；4—弯联管；5—井点管；6—滤管；7—原有地下水位线；
8—降低后地下水位线；9—基坑；10—降水排放河道

2. 喷射井点

　　喷射井点降水是在井点管内部装设特制的喷射器，用高压水泵或空压机通过井点管中的内管向喷射器输入高压水（喷水井点）或压缩空气（喷气井点）形成水气射流，将地下水经井点外管与内管之间的间隙抽出排走，如图 9-7 所示。本法设备较简单，排水深度在 8 ~ 20 m，比多层轻型井点降水设备少，基坑土方开挖量少，施工快，费用低，适于在基坑开挖较深、降水深度大于 6 m、土渗透系数为 0.1 ~ 20.0 m/d 的填土、粉土、黏性土、砂土中使用。

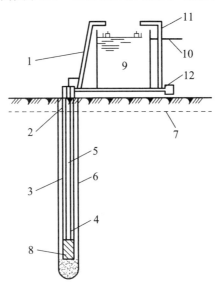

图 9-7　喷射井点

1—排水总管；2—黏土封口；3—填砂；4—喷射器；5—给水总管；6—井点管；
7—地下水；8—过滤器；9—水箱；10—溢流管；11—调压管；12—水泵

3. 管井井点

　　管井井点由滤水井管、吸水管和抽水机械等组成，如图 9-8 所示。管井井点设备较简单，排水量大，降水较深，较轻型井点具有更大的降水效果，可代替多组轻型井点作用，水泵设在地面，易维护。管井埋设的深度和距离根据需降水面积、深度及渗透系数确定，一般间距10 ~ 50 m，最大埋深可达 10 m，适用于渗透系数较大、地下水丰富的土层、砂层或用明沟排水法易造成土粒大量流失，引起边坡塌方及用轻型井点难以满足要求的情况，但管井属于重力排水范畴，吸程高度受到一定限制，要求渗透系数较大（1~200 m/d）。

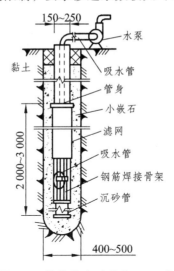

图 9-8　管井井点（单位：mm）

9.2　隧道施工辅助作业

地下工程施工中，除了钻爆、出渣、支护和衬砌等基本作业外，还必须借助一些辅助系统为基本作业提供必要条件才能完成工程任务，这些系统的工作称为辅助作业。辅助作业主要包括通风防尘、压气供应、施工供水与排水、供电、照明等。

9.2.1　施工通风

任何地下工程施工时都需要通风，采用钻眼爆破法施工时尤为重要。爆破时，炸药分解产生大量余热和有害气体，同时隧道内空气中氧气的含量相对下降；机械设备也将排出大量废气和热量；隧道穿过煤层或某些地层时还会放出 CH_4、H_2S 等气体；另外，钻眼、爆破、出渣、喷射混凝土等作业均会产生大量粉尘。这些有害气体及粉尘对施工人员危害极大。因此，施工通风应达到以下目的：供给新鲜空气；冲淡与排出有害气体；降低粉尘浓度；降低地下空间内温度；瓦斯（CH_4）浓度不得大于 0.5%（按体积计），否则必须按煤炭行业现行《煤矿安全规程》之规定办理。

9.2.1.1　通风方式的选择

施工通风方式应根据隧道的长度、掘进隧道的断面大小、施工方法和设备条件等诸多因素综合确定。在施工中，有自然通风和强制机械通风两类。其中，自然通风是利用洞内外的温差或风压来实现通风的一种方式，一般仅限于短直隧道（如 500 m 以下）、浅埋地下工程，且受洞外气候条件影响极大。绝大多数地下工程施工应采用强制式机械通风。《客货共线铁路隧道工程施工技术规程》（Q/CR 9653—2017）规定，隧道施工必须采用机械通风。

根据通风机的作用范围，机械通风分为主机通风和局部扇风机通风。当主机通风不能满足隧道掘进要求时，应设置局部通风系统，风机间隔串联或加设另一路风管增大风量。如有辅助坑道，应尽量利用坑道通风。竖井及隧道施工时，可用主扇或局扇或主、局扇结合式通风。

通风方式应根据隧道长度、施工方法和设备条件等确定。通风方式应针对污染源的特性，尽量避免成洞地段的二次污染，且有利于快速施工。实施机械通风必须具有通风机和风道。按照风道的类型和通风机安装位置，机械通风可分为管道式、巷道式和风墙式三种。

1. 管道式通风

管道通风也称风管通风，根据隧道内空气流向的不同，又可分压入式（送风式）、抽出式（排风式）和混合式三种（图 9-9），其中以混合式的通风效果较好。根据通风机的台数及其设置位置，风管的连接方式可分为集中式和串联式；还可根据风管内的压力来分，可分为正压型和负压型。

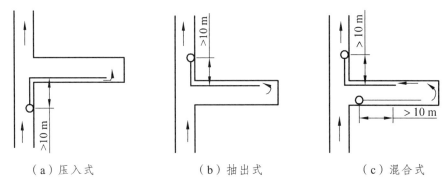

（a）压入式   （b）抽出式   （c）混合式

图 9-9　通风方式示意

（1）压入式通风。

压入式通风是由通风机吸入新鲜空气，通过风管压入工作面，吹走工作面上的有害气体和粉尘，使之沿隧道排出。隧道施工时，由于洞口直通外界，扇风机可安置在洞口外一定距离。为了尽快排除工作面的炮烟，风管口距工作面的距离一般不宜大于 15 m。压入式通风能较快排除工作面的污浊空气，可采用柔性风管，重量轻，拆装简单。但污浊空气排除时流经全洞，排烟时间较长，污染整个隧道。单机可用于 400 m 内的独头隧道，多机串联可用于 800 m 以内的独头隧道。

（2）抽出式通风。

抽出式通风是使用通风机将工作面爆破所产生的有害气体通过风管吸出，新鲜风流则由隧道进入工作面。风管的排风口必须设在主要隧道风流方向的下方，距掘进隧道口 10 m 以上。抽出式通风方式一般需用刚性风管。由于风管吸入口附近的风速随着远离吸入口而急剧降低，有效吸程小，工作面排烟时间长。污浊风流通过局部通风机，安全性差。其优点是不污染隧道，但新鲜空气流经全洞，到达工作面时已不太新鲜。抽出式通风适合用于长度在 400 m 以内的独头隧道。

（3）混合式通风。

混合式通风是压入式和抽出式的联合应用，具有压入式通风和抽出式通风两者的优点，适合用于长度在 1.5 km 内的独头隧道。抽出、压入风口的布置要错开 20~30 m，以免在洞内形成循环风流。抽出风机能力要大于压入式风机 20%~30%。隧道施工时，还可采用两路风管并列的通风方式，包括两台主扇集中式和多台小型风机串联式。送风式风机功率比排出式风机大，风管随开挖面推进而接长。

2. 巷道式通风

当两条巷道或有平行导洞的隧道同时施工时，可采用巷道式通风方式。其特点是通过最前面的横洞使正洞和平行巷道组成一个风流循环系统，在平行巷道口附近安装通风机，将污浊空气由平行巷道抽出，新鲜空气由正洞流入，形成循环风流，如图 9-10 所示。这种通风方式通风阻力小，可提供较大风量，是解决长隧道施工通风比较有效的方法。

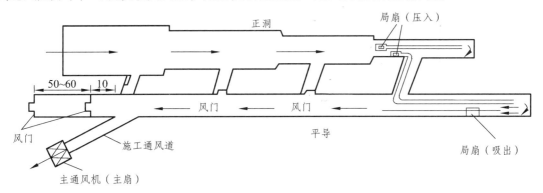

图 9-10　巷道式通风

3. 风墙式通风

风墙式通风适用于无平行导坑可利用的较长隧道施工。它利用隧道成洞部分空间，用砖砌或木板隔出一条风道，以缩短风管长度，增大通风量。

9.2.1.2　通风机械设备的选择

通风机主要根据施工需要的风量及风压选择。

1. 风量计算

目前，地下工程施工中的风量一般按洞内同时工作的最多人数、同时爆破的最多炸药量、洞内允许的最小风速、内燃机械作业废气排放量的需要等 4 个方面计算，并以其中最大值作为计算风量。

（1）按洞内同时工作的最多人数计算。

$$Q = kmq \tag{9-1}$$

式中　Q——工作面所需风量，m^3/min；

k——风量备用系数，常取 1.1~1.25；

m——洞内同时工作的最多人数；

q——洞内每人每分钟所需新鲜空气，m^3；其中，公路、铁路隧道按 3 m^3 计算。

（2）按同时爆破的最多炸药量计算。

① 管道式通风。

压入式通风：

$$Q = 7.8\sqrt[3]{AS^2L^2}/t \qquad\qquad (9\text{-}2)$$

式中　A—— 一次爆破的总炸药量，kg；

S——隧（巷）道净断面积，m^2；

L——隧（巷）道长度，m；

t——隧道爆破后的通风时间，min。

抽出式通风（当 $L_{吸} \leqslant 1.5\sqrt{S}$ 时）：

$$Q = 18\sqrt{ASL_{散}}/t \qquad\qquad (9\text{-}3)$$

式中　$L_{吸}$——风管口至开挖面距离，m；

$L_{散}$——爆破后炮烟的扩散长度，m。

混合式通风：

$$Q_{混压} = 7.8\sqrt[3]{AS^2L_{入口}{}^2}/t \qquad\qquad (9\text{-}4)$$

$$Q_{混吸} = (1.2 \sim 1.3)Q_{混压} \qquad\qquad (9\text{-}5)$$

式中　$Q_{混压}$——压入风量，m^3/min；

$Q_{混吸}$——抽出风量，m^3/min；

$L_{入口}$——压入风口至工作面的距离，一般按 25 m 计算。

② 巷道式通风。

$$Q = 5Ab/t \qquad\qquad (9\text{-}6)$$

式中　b——1 kg 炸药爆炸时产生的有害气体折合成 CO 的体积，m^3。一般地，$b = 40$ L。

（3）按洞内允许的最小风速计算。

$$Q = 60VS \qquad\qquad (9\text{-}7)$$

式中　V——洞内允许的最小风速，m/s，《客货共线铁路隧道工程施工技术规程》（Q/CR 9653—2017）规定，全断面开挖时为 0.15m/s，分部开挖时为 0.25m/s，瓦斯隧道不得低于 1m/s；

S——隧（巷）道开挖断面面积，m^2。

（4）按内燃机械作业废气稀释的需要计算。

$$Q = n_iP \qquad\qquad (9\text{-}8)$$

式中　n_i——洞内同时使用内燃机械作业的总功率，kW；

P——洞内内燃机械每千瓦所需的风量。

（5）总风量的确定。

按上述 4 种情况计算后，取其中最大者为计算风量，则要求通风机提供的风量为：

$$Q_{供} = pQ \qquad\qquad (9\text{-}9)$$

式中　$Q_{供}$——通风机需提供的风量，m^3/min；

　　　Q——前述 4 种通用风量计算结果的最大值，m^3/min；

　　　P——管路的漏风系数，p 值与通风形式、风管直径、总长、接头形式及安装质量、风压、大气压强、风管材料等因素有关。

2. 通风机选择

通风机按构造分有轴流式和离心式两种。轴流式又分普通轴流式和对旋式轴流式。轴流式通风机主要由叶轮、电动机、筒体、底座、集流器和扩散器主要部件组成。对旋式轴流通风机与普通轴流通风机的不同之处是没有静叶，仅由动叶构成，两级动轮分别由两个不同旋转方向的电机驱动。地下工程施工一般为独头掘进，多使用轴流式通风机。

通风机选型的依据是隧（巷）道的通风阻力、要求的通风量以及其他一些条件。通风机所要达到的风量和风压按下式计算：

$$Q_{机} = 1.1 Q_{供} \qquad\qquad (9\text{-}10)$$

$$h_{机} \geqslant p h_{总阻} Q^2 \qquad\qquad (9\text{-}11)$$

式中　$Q_{机}$——通风机所要达到的风量，m^3/min，1.1 为风量储备系数；

　　　$Q_{供}$——通风机需提供的风量，m^3/min；

　　　p——管路的漏风系数；

　　　$h_{机}$——通风机所具有的风压，Pa；

　　　$h_{总阻}$——风流所受到的总阻力，Pa；

　　　Q——风道流量，m^3/s。

$$h_{总阻} = \sum \frac{\alpha L U}{S^3} Q^2 + 0.612 \sum \xi \frac{Q^2}{S^2} + 0.612 \sum \varphi \frac{S_m Q^2}{(S - S_m)^3} \qquad\qquad (9\text{-}12)$$

$$h_{摩} = \frac{\alpha L U}{S^3} Q^2 \qquad\qquad (9\text{-}13)$$

式中　$h_{摩}$——沿途阻力，Pa，是气流经过各种断面的管（巷）道时，管（巷）道周壁与风流相互摩擦以及风流中空气分子间的扰动和摩擦而产生的阻力；

　　　α——风道摩擦阻力系数，与风道材料性质、表面粗糙程度有关，可在有关施工、设计手册中查得；

　　　L——风道长度，m；

　　　U——风道周长，m；

　　　S——风道断面积，m^2；

　　　Q——风道流量，m^3/s；

　　　ξ——局部阻力系数，$N \cdot s^2/m^4$，可在有关手册中查得；

　　　φ——正面阻力系数，$N \cdot s^2/m^4$；

　　　S_m——阻塞物最大迎风面积，m^2。

根据式（9-10）和式（9-11）求出风量和风压后，查通风机的特性曲线或技术特征表，即可选择出通风机的型号（以风量为横坐标和风压为纵坐标作曲线图）。选择时，按计算的风量和风压在图中找出其交点，离交点较近且大于交点值的那条曲线所对应的风机型号即为所要选用的风机。

选用通风机时，除合理选择通风机的型号外，还需确定通风机的台数。当隧（巷）道较长、断面较大，单机不能满足风量要求时，应选多机并联或串联运转。在隧（巷）道通风阻力小，而要求风量大的情况下，采用通风机并联运转能够取得较好的效果。通风机联合运转的效果取决于多台风机联合运转的综合特性曲线。两台通风机并联运转时，通风量明显增加，一般可比单机通风量增大 70%左右。但随并联风机台数的增多，风量增加的效果会减小。所以并联风机以 2～3 台为宜。在需风量较小、风阻大时，可进行串联运转。串联运转时，风量变化不大，风压明显提高。风机并联或串联运转时，各台风机的型号宜相同。

3. 风管的选择

风管是地下工程施工通风系统的重要组成部分，其性能的优劣、安装及维护的质量对通风效果有着直接的影响。

（1）风管的种类。

常用的风管分刚性风管和柔性风管两类。刚性风管主要有金属（铁皮、镀锌钢板或铝合金板）风管和玻璃钢风管，柔性风管有胶皮风管、塑料（聚氯乙烯）风管和维尼龙风管。风管一般都是圆形的，刚性风管在必要时也可制成矩形。柔性风管原则上只能用于压入式通风，但用弹簧钢做螺旋形骨架的柔性风管，也可用于抽出式通风。刚性风管既可用于压入式通风，也可用于抽出式通风。

（2）风管直径的选择。

风管直径根据需通过的风量、通风的长度等条件确定。送风量大、距离长，风管直径应大些。长隧道采用全断面开挖越来越多，选用大口径风管进行施工通风可大大简化隧道施工工序，有利于全断面开挖的推广使用，是解决长隧道施工通风的主要途径。

风管直径应通过计算确定。在由式（9-12）计算风阻时，先初选风管直径，待风机选定后，风管直径同时被确定。

（3）风管的安设与管理。

风管一般应设在不妨碍出渣运输作业和衬砌作业的空间处，同时要牢固地安装以免受到振动、冲击而发生移动、掉落。风管一般均用夹具等安装在支撑构件上。风管可挂设在隧道拱顶中央、中部或靠边墙墙角等处，一般在拱顶中央处通风效果较佳。

风管的漏风率是影响管道通风的主要因素之一，要做到防止漏风，减少通风巷道阻力，防止主流风回风、短路等，这与隧道施工管理水平有很大关系，要经常定期检查、测试以提高通风效果，达到安全、卫生的目的。风管的安装要平顺、接头严密，弯曲半径不得小于风管直径的 3 倍。风管的连接应密贴，一般硬管用密封带或垫圈，软管用紧固件连接。风管如有破损，必须及时修理或更换。

9.2.2 压缩空气供应

在隧道施工中，常用的凿岩机、凿岩机台车、风镐、混凝土喷射机、压浆机、气压盾构机等风动机具均是以压缩空气为动力,它们所需要的压缩空气均由空气压缩机(简称空压机)提供。其流程为:自由空气经滤清器进入空压机,通过气缸加压后进入储气罐(俗称风包),然后通过管路输送到各用风机具。

压缩空气的供应主要应考虑供应足够的风量以及必需的工作风压,同时还应尽量减少压缩空气在管路输送中的风量和风压损失,从而达到节约能源、降低能耗的目的。

9.2.2.1 空压机站与压风管道的布置

1. 空压机站布置

在地下工程施工中,一般都需在地面设置空压机站,将空压机安装在站房内。隧道施工时,空压机站应设在洞口附近,并宜靠近变电站,应有防水、降温、保温和防雷击设施。如有多个洞口共用一个空压机站时可选在适中位置,但也应靠近用风量较大的洞口。

空压机站外应设冷却水池,以给空压机降温。空压机站外设有风包,主要是储存压缩空气,缓和因压缩机活塞的不连续性而引起的压力波动,分离压缩空气中油和水。风包有立式和卧式两种,一般随机成套供应。

2. 压风管道的设置

(1)管径选择。

压风管的选择应满足工作风压不小于 0.5 MPa 的要求。空压机生产的压缩空气在输送过程中,由于管壁摩擦、接头、阀门等产生阻力,其压力会减小,一般称为压力损失。

压风管一般采用无缝钢管,管内径根据工作面的需风量计算:

$$d = 146\sqrt{\frac{Q}{v}} \qquad\qquad (9\text{-}14)$$

式中 d——压风管内径,mm;

  Q——通过压风管的风量,m³/min;

  V——压风管内平均压力状态下的压缩空气流速。

实际施工中,有时也按经验选择压风管径。

(2)管道安装注意事项。

管道安装注意事项包括:

① 管道在洞内应敷设在电缆、电线的另一侧,并与运输管道有一定距离,管道高度一般不应超过运输轨道的轨面,若管径较大而超过轨面,则应适当增加距离。如与水沟同侧则不应影响水沟排水。

② 管道敷设要求平顺,接头密封、防止漏风,凡有裂纹、创伤、凹陷等现象的差质管材不能使用。洞外地段,风管长度超过 500 m、温度变化较大时,宜安装伸缩器;靠近空压机150 m 以内,风管的法兰盘接头宜用耐热材料制成垫片,如石棉衬垫等。

③ 压风管道在总输出管道上,必须安装总闸阀以便控制和维修管道;主管上每隔一定距离应分装闸阀;按施工要求,在适当地段加设一个三通接头备用;管道前端至开挖面距离宜保持在 30 m 左右,并用高压软管接分风器;分部开挖法通往各工作面的软管长度不宜大于50 m,与分风器连接的胶皮软管长度不宜大于 10 m。

④ 主管长度大于1 km时，应在管道最低处设置油水分离器，定期放出管中累积的油水，以保持管内清洁与干燥。

⑤ 管道安装前应进行检查，钢管内不得留有残杂和其他脏物；各种闸阀在安装前应拆开清洗，并进行水压强度试验，合格者方能使用。管道使用时，应有专人负责检查、养护；冬季施工时，应注意管道的保温措施。

9.2.2.2 供风能力的计算与空压机选择

1. 空压机站的供风能力

空压机站供风能力取决于各种风动机具耗风量的大小，耗风量应包括地下工程内同时工作的各种风动机具工作时所需耗风量和储气罐到风动机具沿途的损失，并考虑一定的备用系数。地下工程施工时，计算空压机站的供风能力时要满足施工高峰期的最大用风量要求。

空压机站的供风能力（生产能力）可按下式计算：

$$Q = (1 + K_{备})(\sum qK + q_{漏}) \, k_{m} \qquad (9-15)$$

式中 Q——空压机站供风能力，m^3/min。

$K_{备}$——空压机的备用系数，一般为0.75～0.9。

q——风动机具所需风量，m^3/min。

$q_{漏}$——管路及附件的漏耗损失，m^3/min，其值为$q_{漏}=\alpha\sum L_0$；

其中 α——每千米的漏风量，平均为1.5～2.0 m^3/min；

$\sum L_0$——管路总长，km。

K——同时工作系数，可查表9-3。

k_{m}——空压机站所处海拔高度对空压机供风能力的影响系数，一般可按海拔每100 m增加1.0%～1.2%计算。

表 9-3 同时工作系数

机具类型	凿岩机		装渣机		锻钎机	
同时工作台数	1～10	11～30	1～2	3～4	1～2	3～4
K	1.0～0.85	0.85～0.75	1.0～0.75	0.7～0.5	1.0～0.75	0.65～0.5

2. 空压机选择

空压机按可移动性分有固定式和移动式两种，按动力来源分为电动和内燃两种，按工作原理分活塞式、螺杆式、滑片式、离心式、隔膜式等。短隧道施工多采用移动式内燃空气压缩机，长隧道施工多采用固定式大型电动空气压缩机。

地下工程施工使用最多的是活塞式电动空压机。空压机的排气压力一般为0.7～0.8 MPa。空压机的具体型号应根据工作面所需的压气量选择。

根据计算确定了空压机站的供风能力后，可选择合适的空压机和适当容量的储气罐。当一台空压机的排气量不能满足供风需要时，可选择多台空压机组成空压机组。为了便于操作、维修和管理，一个工地应尽量选用同类型的空压机。考虑到施工中用风量的不均匀性，可选用容量大小不同的空压机进行组合。另外，还要考虑 20%以上的富余量。隧道施工应内燃、电动式压风机混合使用，隧道长度小于 1 km 时，宜以内燃式为主；超过 1 km 时，宜以电动式为主。

9.2.3　施工供水与排水

9.2.3.1　供　水

地下工程施工中，凿岩、防尘、灌筑衬砌及混凝土养护、洞外空压机冷却、泥水盾构渣土分离设备、施工人员的生活等都需要大量用水，因此要设置相应的供水设施。施工供水主要应考虑水质要求、水量的大小、水压及供水设施等几个方面的问题。

1. 供水方式

地下工程施工用水均由地面供给。供给方式有：

（1）利用已有供水系统供水。所建工程如在城区、乡镇或企业附近，可充分利用已有的供水系统直接供水，但易受供水单位的限制。

（2）利用临时水源供水，临时水源有地表水源和地下水源，如山间溪流、河水、泉水、地下水、溶洞水、水库水等，由上述来源自流引导或用水泵压至蓄水池存储，并通过供水管路供到使用地点。山岭隧道施工用水量较小，多利用地表水源。

（3）个别缺水地区，则用汽车运水或长距离管路供水。

2. 水质要求

凡无臭味、不含有害矿物质的洁净天然水，都可以作为施工用水。饮用水的水质则要求新鲜、清洁。无论是施工用水还是生活用水，均应做好水质化验工作，符合相应的国家水质标准。

3. 用水量估算

（1）施工用水。

施工用水与工程规模、机械化程度、施工进度、人员数量和气候条件等有关，因而用水量的变化幅度较大，很难估计精确，一般根据经验估计再加一定储备。

（2）生活用水。

随着隧道工程及地下工程工地卫生要求的提高，生活设施配置增多，耗水量也相应增多。因而，生活用水量也有一定的变化，但幅度不大。

（3）消防用水。

除消防要求在设计、施工及临时住房布置等方面做好防火工作以外，还应按国家消防安全规范的要求计算地下工程施工工地的临时建筑房屋的消防用水贮备量。

9.2.3.2　排　水

地下工程施工排水包括平洞排水和斜洞排水等。

1. 平洞排水

平洞施工的排水比较简单，排水方式应按水量多少、线路坡度等因素确定。

（1）上坡施工排水。

上坡施工可采用顺坡自然排水方式，排水沟坡度与线路坡度一致。隧道施工有平行导坑时，因平行导坑标高一般较正洞低，可将正洞之水通过横通道引入平行导坑排出。

（2）下坡施工排水。

下坡施工时，水向工作面汇集，需用机械排水。在隧道较短、坡度较小时，可采用分段开挖反坡水沟，分段处设集水坑，每个集水坑配备一台水泵，由水泵把水逐段排出洞外。该方法排水，工作面无积水，不需排水管，但需水泵多，且需开挖反坡水沟。

在隧道较长、涌水较大时，可采用长距离开挖集水坑，工作面积水用辅助小水泵排到近处集水坑内，再用水泵将水排出洞外。该方法排水，需水泵数量少，但需安设排水管，且主水泵需随工作面的掘进而拆迁前移。此外，施工前需修筑洞口（井口）的防洪及排水设施，以免雨季到来时山洪或地面水流入洞（井）内。

2. 斜洞排水

对于斜洞（斜井、斜巷）由下向上施工时，水可自流，不必采取排水措施。当由上向下施工时，水流向并集聚在掘进工作面。采用该种方式施工时，可根据已掘洞段及工作面积水情况，采用如下排水措施：潜水泵排水、喷射泵排水、离心泵排水、分段截排水。

9.2.4 地下工程施工供电

1. 供电方式

对于地下工程施工，常用以下两种供电方式：

（1）利用当地现有电网供电。如果有条件，应尽量利用现有电网供电。

（2）自发电供电。在当地供电不能满足要求或施工现场距离地方电网太远时，可采用自设发电站供电。自发电也可作为备用电源，在地方电网供电不稳定或者重要场所，还需设置双回路供电时采用。

2. 变压器选择

地下工程施工一般都采用地方电网进行供电，供电时应注意变压器的选择及变压器的安设位置。选择变压器安设位置时，应考虑运输、运行和检修方便，同时应选择安全可靠的地方。选择变压器时一般根据估算的施工用电量，其容量应等于或略大于施工总用电量，且在施工过程中，一般使变压器的用电负荷在额定容量的60%左右最佳。

3. 供电线路电压等级

隧道供电电压一般采用 400/230 V 三相四线系统两端供电；对于长大隧道，考虑低压输电因线路过长电压降损失，可采用高压送电，在洞内适当地点设变电站，将高压电变为低压电后送至工作地段。动力设备宜采用三相 380 V，成洞段和不作业地段照明用 220 V，瓦斯地段不得超过 110 V，一般作业地段不宜大于 36 V，手提作业灯为 12 ～ 24 V。

复习思考题

1. 什么是辅助工法？什么是辅助作业？其内容包括哪些？
2. 简述冻结法的特点和适用条件。
3. 简述地层注浆的机理和适用条件。如何确定注浆参数？
4. 降水法有哪几种？如何选择？
5. 隧道通风的方式有哪些？各适用于何种情况？
6. 隧道通风计算的目的是什么？通风计算包括哪些内容？
7. 如何确定空压机的供风能力？如何选择空压机？
8. 隧道施工排水的方式有哪些？
9. 简述隧道施工供电电压的要求。

第10章　隧道施工监测与超前地质预报

【知识目标】

1. 了解隧道施工监控量测的目的和任务；
2. 掌握隧道必测项目的内容和方法；
3. 掌握监控量测数据的判释方法；
4. 了解隧道超前地质预报的常用方法。

【技能目标】

1. 能够熟练操作量测仪器设备；
2. 能够制订隧道监控量测方案；
3. 能够进行数据判释。

隧道施工过程中，为了及时掌握前方地质状况和围岩稳定性、判断施工措施的效果、反馈设计、指导现场施工，应使用专用的仪器和工具对围岩和支护结构的受力、变形以及它们之间的关系进行观测，并对其稳定性、安全性进行评价，这些工作称为监控量测。监控量测工作必须紧接开挖、支护作业，应按设计要求进行布点和监测，并根据现场施工情况及时调整量测项目和内容，量测数据应及时分析处理，将结果反馈给施工技术人员。监控量测应作为施工组织设计的一个重要组成部分，纳入施工工序，并贯穿于施工的全过程，为施工管理及时提供围岩稳定性、支护结构承载能力和安全信息以及二次衬砌合理的施作时间，为施工中验证和优化设计参数、调整施工方案提供依据。

10.1　监控量测组织管理

10.1.1　监控量测的目的和任务

（1）通过监控量测，了解各施工阶段地层与支护结构的动态变化，明确工程施工对地层的影响程度以及可能产生失稳的薄弱环节，把握施工过程中结构所处的安全状态。

（2）用现场实测的结果弥补理论分析的不足，并把监控量测结果反馈到设计和施工中。

244

在施工过程中，及时掌握地层和支护结构的变位与受力信息，以便采取相应的施工技术措施，比如改变施工方法、选择相应辅助工法、确定二次衬砌施作时机、调整开挖步序、修正支护参数等，以避免出现施工事故。

（3）对工程施工可能产生的环境影响进行全面的监控，判断浅埋暗挖法施工对周围环境（建筑物、地下管线）的影响程度，寻求预防的办法。

（4）修改工程设计。监控量测除了表明工程的质量状况外，研究监控量测工程状况的累积记录，有助于对工程设计进行修改，并通过观测数据与理论上及试验中预测的工程特性指标的比较，了解设计的合理程度。

（5）积累资料，以提高地下工程的设计和施工水平。通过监控量测，了解该工程客观条件下所表现出来的一些地下工程施工规律和特点，为今后类似工程或该工法本身的发展提供借鉴。

10.1.2 监控量测方案的设计要求和原则

1. 监控量测方案的设计要求

在地下工程中进行监控量测，绝不单纯地为了获取信息，而应把它作为施工管理的一个积极有效的手段。因此，监控量测信息应满足以下要求：

（1）确切地预报围岩破坏和变形的动态，对设计参数和施工流程加以监控，以便及时采取适当的措施（如预估最终位移值，根据监控基准调整开挖与支护的顺序和时机等）。

（2）提供修改设计时所需的重要信息和各项要求，如提供设计和施工所需的重要参数（初始位移速度、作用荷载等）。

2. 监控量测方案的设计原则

施工监控量测工作是一项系统工程，监控量测工作的成败与监控量测方法的选取和测点的布设等因素有关。根据长期的工程监控量测实践，我们总结出以下五条原则，它对于指导监控量测设计十分有用。

（1）可靠性原则。可靠性原则是监控量测系统设计所要考虑的最重要原则。为了确保其可靠，必须做到：

① 系统须采用可靠的仪器。一般而言，用机械式仪器进行监控量测的主要优点是直接、简单、可靠，而使用电测式仪器则易受环境干扰。如果使用电测式仪器，通常要求与其他机械仪器互相校核。

② 在监控量测期间保护好测点。

（2）多层次监控量测原则。多层次监控量测的具体含义有四点：

① 监控量测对象以位移为主，但也要考虑对其他物理量的监控量测。

② 监控量测方法以仪器监控量测为主，并辅以巡检的方法。

③ 监控量测仪器选型以机械式仪器为主，辅以电测式仪器。为了保证监控量测的可靠性，监控量测系统还应运用多种原理、方法，并选用各种仪器。

④ 分别在地面、隧道围岩内和邻近受影响的建筑物与设施内布点，以形成具有一定测点覆盖率的监控量测网。

（3）重点监控量测关键区的原则。

对易出事故，而且一旦出事故必将带来很大损失的地方，应列为关键区进行重点监控量测，并尽早实施。

（4）方便实用原则。

为了减少监控量测与施工之间的相互干扰，监控量测系统的安装和测读应尽量做到方便实用。

（5）经济合理原则。

考虑到多数测点都是临时为施工服务的，测点的布置要设在重要部位，不要盲目追求测点数量。另外，系统设计时应尽量选用实用而低价的传感器，不必过分追求仪器的先进性，以降低监控量测费用。

10.1.3 监控量测规划的制订

现场监控量测应根据地下工程的埋深、地质条件、结构类型、施工方法、工程规模、工程的重要程度以及周围环境条件等进行设计，并编制监控量测规划，内容如下：

（1）监控量测内容和方法。

（2）监控量测断面和测点布置。

（3）监控量测时间和监控量测频率。

（4）监控量测数据的整理和分析。

（5）监控量测数据的反馈和安全措施。

（6）监控量测经费概算。

10.1.4 监控量测管理组织

针对施工监控量测，分部成立专门施工监控量测小组。该组人员由具有丰富施工经验、监控量测经验的工程技术人员组成。分部还应指定一名专业技术人员担任主管，负责全线隧道整个施工期内施工监控量测领导工作，其他人员配合主管进行工作。施工监控量测小组除及时收集、整理各项监控量测数据外，还要能对资料进行计算分析、对比，其目的是：① 预测隧道结构的稳定性及安全性；提出工序的调整意见及应采取的安全措施，保证整个工程安全、可靠地进行施工。② 优化设计，使结构达到优质、安全、经济合理、施工快捷的目的。

1. 监控量测组长职责

（1）为监控量测提供技术支持，全过程督导监控量测实施情况，加强本分部监控量测人员的业务指导和培训，提高全体量测人员的业务能力，负责本分部监控量测技术工作的总体协调。

（2）每天查看监控量测数据，掌握监控量测工作开展情况以及了解量测数据变化情况，检查本分部监控量测小组外业实施的准确性（量测点位埋设、标识、量测频率、量测时间点、量测方法等）、数据的真实性，内业资料是否及时收集、整理和按照三级位移管理进行对比分析和反馈；有权处理网络平台中监控量测的黄色预警信息，参与组织施工措施的落实。

（3）对监控量测数据实时分析显示达到预警情况的要及时签发预警通知单，并且反馈给本分部项目经理、经理部总工、监理工程师。

（4）安排量测小组成员配合设计单位对本单位报送的有疑问的量测结果进行现场验证量测。

（5）通知监理工程师对重点部位的量测实施旁站监理，配合现场监理工程师每天对监控量测实施情况进行检查。

（6）在（周）月报中对安全管理基准（变形速率和累计变化量）进行分析评估，并对预留变形量提出调整建议，每月向经理部工程部上报分析报告。

2. 监控量测员岗位职责

（1）紧密配合施工，坚持实事求是、认真负责的工作作风。

（2）测量前需了解设计意图，学习和校核图纸；了解施工部署，制订测量放线方案。

（3）测量仪器的核定、校正。

（4）事先做好充分的准备工作，制订切实可行监控量测方案。

（5）负责垂直观测、沉降观测，并记录整理观测结果（数据和曲线图表）。

（6）负责及时整理完善基线复核、测量记录等测量资料。

（7）掌握施工现场情况，进行数据采集工作，填写监测日志；完成原始数据采集、记录、量测仪器的保管、保养、鉴定以及初期支护表面裂纹情况日常巡视工作，及时将监测数据复核后上传至服务器，并对上传数据的真实性、及时性负责。

10.2 监控量测项目和方法

10.2.1 监控量测的内容

隧道监控量测的项目应根据工程特点、规模大小和设计要求综合选定。量测项目可分为必测项目 A 和选测项目 B 两大类。隧道施工过程中应进行洞内、外观察，洞内观察可分开挖工作面观察和已施工地段观察两部分。浅埋暗挖法各种监控量测项目的简介见表 10-1。

（1）洞内观察：开挖工作面观察应在每次开挖后进行。观察中发现围岩条件恶化时，应立即采取相应处理措施；观察后应及时绘制开挖工作面地质素描图、填写开挖工作面地质状态记录表和施工阶段围岩级别判定卡。对已施工地段的观察每天至少应进行 1 次，主要观察围岩、喷射混凝土、锚杆和钢架等的工作状态。

（2）洞外观察重点应在洞口段、岩溶发育区段地表和洞身埋置深度较浅地段，其观察内容应包括地表开裂、地表沉陷、边坡及仰坡稳定状态、地表水渗透情况、地表植被变化等。

表 10-1 隧道现场监控量测项目

类别	序号	项目名称	方法及工具	布置	测试精度	量测时间间隔 1~15 d	16d~1个月	1~3个月	大于3个月
必测项目	1	洞内外观察	现场观测、地质罗盘等	开挖及初期支护后进行					
	2	周边位移	各种类型收敛计	每 5~50 m 一个断面，每断面 2~3 对测点	0.1 mm	1~2 次/d	1 次/2 d	1~2 次/周	1~3 次/月
	3	拱顶下沉	水准测量的方法，水准仪、钢尺等	每 5~50 m 一个断面	0.1 mm	1~2 次/d	1 次/2 d	1~2 次/周	1~3 次/月
	4	地表下沉	水准测量的方法，水准仪、因钢尺等	洞口段、浅埋段（$h_0 \leq 2b$）	0.5 mm	开挖面距量测断面前后<2b 时，1~2 次/d；开挖面距量测断面前后<5b 时，1 次/2~3 d；开挖面距量测断面前后>5b 时，1 次/3~7 d			
选测项目	1	钢架内力及外力	支柱压力计或其他测力计	每代表性地段 1~2 个断面，每断面钢支撑内力 3~7 个测点，或外力 1 对测力计	0.1 MPa	1~2 次/d	1 次/2 d	1~2 次/周	1~3 次/月
	2	围岩体内位移（洞内设点）	洞内钻孔中安设单点、多点杆式或钢丝式位移计	每代表性地段 1~2 个断面，每断面 3~7 个钻孔	0.1 mm	1~2 次/d	1 次/2 d	1~2 次/周	1~3 次/月
	3	围岩体内位移（地表设点）	地表钻孔中安设各类位移计	每代表性地段 1~2 个断面，每断面 3~5 个钻孔	0.1 mm	同地表下沉要求			
	4	围岩压力	各种类型岩土压力盒	每代表性地段 2 个断面，每断面 3~7 个测点	0.01 MPa	1~2 次/d	1 次/2 d	1~2 次/周	1~3 次/月
	5	两层支护间压力	压力盒	每代表性地段 1~2 个断面，每断面 3~7 个测点	0.01 MPa	1~2 次/d	1 次/2 d	1~2 次/周	1~3 次/月
	6	锚杆轴力	钢筋计、锚杆测力计	每代表性地段 1~2 个断面，每断面 3~7 锚杆（索），每根锚杆 2~4 测点	0.01 MPa	1~2 次/d	1 次/2 d	1~2 次/周	1~3 次/月
	7	支护衬砌内应力	各类混凝土内应变计及表面应力解除法	每代表性地段 1~2 个断面，每断面 3~7 个测点	0.01 MPa	1~2 次/d	1 次/2 d	1~2 次/周	1~3 次/月
	8	围岩弹性波速度	各种声波仪及配套探头	有代表性地段设置					
	9	爆破震动	测振仪及配套传感器	邻近建（构）筑物		随爆破进行			
	10	渗水压力、水流量	渗压计、流量计		0.01 MPa				
	11	地表下沉	水准测量的方法，水准仪、钢钢尺等	洞口段、浅埋段（$h_0 > 2b$）	0.5 mm	开挖面距量测断面前后<2b 时，1~2 次/d；开挖面距量测断面前后<5b 时，1 次/2~3 d；开挖面距量测断面前后>5b 时，1 次/3~7 d			

注：b—隧道开挖宽度；h_0—隧道埋深。

10.2.2 监控量测的方法

10.2.2.1 目测观察

1. 目 的

在地下工程施工中，开挖前的地质勘探工作很难提供非常准确的地质资料，所以应该在施工过程中对地面设施及开挖面附近围岩的性质、状态进行目测。另外，对开挖后初期支护稳定状态进行目测，也是监控量测中的重要项目。

2. 目测观察的内容

开挖后对无支护围岩的目测内容包括：

（1）围岩类型及分布特征、结构面位置和产状、节理裂隙发育程度和几何特性、节理裂隙的填充物的性质和状态等。

（2）开挖工作面的围岩稳定状态，顶板有无剥落掉块现象。

（3）是否有涌水、涌水量大小、涌水位置、地下水的物理性质（颜色、气味、色度等）。

开挖后对已支护段的目测内容包括：

（1）有无锚杆被拉断或垫板陷入围岩内部的现象。

（2）喷射混凝土是否产生裂隙或剥离，要特别注意喷射混凝土是否发生剪切破坏。

（3）钢拱架有无被压屈现象。

（4）是否有底鼓现象。

3. 目测结果

如果发现异常现象，要详细记录发现的时间、距开挖工作面的距离以及附近监控量测点的各项监控量测数据，及时综合观察测量数据并分析原因，采取相应措施。目测结果可作为修改设计、指导施工的参考依据。

10.2.2.2 水平净空周边收敛的监控量测

隧道及地下工程的拱脚和侧墙中部壁面之间的相对位移是水平净空周边收敛应监控量测的项目。收敛监控量测数据直接反映初期支护结构和围岩的受力特征，要检验开挖步骤和支护结构强度是否稳定合理，拱顶位移的大小直接反映拱脚支护的稳定性，是防止拱脚塌方的重要检测项目。侧墙中部位移的大小反映了整体结构是否稳定，因此，该项监控量测是暗挖法施工的必测项目之一。

1. 测点布设

地下工程的拱腰、拱脚、墙中部位是受力和引起变位的最敏感部位，称为敏感受力点，应在这些敏感点紧随开挖面（离开挖面距离2m以内）布设测点，进行水平净空周边收敛监控量测。应根据不同的围岩条件、洞室跨度和施工方法，选择不同的布设方法。测线布置和数量与地质条件、开挖方法、位移速度等因素有关，主要布置形式如图10-1所示。全断面开挖时，埋深小于两倍洞径地段或浅埋隧道，采用3~6条测线；一般地段应采用2~3条测线，但拱脚处必须有1条水平测线。若位移值较大或偏压显著，可同时进行绝对位移量测。纵向测点布设视围岩结构条件而定，一般为间隔 5~50 m 布设一个监控量测断面（围岩条件差、洞室跨度大时，间隔应小些）。具体实施时，可参照以下经验数据：Ⅴ~Ⅵ级围岩 5~10 m（洞室跨度大于等于 15 m 时取下限），Ⅵ级围岩 10~30 m，Ⅲ级围岩 30~50 m，Ⅰ、Ⅱ级围岩根据具体情况确定。

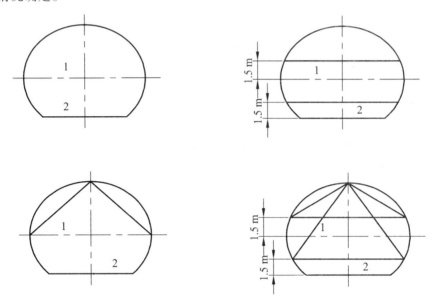

图 10-1　隧道周边位移测线布置示意

2. 监控量测仪器和设备

水平净空周边收敛监控量测目前多采用各种类型的隧道收敛计，主要由带孔钢尺和读数装置构成。以前常用的是百分表读数收敛计，但由于读数不够稳定，已逐渐被数字显示收敛计所取代。根据工程需要，收敛计的测量精度应达到 0.02 mm。

3. 监控量测方法和频率

水平净空周边收敛的监控量测方法比较简单，即通过监控量测布设于洞室周边上两固定点在不同时间的净长 L，求出两次监控量测的增长量（或缩短量）ΔL，即为此处围岩和初期支护共同变形引起的水平净空周边收敛值。监控量测频率视围岩条件以及测线到开挖面的距离（或开挖时间）而定，实施时参照表 10-2 所列内容。

表 10-2　监控量测频率

位移变化速率	距工作面距离	监控量测频率
> 5 mm/d	< 1.0D	1~2 次/d
1~5 mm/d	1.0D~2.0D	1 次/d
0.2~1 mm/d	2.0D~5.0D	1 次/3 d
< 0.2 mm/d	> 5.0D	1 次/3~7 d

注：表中 D 为洞室开挖跨度。

250

应用此表时必须注意以下几点：

（1）由位移变化速率和测线到开挖面的距离决定监控量测频率，原则上应采用监控量测次数多的值。

（2）测线或测点位置不同，位移变化速率也不同，因此要以产生最大位移变化速率的测线或测点位置来确定监控量测频率。在同一监控量测断面的各测线或测点，应采用相同的监控量测频率。

（3）位移基本稳定后，仍应以每两天1次的频率监控量测1~3周，以确认位移是否最终稳定。

（4）在膨胀性围岩中，位移长期（开挖后2 mon以上）不能收敛时，监控量测要一直继续下去，直至修建二次模筑衬砌，使位移变化速率小于等于1 mm/mon时为止。

（5）位移变化速率过大时，在对初期支护加强的同时，也应加强监控量测频率，尤其要重视开挖前后（放炮前后）的监控量测，并观测开挖前后的动态影响规律。

4. 收敛量测结果的应用

收敛量测结果的主要用途在于评定隧道的稳定性。隧道的稳定性判断有两个方面：一是初期支护的稳定性判断，据此确定二次支护的时间；二是洞周边总收敛值判断，在规定允许值之内，且不大于预留变形量，据此保证结构不侵入限界。

每次测量后应及时整理分析数据，绘制量测数据时态曲线和变化速率曲线，并根据量测数据处理结果，及时调整和优化施工方案和工艺。当位移速率无明显下降，而此时实测位移值已接近表10-3所列数值或者喷层表面出现明显裂缝时，应立即采取补强措施，并调整原设计参数或开挖方法。

表 10-3　隧道周边相对位移值（%）

围岩级别	覆盖层厚度/m		
	<50	50~300	>300
Ⅱ	0.10~0.30	0.20~0.50	0.40~1.20
Ⅲ	0.15~0.50	0.40~1.20	0.80~2.00
Ⅳ	0.20~0.80	0.60~1.60	1.00~3.00

注：① 相对位移值是指实测位移值与两侧点间距离之比或拱顶位移实测值与隧道宽度之比；
② 脆性围岩取表中较小值，塑性围岩取表中较大值；
③ Ⅰ、Ⅱ、Ⅵ级围岩可按工程类比初步选定允许值范围；
④ 本表所列位移值可在施工过程中通过实测和资料积累作适当修正。

二次衬砌的施工应根据所测位移量或回归分析所得最终位移量、位移速度及变化趋势、隧道埋深、断面大小、围岩等级、支护所受的压力、应力、应变等综合分析判定，可以在满足下列要求时进行：

（1）各测试项目的位移速率明显收敛，围岩基本稳定。

（2）已产生的各项位移已达预计总位移量的80%~90%。

（3）周边位移速率小于0.2 mm/d或拱顶下沉速率小于0.15 mm/d。对于某一个量测断面而言，取拱脚附近的水平测线和另一条最大测线的两条回归方程，作为判断用的方程。前者从收敛速度进行判断，后者从总的收敛量进行判断。一方面预报变形情况和判断施作二次支护的时间；另一方面需注意最终位移时，结构是否侵入限界。

10.2.2.3　拱顶下沉的监控量测

隧道拱顶内壁的绝对下沉量称为拱顶下沉值，单位时间内拱顶下沉值称为拱顶下沉速度。拱顶下沉量测也属位移量测，对于埋深较浅、固结程度低的地层，水平成层的场合，这项量测比收敛量测更为重要，其量测数据是判断支护效果、指导施工工序、保证施工质量和安全的最基本的资料。

1. 量测方法

对于浅埋隧道，可由地面钻孔，使用挠度计或其他仪表测定拱顶相对地面不动点的位移值。对于深埋隧道，可用拱顶变位计，将钢尺或收敛计挂在拱顶点作为标尺，后视点可设在稳定衬砌上，用水平仪进行观测。将前后两次后视点读数相减（后读数减前读数）得差值 A，两次前视点读数相减（后读数减前读数）得差值 B，计算 $C = B - A$；如 C 值为正，则表示拱顶向上位移；若 C 值为负，表示拱顶下沉。图 10-2 示出了 A、B、C 三量间的几何关系。图中实线为前次观测时的情形，虚线为后次观测时的情形；P 为前次观测时标尺上的前视点，P' 为后次观测时 P 点在垂直方向上移到的位置。

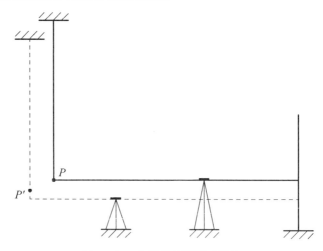

图 10-2　水平仪观测拱顶下沉

2. 量测仪器

拱顶下沉量测主要用隧道拱部变位观测计。新奥法量测中，要求观察拱部下沉量。由于隧道净空高，使用机械式测试方法很不方便，使用电测方法造价又很高，铁道科研部门设计了隧道拱部变位观测计。其主要特点是，当锚头用砂浆固定在拱顶时，钢丝一头固定在挂尺轴上，另一头通过滑轮可引到隧道下部，测量人员可在隧道底板上测量，见图 10-3。测量时用尼龙绳将钢尺拉上去，不测时收在边上，不致影响施工，测点位置又相对固定。很多时候，工地上也采用水准仪、钢尺进行测量。

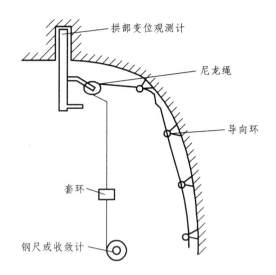

图 10-3 拱部变形观测

3. 监控量测方法和频率

拱顶下沉的监控量测方法比较简单，即通过监控量测布设于拱顶部位的固定点在不同时间的相对标高 h，求出两次监控量测的差值即为该点的下沉值。关键是必须找出不动点作为参考（基点），通常采用以下方法：在开挖面后方一定距离的拱顶处（有时干脆利用已稳定的拱顶下沉点）设置参考点，并假定它为不动点（实际上它仍在下沉，但下沉值与开挖面的测点的下沉相比很小，可以忽略不计）。因此，这种方法相对简单，因而被广泛采用。另外，拱顶下沉的监控量测频率与水平净空周边收敛监控量测频率相同。

4. 原始记录和量测资料积累

量测的原始记录与收敛量测相同，用下沉量、下沉速度的时间关系图来表示。

拱顶下沉值主要用于确认围岩的稳定性，尤其是事先预报拱顶崩塌；其方法与收敛量测相同，拱顶下沉值大约为起拱线附近的水平测线收敛值的 1/2。一般而言，两者随时间变化规律是一样的（崩塌或浅埋除外）。

10.2.2.4 地面沉降的监控量测

对浅埋暗挖地下工程，尤其是城市浅埋地下工程，由于覆土层薄，施工对围岩的扰动影响可达地面，进而影响地面结构、各种管道、各种电缆及邻近建筑物的安全。因此，地面沉降监控量测也是浅埋暗挖法施工的必测项目之一。

1. 测点布设

地面沉降测点，通常是施工前在结构对应的地面沿纵向结构中线位置间隔一定距离提前布设的，以监控量测工程开挖过程中地面沉降变化的全过程。当下沉值超过一定数值或下沉值变化速率过大时，应采取相应的措施，以确保地面建筑物的安全。为了解地面沉降在垂直地下工程走向方向（横向）的影响范围，一般选择若干个有代表性的监控量测主断面，按一定间隔布设测点，进行监控量测，布点范围为 2.5~3.0 倍洞径（一侧布点宽度）。测点横向

253

间距为 2 ~ 5 m，间距一般和拱顶下沉测点相对应，并结合工程埋深情况适当增减，也可参考表 10-4。

表 10-4　地下监控量测点纵向间距参考表

埋深与开挖宽度比	测点间距/m
$2D \leqslant H$	20 ~ 50
$D < H < 2D$	10 ~ 20
$H \leqslant D$	5 ~ 10

注：地面无建筑物时，测点间距取上限。

2. 监控量测仪器和设备

地面沉降的监控量测方法和拱顶下沉的量测方法相似，即通过监控量测地面的某些固定点在不同时间相对于参考点（基点）的标高 h，求出两次监控量测的差值 Δh 即为该点的下沉值。需要注意的是，参考点（基点）必须设置在工程施工影响范围以外，以确保参考点（基点）不下沉，并在工程开挖前对每一测点读取初始值，然后随着工程的进展按一定的频率监控量测。其监控量测的频率与拱顶下沉及水平净空周边收敛监控量测的频率基本相同，详见表 10-2。

另外，要注意在距离开挖面前方 $H+h$ 处（H 为埋深，h 为地下工程的开挖高度）就应对相应测点进行超前监控量测。图 10-4 为隧道引起的地表沉降横断面曲线。

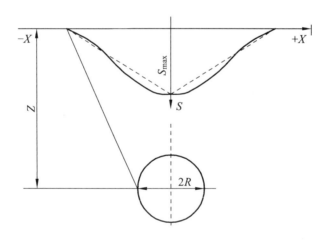

图 10-4　隧道引起的地表沉降曲线

3. 观测要求

应在水准仪和标尺检验合格后才能进行观测。

（1）不得在测站和标尺处有震动时进行观测。

（2）尽量选择在每天同一时间内进行沉降观测，选择在阴天和气温变化小的时间内进行观测。若必须在阳光下进行观测，测站上应备有测伞。

（3）要用精密水准仪进行基点的联测，其误差不得超过 $\pm 0.5 \sqrt{n}$ mm（n 为测站数）。检

254

查周期不得大于 30 d。

（4）观测应坚持"四固定"原则，即观测人员固定、测站固定、测量延续时间固定、施测顺序固定。

（5）沉降观测一般分为二等和三等水准测量。在沉降观测之前应根据监控量测的重要性、使用要求、工程地质条件等因素，综合确定沉降水准测量等级。二等水准测量的闭合差应小于 $\pm 0.5\sqrt{n}$ mm（n 为测站数），三等水准测量的闭合差应小于 $\pm 10\sqrt{n}$ mm。鉴于沉降观测的连贯性，不得任意改变水准点及其标高。

10.2.2.5 地中多点垂直位移的监控量测

浅埋暗挖法施工的地下工程，地中多点位移监控量测主要是监控量测施工过程中结构上覆土层的扰动程度、波及范围与规律，以便确定围岩松动区的高度，进而确定作用在结构上荷载的大小，对设计结构支护参数和优化施工方法具有重要的参考价值。所以，采用浅埋暗挖法施工的重要工程，如大跨度地铁车站、渡线、地下停车场等工程，必须进行此项监控量测，这一监控量测属于选测项目，一般工程不进行该项监控量测。

1. 测点布设

地中多点垂直位移测点一般在地下结构中线（拱部）所对应的地面提前钻孔布设，以测试施工全过程的动态变化。根据工程的重要程度及结构跨度的大小，可选择一个测点或多个测点，并在纵向选择 3～5 个有代表性的断面布设测点，相互对比验证。在每一测孔内沿深度方向每间隔一定距离设置一孔内测点，监控量测不同深度的变位情况，具体间隔长度视工程需要而定。

2. 监控量测仪器和设备

地中多点垂直位移监控量测方法很多，常用的有钻孔多点位移计量测和分层沉降仪监控量测等。分层沉降监控量测的主要仪器设备有钢尺、电感元件、沉降仪、波纹塑料管、不锈钢环等。

分层沉降仪由分层沉降管和电感探测装置组成。分层沉降管是一个波纹状的塑料管，管外每隔一定距离套一个钢环，钢环和地层同步下沉。用电感探测装置可以方便地测到钢环的确切位置，根据钢环位置深度的变化，即可知道地层中的沉降变化情况。用分层沉降仪可以监控量测地层中不同深度处的沉降和不同深度处的隆起，沉降管上的钢环越密，能够测出的点也越多。

钻孔多点位移计监控量测的主要仪器设备包括测头、传感器、测杆、锚头、指示器、灌浆管等。钻孔多点位移计是测量岩体深层变位的仪器，施工中通过灌浆等方法将钻孔多点位移计的锚头与岩体连接为一体，当岩体发生位移时，其位移就通过与锚头连接在一起的测杆传递至孔口的传感器上，从而给出与位移成比例的电压，并可由数字显示出来。根据地下工程的埋深等情况，每测孔内可选择 1～6 个测点，与分层沉降仪相比，钻孔多点位移计的测量精度更高。

3. 监控量测方法和频率

使用分层沉降仪测量地层中的沉降和基坑隆起时，首先应将分层沉降管通过钻孔埋入地层中，用水准仪测出管口的标高，并测出各道钢环的初始位置（深度）。在施工过程中，每次都要测定钢环的位置和管口标高，通过前后两次监控量测的钢环相对位置的比较，即可得出地层的沉降变化情况。测定钢环位置时须缓慢地上下移动电磁探头，当接收仪上的指针偏转量最大时，从钢尺上读出钢环的相对深度位置。

监控量测频率一般为每周两次，地面沉降较大时，应增加监控量测次数。

使用钻孔多点位移计测量地层中的沉降和基坑隆起时，同样须先在测孔位置钻孔，埋设测试元件。由于测得的各点位移为相对于孔口的位移，同样需用水准仪测出孔口的标高，从而得到前后两次测量的变化值。监控量测的频率与分层沉降监控量测时相同。值得注意的是，必须确保锚头和岩体相连接，以便两者同步变位，才能保证监控量测的位移值，即岩体的沉降值。地中垂直多点位移监控量测是为了寻找覆盖层的松弛范围，对优化设计与施工参数具有一定的参考价值。当有重要的管道（煤气管、高压水管等）在隧道顶部地层中通过时，应进行该项监控量测，以控制其沉降值，确保管线安全。

10.2.2.6　围岩接触应力的监控量测

对于暗挖法施工的地下工程，从安全角度出发，工程设计时应考虑初期支护承受拱顶以上地层的全部荷载。从理论上讲，通过压力监控量测，掌握施工过程中荷载作用在初期支护上的动态变化是很有必要的，了解作用在衬砌结构上荷载的大小、分布规律以及随开挖面前进过程中的荷载变化情况，对检验初期支护参数很有意义。因此，有条件时应进行围岩接触压力监控量测。

1. 测点布设

围岩接触应力的测点一般沿结构开挖轮廓线，在初期支护与围岩间按一定间距布设。根据浅埋暗挖法施工的地下工程的受力特点，通常要在拱顶、拱脚、墙中、墙脚、仰拱中部等关键部位设置测点。

2. 监控量测仪器和设备

围岩接触应力常用压力仪监控量测。压力仪包括压力传感器和接收仪器两部分。土压力传感器（也称土压力盒）有振弦式和电阻式两种，相应的接收仪分别为频率仪和电阻应变仪。工程施工中常用振弦式压力盒。其工作原理是，当膜片受到围岩的压力而变形时，弹性钢弦的张力就发生改变，自振频率也随之改变，测量钢弦的振动频率即可测得膜片所受的围岩压力。测量频率时，先给电磁线圈一个脉冲电流，使铁芯产生磁力线，给钢弦一个激发力，使钢弦产生振动，振动的钢弦与铁芯线间的缘子间隙发生周期性变化，从而引起磁力线回路的磁阻发生变化，使线圈的感应电动势发生与钢弦振动相同频率的变化。

3. 监控量测频率和方法

用土压力盒监控量测围岩接触应力时，首先应将土压力盒埋设在初期支护与围岩之间，为保证监控量测精度，应埋设牢靠。有钢拱架时，土压力盒应牢牢固定，以防喷射混凝土时压力盒移动和转向。土压力盒埋好后应立即读取初始读数，并在施工过程中根据工程需要，按一定的频率进行监控量测。值得注意的是，必然根据以往的经验预估压力值，并选择相应的压力盒，以提高测试精度。

4. 压力盒的布置与埋设

由于测试目的及对象不同，测试前必须根据具体情况作出观测设计，再根据观测设计来布置与埋设压力盒。压力盒的埋设虽较简单，但由于其体积较大、较重，给埋设工作带来了一定的困难。埋设压力盒总的要求是：接触紧密和平稳，防止滑移，不损伤压力盒及引线，并且需在上面盖一块厚 6 ~8mm、直径与压力盒直径大小相等的铁板。常见压力盒的布置方式如图 10-5 所示。

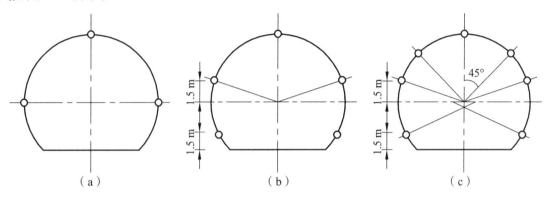

图 10-5 压力盒的布置

5. 压力盒的观测方法

压力盒按观测设计要求布置埋设好以后，应根据实际情况设立观测室，将每个压力盒的电缆引线集中于室内，并按顺序编排好号码，以防弄混。电缆线铺设定要得当，切不可被压断、拉断。

观测时，根据具体情况及要求，定期进行测量；每次每个压力盒的测量应不少于 3 次，力求测量数值可靠、稳定，并做好原始记录。通过一段时间的现场观测，就可以根据所获得的资料进行整理分析。

10.2.2.7 钢拱架应力的监控量测

地下工程暗挖法施工中，当地层较差，地面沉降要求严格，以喷射混凝土+钢筋网+锚杆组成的初期支护不能满足强度要求时，常采用钢拱架支撑来加强支护。此时，钢拱架作为初期支护的主体，其受力状况直接影响结构的稳定性。因此，有条件时应进行钢拱架应力监控量测，它比使用土压力盒监控量测更直接、更精确。

1. 测点布设

钢拱架应力监控量测的测点一般沿钢拱架外缘或主筋弧长，每间隔一定距离布设，在拱顶、拱腰、拱脚、墙中、墙脚、仰拱中部等关键部位都应布点。

2. 监控量测仪器和设备

钢拱架应力监控量测应根据钢拱架的类型选择相应设备，当采用型钢钢架时，一般选用电阻应变片和电阻应变仪进行监控量测；当采用网构钢拱架时，多选用钢筋应力计和接收仪器进行监控量测。目前地下工程施工中多选用后者。

钢筋应力计又可分为振弦式和电阻应变式两种，相应的接收仪器分别为频率仪和电阻应变仪。地下工程中常用的振弦式钢筋应力计，其示意图如图10-6所示。其工作原理与振弦式土压力盒相似，当钢管外壳受轴向力作用时，引起钢弦张力变化，从而改变其自振频率，通过频率仪测得钢弦频率，即可得出作用力的大小，此力即为钢筋拉（压）力。

图 10-6　振弦式钢筋应力计

3. 监控量测方法和频率

采用钢筋应力监控应力计监控量测网构钢拱架应力时，首先要将应力计焊接在网构钢拱架的受力主筋上，通常是在需要布设测点的地方将原主筋割断，然后将钢筋应力计的两端分别与钢筋对接或搭接焊接，焊接强度应达到要求。焊接时应注意防止焊接高温对钢筋应力的破坏。为使测试结果更接近实际情况，应在钢拱架安装前读取初始读数，并在施工过程中根据工程需要，选择一定的监控量测间隔时间，随着工程施工的进行，随时检测钢拱架受力的变化情况，这对指导施工是非常有效的。

4. 振弦式钢筋计的安装方法

（1）目前常用的钢筋计连接方法主要有三种：焊接式、粘贴式和螺纹式。焊接式和粘贴式适用于被测构件表面平整、光滑，如工字钢等，而螺纹式适用于单根钢筋，特别是螺纹钢筋，应根据量测对象进行选择。

（2）选用焊接式或粘贴式时，一定要确保与被测构件连接牢固，同时，传感器与支座固定时尽量是两端同时紧固，否则很容易造成传感器受力不均，损毁传感器。紧固时，注意将传感器与采集仪连接，密切关注其读数，确保读数处于传感器量程的中间值，避免后续受力应超出量程而使传感器失效。

（3）钢筋计固定好后，表面应采用适当的包裹措施，避免混凝土浇筑过程中将传感器浇筑成一体。所用电缆接头特别要注意防水和后期保护，防止截断或者破皮。实际经验表明，有过二次接头的传感器，使用寿命和可靠性往往不长。

（4）钢筋计可在钢筋加工场预先与钢筋焊好，焊接时应将钢筋与钢筋计的连接杆对中之后采用对接法焊接在一起。如果在现场焊接，可在埋设钢筋计的位置上将钢筋截下相应的长度，之后将钢筋计焊上。为了保证焊接强度，在焊接处需加焊条，并涂沥青，包上麻布，以便与混凝土脱开。为了避免焊接时仪器温度过高而损坏仪器，焊接时仪器要包上湿麻布并不断浇冷水，直到焊接完毕后钢筋冷却到一定温度为止。

10.2.2.8　孔隙水压力的监控量测

1. 量测目的

测定土中孔隙水压力的大小及其变化情况，对研究土体沉陷和结构稳定性是十分重要的。

2. 使用仪器

孔隙水压力的监控量测所使用的仪器主要是振弦式传感器、脉冲激发器的频率仪。其特点是稳定性好、可靠性高、不受导线长度限制、反应迅速、使用方便，适用于长期观测。

3. 测点仪器埋设

孔隙水压力盒在埋设前，要排除其空腔内空气，将压力盒透水面朝上，向内灌满水，然后按图 10-7 所示埋入。埋设时，可在透水面上覆盖一层厚度约 1 cm 的细沙，以便透水。

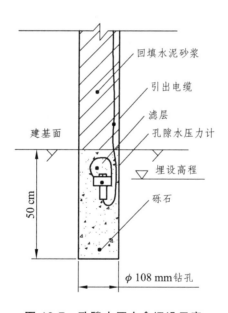

图 10-7　孔隙水压力盒埋设示意

4. 工作原理

在微幅振动条件下，钢弦的自振频率与应力之间的关系为：

$$f = \frac{1}{2L}\sqrt{\frac{\sigma}{\rho}}$$

式中　f——钢弦的自振频率（Hz）；

L——钢弦在两支点间的长度（m）；

σ——钢弦所受的应力（Pa）；

ρ——钢弦的质量密度（kg/m³）。

当弹性薄板受力挠曲后，一端嵌固在薄板上、另一端固定的钢弦的应力将发生变化，弦的自振频率也相应地发生变化。利用脉冲激励，使钢弦起振，并接收其频率，即可按事先标定的"压力-频率"曲线得出压力值。透水面的作用是将土壤颗粒与孔隙水分离，使孔隙水进入空腔，水压作用于弹性薄板上。

10.3 监控量测结果的整理与分析

10.3.1 监控量测结果的整理

对现场监控量测取得的数据应及时进行整理，特别是拱顶下沉、水平净空收敛、地面沉降三种变位，直接反映了施工过程中围岩和支护的稳定状态，必须及时整理并反馈到施工中去。本节着重介绍以上三种变位的数据整理和应用。拱顶下沉、水平净空收敛、地面沉降等三项变位的监控量测结果，应及时以报表的形式上报给监理、设计和施工单位，同时，监控量测人员还须进行分析，找出变化规律，预测变位趋势，并反馈于设计和监理，指导施工。

1. 监控量测结果报表的整理

每次监控量测后应及时按表 10-5 的形式对监控量测数据进行整理，以报表的形式上报，并作为施工单位工程竣工的资料存档。

表 10-5 监控量测结果报表

项　　目	内　　容			
工点和地质编号				
测点编号				
监控量测部位	拱顶下沉	拱腰收敛	边墙收敛	地面沉降
日变位值/mm				
累积变位值/mm				
测点距工作面的距离/m				
围岩与支护的稳定状态				

监控量测人员：　　　　　　计算人员：　　　　　　复核人员：

2. 监控量测数据的处理

在施工期间，监控量测结果除了以报表形式上报有关单位外，监控量测人员还应及时对监控量测结果进行处理分析，及时绘制变位与时间（距离）的关系曲线，并对数据进行回归，进行变位预测计算。

在施工过程中，监控量测人员须根据不同施工阶段，将监控量测结果及时绘制成拱顶下沉、地面下水平净空收敛随时间和距工作面距离变化的曲线——散点图。通常，曲线的横坐标为时间和距工作面的距离，纵坐标为变位值。同时，要注明监控量测结果所对应的施工工序，以便直观了解变位随施工的变化情况，以检验各施工阶段工艺是否合理、工序安排是否紧凑。

回归分析是目前对量测数据进行数学处理的主要方法，通过量测数据回归分析可以预测最终位移值和位移速率。目前常采用以下函数作为回归函数：

对数函数：

$$u = A + B\ln(t+1)$$

$$u = A\ln\left(\frac{B+T}{B+t_0}\right)$$

指数函数：

$$u = A(e^{-Bt_0} - e^{-Bt})$$

双曲函数：

$$u = \frac{t}{A+Bt}$$

$$u = A\left[\left(\frac{1}{1+Bt_0}\right)^2 - \left(\frac{1}{1+BT}\right)^2\right]$$

式中　u——某一时刻变形值，mm；

A、B——回归系数；

t——量测时间；

t_n——测点初读数距开挖时的时间，d；

T——量测时距开挖时的时间，d。

10.3.2　监控量测数据处理要求

（1）每次量测后应及时进行数据整理和数据分析，并绘制测值变化量和变化速率时态曲线以及距开挖面关系图；对于地表下沉值还应绘制测值沿隧道纵向和横向的变化量以及变化速率曲线。

（2）对初期的时态曲线应进行回归分析，预测可能出现的最大值和变化速度。

（3）数据异常时，应分析原因，制订对策。

10.4 标准值与信息反馈

10.4.1 监控量测管理基准

围岩稳定性应根据量测结果按下列指标进行综合判别：

① 最大位移；

② 位移变化速率；

③ 位移速率变化趋势 （加速度）；

④ 初期支护所受的应力、应变、压力。

1. 根据最大位移判断

实测最大位移值不应大于隧道的极限位移，并按表10-6进行管理。为了确保围岩和初期支护变形不侵入二次衬砌空间，一般情况下，宜将隧道的设计预留变形量作为极限位移，进行控制。同时设计预留变形量应根据监测结果不断修正。

表 10-6　变形管理等级

管理等级	管　理　位　移	施工状态
III	$u_0 < u_n/3$	可正常施工
II	$u_n/3 \leqslant u_0 \leqslant 2u_n/3$	应加强支护
I	$u_0 > 2u_n/3$	应采取特殊措施

注：u_0——实测位移值；u_n——最大允许位移值。

2. 根据位移变化速率判断

净空变化速率持续大于 1.0 mm/d 时，围岩处于急剧变形状态，应加强初期支护系统；净空变化速率持续在 0.2 ~ 1.0 mm/d 时，应加强观察，做好加固围岩的准备；当净空变化速率小于 0.2 mm/d 时，围岩达到基本稳定，在高地应力、岩溶地层和挤压性围岩等不良地质中，应根据具体情况制订判断标准，防止结构突然失稳或破坏。

3. 根据位移速率变化趋势来判断

当围岩位移速率不断下降时（$du^2/d^2t < 0$），围岩趋于稳定状态；当围岩位移速率保持不变时（$du^2/d^2t = 0$），围岩不稳定，应加强支护；当围岩位移速率不断上升时（$du^2/d^2t > 0$），围岩进入危险状态，必须立即停止掘进，采取措施。

4. 根据初期支护所受的应力、应变、压力来判别

初期支护承受的应力、应变、压力实测值与允许值之比大于或等于 0.8 时，围岩不稳定，应加强支护；初期支护承受的应力、应变、压力实测值与允许值之比小于 0.8 时，围岩处于稳定状态。

10.4.2　围岩稳定性判别准则

根据位移（或净空变化）的量值或预计的最终位移值来判断围岩稳定性的标准：

在隧道开挖过程中若发现监控量测的位移总量超过某一临界值，或者根据已测的位移预计最终位移值将超过某一临界值时，就意味着围岩不稳定，需要加强支护。然而临界值的确定并不是一件容易的事，目前国内尚无统一的标准。根据经验，各类围岩的隧道容许位移值参考表 10-7。

表 10-7　各类围岩的隧道容许位移值（单位：mm）

围岩类别	净空变化值	
	单　线	双　线
Ⅰ～Ⅱ	>75	>150
Ⅱ～Ⅲ	25～75	50～150
Ⅲ～Ⅴ	<25	<50

法国 Vt.Louis 提出最大容许位移值随埋深而定，约为埋深的 1/1 000。

奥地利的阿尔贝格隧道规定净空变化的容许值为隧道半径的 1‰和锚杆长度的 1‰，最好控制在 30 cm 以内。

日本《NATM 设计施工指南》提出，按测得的总位移值，或根据已测值预计的最终位移值给出围岩的级别，然后确定与围岩相应的支护系统。

10.4.3　监控量测数据的反馈方法

监控量测数据反馈是把监控量测得到的各种数据和观察记录综合评判后，用来指导施工，修改设计，判定围岩的稳定性和支护工作状态。信息反馈有两种方法，即理论方法和经验方法，目前仍以经验方法为主。

1. 信息反馈的主要目标

（1）检验围岩是否稳定、支护措施是否安全、施工方法是否恰当。

（2）支护费用是否合理，在保证安全的前提下，可改变过分安全的支护设计，以减少费用。

（3）在达到上述两个目标的前提下，可调整监控量测计划，增减监控量测项目和数量。

2. 信息反馈的方法

反馈方法包括理论方法和经验方法。

（1）理论分析在一定程度上有定性指导作用，但理论计算做了大量近似假定和简化，所需的初始参数难以获取，对位移的监控量测又要求甚高。因此，理论方法的信息反馈尚未达到实际程度，只有参考作用，而不能作为指导具体施工和设计的依据。

理论方法是对监控量测数据（主要是位移变化）进行反分析，其内容包括：

① 通过理论计算（如空间有限元计算、平面有限元计算、边界元计算、解析法等）开挖

263

的空间效应（开挖面推进与变形的关系）、时间效应、围岩的应力场与位移场变化，用监控量测所得到的结果与理论计算的结果相比较，若规律相符，则可用理论计算的结果直接指导施工和设计。

② 用实际监控量测到的位移估算塑性区半径。

③ 用监控量测到的位移反分析岩体的弹性模量和初始地应力。

④ 用实际监控量测到的位移反分析作用在衬砌上的荷载。

⑤ 用实际监控量测到的位移推求岩体的流变特性参数。

（2）经验方法的分析反馈。用肉眼观察、位移监控量测、应力监控量测的结果，对围岩的稳定状态、支护工作状态进行评价，出现异常情况时，必须立即采取措施，如加强支护、改变施工方法或设计参数。由于围岩和周围环境的不同，用位移或位移变化速率来判断围岩和结构的稳定性时，很难制定统一的判据，要根据大量的工程实践总结，并结合具体工程制定相应的标准。

10.5　超前地质预报

10.5.1　隧道超前地质预报工作的必要性

（1）由于隧道深埋于地下，工程地质条件和水文地质条件复杂多变，而目前地质勘察工作又受技术、地形和工期所限，期望在施工前查明隧道围岩的状态、特性，特别是要准确地预测隧道施工中可能发生的地质灾害的位置、规模和性质是十分困难的。

（2）由于地质灾害体的存在，仅依靠施工揭露再行处理的办法，带有很大的盲目性，常常发生各种突发事故，造成投资增加、人员和施工设备伤害、工期延误等诸多问题。

因此，采用科学的、先进的隧道超前地质预报方法来准确地预报隧道所通过范围内的不良地质体的性质、规模和状态是非常必要的。

隧道超前地质预报应采用地质调查与勘探相结合、物探与钻探相结合、长距离预报与短距离预报相结合、地面与地下相结合、超前导坑与主洞相结合的指导思想，通过对各种方法的预报结果综合分析解释，相互印证，有利于提高预报的准确率，积极为隧道的安全施工提供必要的技术支撑。

10.5.2　隧道超前地质预报工作中常用的物探方法

物探方法在隧道超前地质预报中占有非常重要的地位，再加上物探方法具有施测快捷、预报结果提供及时、费用低（相对超前钻探而言）等特点，物探方法在隧道超前地质预报中得到了广泛应用。

隧道超前地质预报工作的工程物探方法有：弹性波反射法（常用的方法为地震反射波法）；电磁波反射的法（常用的方法为地质雷达法）；红外探测法（常用的方法为红外探水法）；高

分辨直流电法（常用的方法为三极空间交汇探测法）。高分辨直流电法还不太成熟，本书主要介绍前三种方法。

1. 弹性反射波法

弹性波反射法是利用人工激发的地震波、声波在不均匀地质体中所产生的反射波特性来预报隧道掌子面前方地质情况的一种物探方法，包括地震波反射法、水平声波反射法、负视速度法和极小偏移距高频反射连续剖面法等方法。

由于地震波反射法相对其他三种方法应用相对普遍和成熟，且从预报距离、探测精度和预报复杂不良地质问题的适应性几方面综合考虑，本教材只介绍地震波反射法。

目前，采用地震波反射法进行隧道超前地质预报的仪器主要有 TSP（瑞士）、TRT（美国）、TGP（中国）、TST（中国）等。由于目前隧道超前地质预报中使用最多的仪器是瑞士 Amberg 公司生产的 TSP 系列仪器，所以下面以 TSP203 仪器为例介绍地震波反射法在隧道超前地质预报中的应用情况。

如图 10-8 所示，在隧道的左边墙或右边墙位置按 1.5 ~ 2 m 的间距分别布置 24 个激发孔，激发孔布置在左边墙还是右边墙取决于岩层的主导走向，如果定义靠近掌子面的第一个炮孔为 1 号孔，则在离第 24 个激发孔 15 ~ 20 m 的左边墙和右边墙的位置分别布置一个地震波信息接收孔，激发孔和接收孔基本保持在同一高度上。通过在各个激发孔内分别用小药量乳化炸药爆破的方式激发地震波，所产生的地震波以球面波的形式在围岩中传播。反射回来的地震波由高精度的接收器所接收并传递到主机形成地震波记录（图 10-9）。

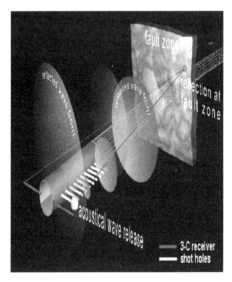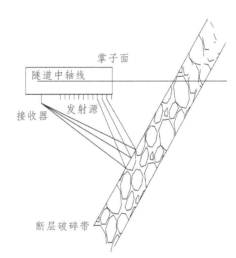

图 10-8　TSP 法工作原理示意

由于波的传播是一个球面扩散过程，所以一部分波会传到掌子面前方的围岩中去，当地震波遇到波阻抗有差异的地方，一部分波会被反射回来，一部分波会继续向前传播，波将依次传递下去，直到随着传播距离的增加和球面的扩大，能量足够小不能被接收到为止。通常，两侧介质的波阻抗差异越大，反射回来的能量越强，探测效果也越好。

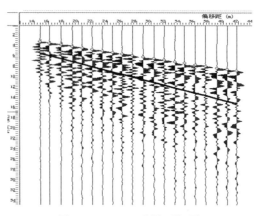

图 10-9　TSP 法波形记录

因为隧道中激发的地震波的传播是一个能量球面扩散的过程，所以为了能接收到掌子面前方的反射信号，就要求我们的接收器要有一定的方向性。TSP203 硬件系统采用了两个高灵敏度的三分量检波器，在安装检波器的时候一定要使标有"掌子面"的一面朝向掌子面方向；而在软件中，则采用"倾角滤波"的算法进行。

现场采集的数据，经 TSPwin 软件处理便可以得到 P 波、SH 波和 SV 波的时间剖面、速度分析图、深度偏移图、反射波层位、反射波相位、反射能量大小等资料，应用这些资料并结合隧道地质情况便可对掌子面前方的溶洞、软弱岩层、断层、节理裂隙密集带及富水情况等不良地质情况作出推断。

2. 电磁波反射法

电磁波反射法超前地质预报主要采用地质雷达法探测。在地质雷达数据采集过程中，由地质雷达的发射天线向被探测体内发射高频电磁波，当高频电磁波传至被探测体内两种不同介质的分界面（如界面、空洞、不密实带等）时，由于两种介质的介电常数不同而使电磁波发生反射，反射波的传播遵循反射定律，反射波返回被检测体的表面，并由地质雷达的接收天线所接收，形成雷达图像。雷达图像包含了被检测体的丰富信息，根据雷达图像特征即可对被探测体进行定性判释。

由于地质雷达法具有异常图像直观、工作效率及分辨率高等优点，该方法可应用于隧道超前地质预报中的短距离（15～30 m）预报。用地质雷达法进行隧道超前地质预报应注意以下两个要点：

（1）虽然地质雷达法具有高分辨率、图像直观、预报时间较短等特点，但地质结构复杂地段往往存在水，且掌子面处多破碎，掉块严重，很难把掌子面处理平整，因此地质雷达很难在这些地方取得有效资料，因此大大降低了地质雷达在隧道超前地质预报中的适用性。

（2）由于金属对雷达波具有很强的反射作用，因此在施测时需要把含有金属材料的设备迁移到远离掌子面的地方。有些单位未认识到上述影响和要求，未按要求执行，结果是所获得的数据信息信噪比低、干扰大，严重影响了预报结果。

3. 红外探测法

地质体（如含水体）每时每刻都在向外部发射红外能量，并形成红外辐射场。地质体由

266

内向外发射红外辐射时，必然会把地质体内部的信息以红外电磁场的形式传递出来。红外探测法就是通过接收和分析红外辐射信号进行超前地质预报的一种物探方法。

野外施测时采用：在掌子面后方 60 m 处，朝掌子面方向每隔 5 m 对隧道周边探测一次，每次探测顺序依次为左边墙、左拱腰、拱顶、右拱腰、右边墙和隧底中线，共探测 12 个断面，这样沿隧道轴线方向共形成 6 条探测曲线，分别为左边墙探测曲线、左拱腰探测曲线、拱顶探测曲线、右拱腰探测曲线、右边墙探测曲线和隧底中线探测曲线。依据探测数据绘制沿隧道轴向的探测曲线，如果开挖工作面前方存在储水构造，靠近开挖工作面一端的曲线便会出现明显下降或上升现象。

复习思考题

1. 简述隧道施工监控量测的目的和任务。
2. 隧道施工监控量测的必测项目和选测项目有哪些？
3. 简述浅埋隧道量测的必测项目和采用的仪器设备。
4. 简述隧道必测项目的量测方法。
5. 施工期间对洞内、外进行目测观察的内容有哪些？
6. 水平净空周边收敛的测点如何布置？拱顶下沉量测的测点如何布置？
7. 如何根据监测结果判断围岩的稳定性？
8. 隧道超前地质预报有哪些方法？常用的物探方法有哪些？

参考文献

[1] 交通运输部. 公路隧道施工技术规范：JTG F60—2009. 北京：人民交通出版社，2009.

[2] 关宝树. 隧道工程施工要点集. 2 版. 北京：人民交通出版社，2011.

[3] 任建喜. 地下工程施工技术. 西安：西北工业大学出版社，2012.

[4] 朱永全，宋玉香. 隧道工程. 北京：中国铁道出版社，2005.

[5] 王梦恕，等. 中国隧道与地下工程修建技术. 北京：人民交通出版社，2010.

[6] 梁波. 隧道工程. 重庆：重庆大学出版社，2010.

[7] 住房和城乡建设部. 地铁设计规范：GB 50157—2013. 北京：中国建筑工业出版社，2014.

[8] 王梦恕. 地下工程浅埋暗挖技术通论. 合肥：安徽教育出版社，2004.

[9] 交通运输部. 公路工程地质勘察规范：JTG C20—2011. 北京：人民交通出版社，2011.

[10] 丁文其，杨林德. 隧道工程. 北京：人民交通出版社，2012.

[11] 关宝树，杨其新. 地下工程概论. 成都：西南交通大学出版社，2001.

[12] 贵州路桥集团有限公司. 公路瓦斯隧道施工及安全技术. 北京：人民交通出版社，2013.

[13] 黄成光.公路隧道施工. 北京：人民交通出版社，2001.

[14] 耿大新，方焘，万钰锋. 隧道工程. 长沙：中南大学出版社，2016.

[15] 黄成光，等. 隧道工程. 北京：人民交通出版社，2008.

[16] 唐鹏，张志. 隧道工程技术. 北京：中国水利水电出版社，2013.

[17] 于书翰，杜谟远. 隧道施工. 北京：人民交通出版社，1999.

[18] 王海彦，骆宪龙，付迎春. 隧道工程.成都：西南交通大学出版社，2016.

[19] 肖广智. 不良特殊地质条件隧道施工技术及实例（一）. 北京：人民交通出版社，2015.

[20] 肖广智. 不良特殊地质条件隧道施工技术及实例（二）. 北京：人民交通出版社，2015.

[21] 肖广智.不良特殊地质条件隧道施工技术及实例（三）. 北京：人民交通出版社，2015.

[22] 宋秀清，刘杰. 隧道施工. 2 版. 北京：人民交通出版社，2014.

[23] 钱东升. 公路隧道施工技术. 北京：人民交通出版社，2003.

[24] 周爱国. 隧道工程现场施工技术. 北京：人民交通出版社，2004.

[25] 卿三惠，等. 高速铁路施工技术（隧道工程分册）. 北京：中国铁道出版社，2013.

[26] 交通运输部. 公路隧道设计规范 第一册 土建工程：JTG 3370.1—2018. 北京：人民交通出版社，2018.